U0107576

山经篇

读山海

张敏杰

| 著 |

湖南文艺出版社
HUNAN LITERATURE AND ART PUBLISHING HOUSE

博集天卷
CS-BOOKY

序言：老槐树、驴头虫及其他

——《山海经》的打开方式

一

《山海经》很古老。按传统说法，书出于虞夏之际，作者可上推至大禹和他的臣属——伯益（或作伯翳），大禹主治水，伯益主记山川物产、八方民俗、殊国异域、土地里数。所记，上接洪荒远古；所载，多为圣贤遗事，视域宽广，无远弗届，笔触可至海外、山表乃至神界，无怪乎"世之览《山海经》者，皆以其闳诞迂夸，多奇怪俶傥之言，莫不疑焉"（郭璞《注山海经叙》）。这部古老的奇书怪书，有着强劲的生命力。时至今日，我们依然在津津乐道书中的神话传说，好奇书里的奇珍异物、大小怪兽；学者们对那时的河水经流、山系方向、山与山之间的相对位置以及图腾崇拜的分布等等，同样念兹在兹。[1]

今天学界普遍认为，此书非一人一时之作，是世代累积、转相附益的产物，作者不详，大约在战国前后成书，西汉时又有增删；说是"经"，究其本源，又并非儒家经典之"经"[2]，而有经历、经过之意，即以山、海为框架，是先民对经行的世界所做的较为详细、完整的记录，其中不少当是方士、巫师的贡献；书一度附有图，经文、图画并行，后来图画散佚失传。

全书共十八卷，其中《山经》五卷，《海经》八卷，《大荒经》四卷，《海内经》一

---

1. 从《山经》的一经整体来看，"所载大方向是正确的"；山与山之间的相对位置关系，"多数只是稍有偏差，基本正确；也有错误的，不多"，参见谭其骧《论〈五藏山经〉的地域范围》等，载《长水集续编》，人民出版社1994年版；以社会学、图腾学的角度审视国际视野下的《山海经》的内容和图形，"乃是中国远古图腾崇拜之遗留事物"，参见郭郛《山海经注证·自序》，中国社会科学出版社2004年版。

2. 即内容而言，《山海经》实属"恢怪不经"。唐代史学家杜佑认为，此书虽不知是何代之书，但肯定与孔子晚年修订"六经"的大精神不符，言辞诡诞，想必是后来的尚奇者所为。参见杜佑《通典·州郡四》卷一百七十四。

卷，卷帙可称繁重。《山经》，书中称《五藏山经》。藏，谓内，"五藏"意谓五篇所记山川皆在内地。海，凡地大物博者，皆可称之为海。按《尔雅》之见，九夷、八狄、七戎、六蛮谓之四海。海内，意味着较近；海外，则较远。大荒，是说极远之地，故而《荒经》可视为《海经》的一部分，是对《海经》的补充。由此，一般把全书分成两大块，一是在华夏范围内的"山"，一是不在华夏范围内的"海"。整体而言，《山经》以叙述山川物产为主，有神话、怪物、祭祀等夹杂其间，内容较平实雅正；《海经》部分的形式为地志，内容则以"语怪"性质的神话传说为主，地理学价值逊于历史文化价值。

《山海经》，顾其名，思其义，看似在讲古地理知识，其实既为"史地之权舆"，又乃"神话之渊府"[1]。史地和神话，似一车之两轮，在"山""海"间行进时又有偏重。现有字数三万一千有余，其中《山经》占三分之二，内容庞杂瑰玮，文风自成一格，"叙述高简，词义淳质，名号倬诡"[2]，且岁历绵暧，加之简册错乱、传抄讹误，如此种种，书中不少地方会让我们如堕五里雾中。

按道理讲，再苍老的山川动植，都该很实在，能稽考，可徵实；再年轻的神灵精怪，都会恍惚玄乎，不可捉摸，视之不见，听之不闻，搏之不得。《山海经》将其熔于一炉，古风习习，既有讲述历史地理的"实"，又有谈说神怪异物的"虚"，虚虚实实，交光互影，一切都浸染在诡异的原始宗教巫术氛围中。

一句话，要把自远古走来的《山海经》读懂，读明白，并非易事。

以司马迁为代表的汉代史家早早地说过，言九州山川，对《禹本纪》《山海经》是"余不敢言之也"[3]。之所以"不敢"，那是因为在张骞出使大夏后，人们探寻黄河源头，并没有看到《禹本纪》《山海经》记载的"神乎其神"的昆仑。后来的史学家们给这本书贴"标签"安排"位置"时，见仁见智，亦颇费周折。班固《汉书·艺文志》把《山海经》列在"数术略"下"形法"类之首。所谓"形法"，大而论之讲九州的地形、地势、地貌，并通过外在的"形"去推求背后的"法"，把握其中的规律，趋吉避凶。自《隋书·经籍志》始，《山海经》大都被列入史部地理类，但到清代修纂《四库全书》时，四库馆臣则把它从史部地理类移出，放到子部的"小说家"中。因为他们看到《山海经》叙述山与水，多参杂神怪，非但道里山川难以考据，且付诸认知常识，可谓"百不一

1.袁珂：《山海经校注·序》。明代胡应麟视《山海经》为"古今语怪之祖"，鲁迅《中国小说史略》则认为《山海经》是"古之巫书"，都在强调神话小说属性。
2.胡应麟：《少室山房笔丛》卷三二。
3.《史记·大宛列传》。《大宛传》或为褚少孙补写，且《山海经》亦可能作《山经》。班固《汉书》亦有言："《禹本纪》《山经》所有，放哉！"放，即放荡放纵，迂阔怪诡，不切实际。

真"。这更符合"小说家"的意旨——采集街谈巷语，道听途说，记录四方风俗，于是核实定名，认为《山海经》实乃"小说之最古者"。

进一步而言，读好《山海经》这本书，我们还要承受类似于"知其可信而不能爱，觉其可爱而不能信"[1]的烦恼和拧巴。

二

亚里士多德说，记忆属于时间。花草树木，虫鱼鸟兽，乃至神明精怪，都有自己的活动场域，它们生长栖息在山丘河流，田间地头，村庄院落，乃至幽冥玄远的"云深不知处"。有了人，有了记忆，有了想象，有了遗忘，有了追忆，有了执念，作为表象的"它们"才和这个世界一起丰富起来，多彩起来。

至今脑海中还会不时浮现老宅院门口的那棵老槐树，苍老，粗壮。儿时总看不全整，得绕圈，抬头又望不尽，黑黢黢的树干在下雨时像流着油，放着光，枝叶撑起来像把大伞，罩住好几家的房顶。听说，兵荒马乱那会儿，有飞贼，十里八乡能挂上号的，半夜里上了树，想顺着树枝溜到房顶，进到院子里。结果，一晚上直到天亮，他都在转悠，在树上，下不去，走不掉。老人们都说他是让住在这棵树上的神给"眯"住眼了，黑咕隆咚，啥也瞅不见。那个贼还传来话，说不再来村子了，也不惦记老张家了，还托人送来红布包袱，要礼敬一下神树。

每棵树都有自己的命数。最后，它还是要倒下，得挪窝，为新的规划建设让路。

子不语怪力乱神。从记事起，爷爷给我们弟兄几个讲《三国》，讲《东周列国》，讲土行孙，讲他小时候的私塾先生，但要讲土匪麻老五，说狼会下山来吃小孩，奶奶就会一脸怒色地赶过来，说给孩子们讲这些干啥！爷爷乐呵赔笑，立马停下来转讲关羽的大刀，程咬金的板斧。去年春天，得知奶奶病危的消息，我立即订票回老家，和家人一起陪伴老人走完最后一程。难得相聚，姑姑讲起她小时候见过的"驴头虫"。

一个甲子前的村落，四边都是不成器的树，地里的荒草一人多高。姑姑说自己七八岁，拎着饭筐给爷爷送中午饭，快到地头时，远远看见一头大毛驴，就在小河沟的那边，好像还在瞪自己。喊了几声爷爷，说有驴，有驴。爷爷迎了过来，手里握着锄头，比画着不让叫喊，让蹲下来，不要动。那头驴四下踅摸了一会儿，扭头走开了，爷爷一手拖着锄

1.王国维：《静庵文集·自序二》。

头，一手抱上姑姑，饭也不要了，抄近路赶回村子。回到家，爷爷才说那不是驴，是驴头虫，从山上下来的，咬死过圈里的牲口，还吃过邻村的小孩儿。

真的吗？姑姑说亲眼所见，历历在目，千真万确，像大灰驴，脑袋大些，眼睛很凶，耳朵大一点，直愣愣的。我听得入神，闻所未闻，上网搜索，还真有关于"驴头虫"的传闻和报道，那不是驴，而是狼之一种。

家乡在太行山脚下，南边有沁河流淌，再往南就是黄河了，西北边是丹河，东南流注入沁河，沁河最后汇入黄河。大小土贼山匪常常是下河（沁河）南、上北山（太行），流窜抢掠，然后入山藏身。想想，他们和驴头虫行走的路线也差不太多。晚清时期，洋人在这里修了道（滑县道口镇）清（博爱县清化镇）铁路，主要是运煤；接着军阀横行，又有日寇犯我，再建一条窄轨铁路线来运兵。车站一立，人来人往，鱼龙混杂，怪不得有那么多"麻老五"的故事可讲。

时至今日，老槐树，已不得见了；驴头虫，估计真见不着了；"麻老五"们的声名，早不在老老少少的街谈巷议中。雷以动之，风以散之。无根易朽之物，说散就散了，彻彻底底，一丁点的渣儿都留不下来。

目睹，耳闻，身历，零零碎碎，星星点点，不意间只是有的故事成了记忆。亲眼所见，记忆也难免变形；亲耳所闻，也保不住荒腔走板；即便是亲历的感知体验，也是这里鼓起来，那里塌下去，有遗漏，有错觉，甚至有幻象。老槐树和驴头虫在岁月的流转中，在记忆的赓续中，还算是鲜活的，而我竟也不敢确然肯定。毕竟，揆诸哲思，文字与真实，记忆与存在，还隔着几扇门，横着几道坎呢。有位西哲说，一旦意识成为实在世界的镜子，它就是，并且将一直是宇宙的一面镜子。真的如此吗？

还好，山河的骨架和模样都还在。《山海经·北次三经》："沁水出焉，南流注于河。其东有林焉，名曰丹林。"按明代杨慎的注释，"今之怀庆（府）清化镇，柿林百里，故曰丹林"。这记述的大概就是家乡的柿子树吧！在我的记忆中，柿树的枝干就是伸开的大巴掌，皮粗糙，不打滑，我曾经在它的枝杈上爬来爬去，捉迷藏。心急偷摘的柿子，太涩嘴，而在地上、草丛间捡来的柿子花，却很甜。拔几根青麦穗，把柿子花穿起来，边走边数着数吃。柿子红起来时，远远望去，像团火。成片成片的柿子树，连接起来不就是"丹林"嘛。

山河无恙。那么此山此河此间的老槐树、驴头虫，亦可大致确定它们的真实性："尽管想象物有可能为记忆布下重重陷阱，但还是可以肯定，在对过去的'事物'，先前见过、听过、经历过、学过的什么的意向中，包含一个对真实性的特定诉求。这个真实性的诉求将记忆规定为认知的高度。"[1]由此，我们必须透过古老的记忆，去阐明我们曾经的意识，弄清楚既是印象又是生成性力量的结构，以及它们之间的互补关系。

三

对大千世界的探索，今天有先进的影像技术，有专业的拍摄录制，精准呈现，我们一眼看到的，不用"洗耳"听到的，要难为古人耗费许多笔墨，方能说得七七八八，但更多时候离那个"十"，甚至是"九"都很远很远。世殊时异，在认知外在世界的征程上，即"实"的层面，我们不必苛求青灯黄卷下的读书人。他们若不能行万里路，除了博览群书，循行数墨，就只能以道听途说的方式来获取信息，笔下的描摹叙写难免要走样。

类似于《山海经》这样的经典文本，最美好的阅读方式是把今天活泼泼的所见所思所感所想，与远方远古的洪荒记忆接上榫，虚实相济，摩荡共生，同处一个场域内。由此，我们打开《山海经》的方式，须两端并举。

其一，往"根"上和"源"头倒腾。东西南北中，海内海外，大荒苍茫，时空交错，古今杂陈，《山海经》一部书，好比一个历经多手"折叠"而成的包裹。我们要按照治学的规范和流程，循着文献的脉络，一步步去解开它，呈现出它本来的面目。这就要求我们必须重视前人整理校勘、注释解说的成果。

其二，深掘今天的"我们"，包括当下的认知方式，生活的经验，亲历的体验，谨严的学理，奔放的想象，乃至狂浪的幻想，等等。在《斐德若篇》中，苏格拉底被要求向宙斯发誓，回答是否信服神话传说是真的。苏格拉底说：

> 我要是像有智慧的人那样不相信神话传说，恐怕也算不上出格嘛……我还不能按德尔斐铭文做到认识我自己。连自己都还不认识就去探究（与自己）不相干的东西，对我来说显得可笑……人们今儿习惯上怎么说这些生物，我就信之若素，我才不去探究这些，而是探究我自己，看看自己是否碰巧是个什么怪兽，比百头怪还要曲里拐弯、欲火中烧，抑或是个更为温顺而且单纯的动物，天性的份儿带几分神性，并非百

1.保罗·利科著，李彦岑、陈颖译：《记忆，历史，遗忘》，华东师范大学出版社2018年版，第68—69页。

头怪的命份。[1]

以德尔斐铭文——认识你自己——的精神，去观照《山海经》这样的"怪书"，是再好不过的。

我们和古老文本间其实有一种内在的默契：选择了以"人"为真实的"呈现者"（subjectum）。此时，人这个呈现者，如海德格尔所言，已是其他所有存在物都与之攸切相关的一个中心。例如，《南山首经》的第一座山，那里有人类的生存恐惧在：食之不饥，人就不会饿死；佩之不迷，人就不会迷失在冥暗中；食之善走，跑得快了，人就可以躲避猛兽的尖牙利爪；佩戴育沛，肚子里不再长多余之物，人的身体就不会再鼓鼓囊囊的，人就不再受那病痛的折磨。

只要生命的威胁还在，生存的挑战还有，人若要富有诗意地安居在这片大地之上，就必须与五方之山、八方之海以及书中的神谱帝系、游魂灵怪共存。若以文学审美的超越义来欣赏这部书，或可缓解"可信"与"可爱"之间的紧张关系；若以神话思维的独特性来打量这部书，捋顺它与宗教、艺术、科学之间的关系，或能让我们不再那么烦闷，甚至慰藉我们的内心。

即《山海经》而言，要说做到苏格拉底的"信之若素"，在今天还是可以有些底气的。自刘歆（？—公元二三年，字子骏，后改名秀）整理校订《山海经》，书成奏进开始，有晋郭璞的《山海经传》，明杨慎的《山海经补注》，明王崇庆的《山海经释义》，清吴任臣的《山海经广注》，清毕沅的《山海经新校正》，清郝懿行的《山海经笺疏》，清俞樾的《读山海经》，以及现代学者如卫挺生、谭其骧、吕子方、袁珂等诸位先生的相关著述。前贤述经叙理，校勘注释，辨析解说，使得本书的枝条脉络已不再那么纷糅，字词语句多可昭明畅达。

本书所做的努力，实属最基础的绎读工作。书的正文参考多家权威版本，择善而从之，期待能更加准确可靠。其中的生僻字、繁体字、异体字等，均依据相关规范予以校订；同时为方便阅读，参考相关资料对部分生僻字做了注音。《山海经》成书时代久远，训释亦多有歧异，笔者斟酌诸家之说，尝试让文本中的名实事理，在基本的叙事逻辑下，尽量做到书写记录的自洽。个别文句语意难明，部分字形读音难定，为译释疏通，不得不冒昧强解。吾力不逮，自惭谫陋，而与经文注解对话，阐扬字里行间的魅力，则心向往

1.刘小枫编译：《柏拉图四书》，生活·读书·新知三联书店2015年版，第285—286页。"有智慧的人"，这里指智术师；"这些生物"，主要指神话中大量不可思议的稀奇古怪的神异之物。

之。部分内容曾在首都师范大学文学院的经典选读课上研讨过，起予者良多；又蒙致贲、仪薇、Yeanly等亲友襄助和督促，在此一并致谢。

　　千载而上，大诗人陶渊明闲居躬耕，读史——"泛览周王传"，观象——"流观山海图"，物我情融，有"吾亦爱吾庐"的淡雅和从容。迄今以后，山川还是山川，异域还是异域，怪物还是怪物。如逆旅之客，我们依旧要寄寓在丘山江河之一隅，与之共生，与之共存。四海之内皆兄弟，如此则日月临照，山海光明。且陶诗有"俯仰终宇宙，不乐复何如"，如此潇洒高妙的读书之境，是所望焉。

　　是为序。

陈敏杰

二〇二二年十一月十五日

目录

卷一

南山经

南山首经

从书名《山海经》，到卷名《南山经》《西山经》《北山经》《东山经》《中山经》，以及《海外》《海内》《大荒》等诸经，今天读来，我们大都对"经"习以为常。

其实，先民最初书于竹帛，镂于金石，琢于盘盂，及至搁笔直书、结撰文字时，取名标题并无"经"字。书名、卷名的拟定，是后世特定时代精神下的产物。如《诗经》最初称《诗》或《诗三百》，后世整理校订者加"经"字而称《诗经》，《易》加"经"字称《易经》，皆为尊崇之意。

对《山海经》既有的文本体例，一仍其"旧"——主要是汉代刘歆、东晋郭璞校录注解此书的状态。崇敬之情，当放在心底，具体解读时，还当理性分析。例如像《南山经》之类的卷名、篇名，皆宜忽略甚至去掉"经"字，直接当作"南山"或"南山山系"理解，更显豁，更明快，亦有助于还原文本最初的语境，更切近远古的真实。特殊语境下不称"经"，亦是对经典最大的尊重。

《南山经》，总称为一篇，分三个次经或山系，每个山系都是自西向东进行叙述的。

䧿山

原文

南山经[1]之首曰䧿（què）山。其首曰招摇之山，临于西海之上，多桂，多金玉。有草焉，其状如韭而青华，其名曰祝余，食之不饥。有木焉，其状如穀[2]（gǔ）而黑理，其华四照，其名曰迷穀，佩之不迷。有兽焉，其状如禺（yù）而白耳，伏行人走，其名曰狌狌，食之善走。

丽麂（jǐ）之水出焉，而西流注于海，其中多育沛，佩之无瘕（jiǎ）疾。

1.南山经：《文选·头陀寺碑文》注引无"经"字。
2.穀：又称"构"或"楮"（chǔ），一种高大的落叶乔木。

《山海经》从位于南方的䧿山山系开卷。䧿山，可谓居众山之首，占《山经》之先。

南方的首列山系，名为䧿山山系。

䧿，小篆作𪁖，从隹，昔声，"鹊"之古字，本义为鹊鸟，这里用作山名。

䧿山在《山海经》一书中似只是一个山系的总名，而没有作为一座具体的山进行叙述，有关䧿山的内容是缺失的。

一部经典的叙事书写，通常有其内在的逻辑结构。行文看似随意，实则谨严；排列布局往往都有精深之用，独特之趣。同样是按顺时针方向展开叙述，《淮南子·地形训》以习见的东、南、西、北、中为序，而《山海经》中的《五藏山经》却以"南山"为始。我想如果此书放在足够广阔的空间视野下，足够漫长的时间尺度内，我们可以为这个具体而微的"小"问题找到林林总总的"大"答案。比如，在五德终始学说下，刘向、刘歆父子是否更倾向刘汉政权的赤德，而有意突出南方、赤色、炎帝火德……或者此书遵循古老的圣王统绪——"尧、舜、禹、汤、文、武，皆坦然天下而南面焉"（《淮南子·主术训》），不只是在纯粹进行空间叙述；或者直接是对编定著录此书时的刘家天下的致意，"有汉创业山南，发迹三秦"（《法言·重黎》）；或同样都是"记山川溪谷禽兽草木牝牡雌雄"（《史记·太史公自序》），都有长于叙写风物的特点，此书的体例在向诗学"十五国风"首列《周南》《召南》致敬。

既以"䧿山"命名，䧿山便不该只是一个轻飘飘的名字，那它又在哪里呢？

䧿山具体是哪座山，中外学者各抒己见。有的人认为它是《南次三经》中的灌湘山，理由是字形相近，编纂成书时放错了地方；有的人认为它是中越界山；有的人认为它是广西猫儿山……真是"万木云深隐，连山雨未开"（唐·杜甫《雨》）。如今，人们对䧿山的追问和考索还在继续。

䧿山山系的第一座山，名为招摇山。它屹立在西海边上，那里生长着大量的桂树，蕴藏着丰富的金属矿物和玉石。

桂树，这里指的是肉桂之类的树木。《说文》："桂，江南木，百药之长。"郭璞的注文有更详细的介绍："味辛，白华，丛生山峰，冬夏长青，间无杂木。"桂树皮入药，补肾阳，暖脾胃，除积冷，通脉，止痛；嫩枝称桂枝，亦可入药。郭璞在《山海经图赞》（后文简称《图赞》）中对桂木颂美道："桂生南裔，拔萃岑岭。广莫熙葩，凌霜津颖。

气王百药，森然云挺。"¹寒风下花香仍在，严霜中新叶滋生，含天地精气，不愧是百药之王。

招摇山，因多桂而在后世诗文中成了桂木的代称。例如，三国魏时的曹植在《弃妇篇》中有："招摇待霜露，何必春夏成。晚获为良实，愿君且安宁。"桂，凌冬而不凋，比喻遭弃的女性。诗人说：你呀，无妨熬过秋冬的霜露，来年的婚恋说不定更美好呢。

山中有一种草，样子像韭菜。这种草开着青色的花朵，名叫祝余。人们吃了它，就"不饥"了。

韭菜，多年生草本植物，最主要的特征是叶细长而扁，夏秋间开出小白花，叶和花在嫩时皆可食，种子可入药。

华，古"花"字。华的繁体字"華"，战国时写作𦾓，像花朵盛开的形貌，而"花"为一个后起字。

不饥，意谓不感到饥饿。饥，是肚子饿了，没吃饱；而饿，是人饿坏了，没的吃。也就是说，祝余草有很好的充饥效果。

山中有一种树木，形状如构树——一种高大的落叶乔木，却有着"黑理"。这种树散发着光彩，可照耀四方，名为迷榖。人们佩戴着它，行路就会不"迷"。

理，从玉，里声，《说文》："理，治玉也。"加工玉石，要顺着纹路把玉从石中剖分出来，由此引申为有条理、纹理等。黑色的纹理，这里有光彩、光华之意，按郭璞注解，此树有光焰。

迷，形声字，从辵，米声，字始于战国（𧗟），本义为迷惑。行路不迷惑，即不迷路，不迷失。

山中还有一种野兽，样子像禺。

商周时期的金文"禺"（𤓰）字，字形像某种虫，或即猿猴的头。《说文》："禺，

1.裔：边远之地；岑：小而高的山，这里泛指高山；广莫：广莫风，八风之一，指北风，这里代指寒风；熙：光明，明亮；葩：草木之花；津：润泽；颖：树叶嫩芽；气：精气；森然：茂密之状；云挺：高耸貌。

母猴属，头似鬼。"传世文献中多借"禺"字指称猕猴。郭璞认为禺像猕猴，形体更大些，有着赤红的眼睛和长尾巴。

特殊的是，这种野兽长着一双白色的耳朵，既能伏在地上爬行，又能像人一样直立行走。这种野兽名为狌狌。吃了狌狌的肉，可让人善"走"。

"走"字从甲骨文到金文，都像人跑动时摇摆双手的样子，所以其本义为奔跑。徐行曰"步"，疾行曰"趋"，疾趋曰"走"。吃了异兽之肉，当独具特异之能力——奔跑，而不是慢慢腾腾、四平八稳地走路。且古诗文里的"走"，多为跑的意思，比如败走麦城、走马观花等。郭璞在《图赞》中感慨"蜚廉[1]迅足，岂食斯肉"。蜚廉，一作"飞廉"，以善走闻名，事奉于商纣王，莫非他也食用了狌狌的肉？

丽麂水从这座山发源，然后向西流，最后注入大海。水中盛产一种叫育沛的东西。把育沛佩戴在身，就不会患名为"瘕"的疾病。

育沛，不详为何物，或以为是水生植物，或以为是琥珀。

瘕，腹内结块或有寄生虫而鼓胀。

按传统中医之见，瘕病是因寒温不适而饮食不消，与脏气相搏，积在腹内，结块作痛，且随气而移动，"言其虚假不牢，故谓之为瘕也"（巢元方《诸病源候论》）。古时的瘕病名目繁多，有食瘕、鳖瘕、虫瘕、蛟瘕、虚瘕、血瘕、酒瘕、谷瘕、水瘕……这里的瘕，按郭璞注解，为虫病。古书亦有记载，犬狗鱼鸟，若在不熟时食用，易成瘕痛之病。

常言道：病从口入。后世很多病痛，大都因生食野生动物而起，慎之，慎之。

堂庭山　　原 文

又东三百里，曰堂庭之山，多棪（yǎn）木，多白猿，多水玉，多黄金。

1.蜚廉：殷末时人。《史记·秦本纪》："蜚廉生恶来，恶来有力，蜚廉善走，父子俱以材力事殷纣。"

再往东三百里的地方，就是堂庭山。

请留意，"又东"二字传递出这部书的方位叙述有一个基准点。从基准点开始确立位置方向，自西向东逐次推移叙写。这里的"又"即以前一座山招摇山为位基，方向为东。

根据湖南洞庭湖周边的方言，"洞庭"的发音与"堂庭"的近似度很高，因此有学者推论堂庭即今天的洞庭。可以这样解读吗？当然可以。虽世异语变，但一方一域的音声却可以让我们进行历史性的回溯，探究真相。就像家乡的水土草木，往往很倔强，草木扎根在这片泥土中，冬去春来，年复一年，延续着生机生命。从《山海经》撰写直至定稿时的"古"到二十一世纪的"今"，从看得见的字形到看不见、摸不着的字音，都有或大或小的变化。这是"硬"的史实。当我们把变化的脉络梳理清楚，字形字音背后的历史讯息、文化要素即可一一解码释读出来。穿越千百年的读音，可做重要参考，但亦不可就此宣告定谳。比如堂庭之"堂"，郭璞注说，"堂"或作"常"。这两个字长得很像，读音也相近；唐代李善注《文选》时，"堂庭"又作"重庭"。白纸黑字，着着实实，对"堂庭"即"洞庭"的说法造成了不小的冲击。由此来看，小到一个字词的学术探究既是严谨的，又是活泼的。在求真的道路上须保持充沛的生命力。

这里生长的多是梾木，许多白色的猿在这里繁衍生息。堂庭山还盛产水晶石，蕴藏着丰富的沙金。

梾，树名，按郭璞注解，别名樭其，果实球状，变红则可食，像柰。南朝梁周兴嗣所作《千字文》中亦有"果珍李柰"，那么柰又是什么？《说文》："柰，果也。"这说明柰是一种果树，其果实亦称柰。根据今天的树木分类学，梾和柰，属野海棠，野花红，野沙果，不可简单地理解为今天常说的苹果。

白猿，按郭璞注解，今猿似猕猴而大，臂和脚皆长，行动便捷；色有黑有黄，鸣叫时，其声甚哀。白猿身手敏捷，对一般人射来的箭毫不畏惧。楚王有只白猿，准备亲自射之，还没有动手，白猿就把箭抢走了，并嬉戏起来。据《吕氏春秋》记载，楚国大夫养由基善射，虽未开弓，但在精神意念上已经将目标瞄准射中了，再机巧的白猿也逃脱不得。养由基一出面，就把白猿吓得大声嚎叫。根据以上记载可知，白猿确实产自南方。

水玉，古时亦称水精，即现在人们所说的水晶石，莹亮如水，坚硬如玉，因此得名。西汉时期的大辞赋家司马相如在《上林赋》中曾写道："明月珠子，的皪（lì）江靡；蜀

石黄碝（ruǎn），水玉磊砢；磷磷烂烂，采色澔汗，蕞（cóng）积乎其中。"[1]

明月，是大珠；珠子，是小珠。的皪，谓珠光照耀；江靡，江边。蜀石稍次于玉，黄碝则为黄色的玉石，水玉为水晶石。它们累积众多，色泽灿烂，丛聚在一起，焕发出光彩。磊砢，是说水玉多得都堆积在一起。司马相如广闻博见，言辞丰赡，作品结构宏大，辞藻华丽。刘勰《文心雕龙》特意用"繁类以成艳"五个字来夸赞司马相如这篇大作。

汉代大赋的基本精神就是把品类繁多的好东西聚集到一起，摆开来，铺陈着，甚至堆成堆，摞起来。而在仙家看来，水玉这种神异之物是宝贝。据《列仙传》记载，相传上古时的神仙赤松子"服水玉"，即把水玉当药物服食，还把这一"秘方"传习给了神农氏。郭璞的《图赞》中亦有"赤松是服，灵蜕乘烟"，说的是吃了水玉，精神灵魂可得解脱，乘登云烟升仙而去。

黄金，这里指黄色沙金，并不是提炼过的纯金。

猨翼山 | 原文

又东三百八十里，曰猨[2]（yuán）翼之山，其中多怪兽，水多怪鱼，多白玉，多蝮（fù）虫，多怪蛇，多怪木，不可以上。

再往东三百八十里，是猨翼山。

这里的山上有许多怪异的野兽，水中有许多怪异的鱼，盛产白玉，有很多蝮虫，又有很多奇怪的蛇，还有很多奇怪的树木。山势高峻陡峭，不可攀登。

原文中最后一句"不可以上"，极言山之险峻，谓人不可攀登而上。这恰好与此山之名相呼应，正如明代学者杨慎在《山海经补注》中所言，山险而难登，即便是善攀缘的猿猴，亦须生了羽翼，有了翅膀，方可行至山巅，即谚语所谓的"胡孙愁"也！

1.磊砢（luǒ）：谓众多委积；磷磷：水石清澈；烂烂：色彩鲜亮，光芒闪耀；澔汗：盛貌。
2.猨：同"猿"。猨翼，另有作"稷翼"。

怪兽、怪鱼、怪蛇、怪木，一座山上的“怪”，有地上跑的、水里游的、水陆两栖的，还有树木。《山海经》本身就是一部“怪”书，是中国系统地言说怪物、叙述怪事的开山之作。明代学者胡应麟称《山海经》为“古今语怪之祖”。

什么是“怪”呢？

“怪”之篆文作，战国时秦简写作，皆从心，圣（从手，从土，表用手挖土，音kū）声。《说文》：“怪，异也。”大凡奇异非常的东西，皆可称之为“怪”。

这里的怪，突出的是外貌和形状，郭璞注解说：“凡言怪者，皆谓貌状倔奇不常也。”倔奇即生硬奇诡，与众不同，与我们日常见到的事物反差巨大且强烈。有的人，骨子里好“奇”，还要行动起来，去捕捉怪物，展示它。郭璞在注解中引用《尸子》[1]里的话：“徐偃王好怪，没深水而得怪鱼，入深山而得怪兽者，多列于庭。”

到水下深处潜水，到深山老林探险，为的是得到“怪”，陈列在中庭，摆在眼前，以获得莫大的成就感。

其实，对那个“怪”而言，它就是它自身，无所谓什么怪与不怪，自然而然，一切正常。“怪”字从心，一切都是因为我们觉得奇怪、怪异，怪方才成为“怪”。

见怪不怪，其怪自败。

蝮虫，毒蛇名。蝮，从虫，复声，本义为一种毒蛇。《说文》：“蝮，虫也。”虫，意谓毒蛇。

虫，甲骨文作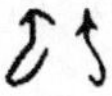，金文作，像蛇头连接着委曲的身、尾，有的写法强调了蛇头的三角形。近代甲骨文研究大家罗振玉认为，殷墟甲骨文中的“虫”字像“博首”，脑袋宽大，身子弯曲。战国时，虫写作，篆书作，本义为毒蛇。“虫”的这个意义后来写作“虺”（huǐ）。

一般认为蝮较大，虺则偏小。

按郭璞注解，蝮虫表面有绶带纹理，鼻上有针，大者百余斤，一名“反鼻虫”。

> 蝮螫[2]手则斩手，螫足则斩足。何者？为害于身也。（《史记·田儋列传》）

看来古人早已领教过蝮蛇的厉害。这种别名“反鼻虫”的大毒蛇，在后文中还会出现。

1.尸子：战国时晋人，一说鲁人。曾入秦为商鞅门客，或为商鞅师，曾参与谋划变法。商鞅被杀后，逃亡入蜀。《汉书·艺文志》著录《尸子》二十篇，已失传，后世有辑本。

2.螫（shì）：毒蛇或毒虫刺咬。《说文》：“螫，虫行毒也。”

柤阳山 | 原文

又东三百七十里，曰柤（niǔ）阳之山，其阳多赤金，其阴多白金。有兽焉，其状如马而白首，其文如虎而赤尾，其音如谣，其名曰鹿蜀，佩之宜子孙。怪水出焉，而东流注于宪翼之水。其中多玄龟，其状如龟而鸟首虺[1]尾，其名曰旋龟，其音如判[2]木，佩之不聋，可以为底。

再往东三百七十里，有山名为柤阳山。

木字旁的山名有点奇怪。

柤，为树名。树长在山上，山大而树小，以树来命名山，不是不可以，但好奇的人想知道为何如此。于是叩问"柤阳"之由来。《诗经·唐风·山有枢》中有"山有栲，隰有柤"[3]，山上有栲树，低洼地有柤树。古时函谷关或潼关以西的地区称檍树为"柤子"。柤木坚韧，可制弓弩的主干。

难道这座山上长了很多柤树？或者，字在手写或雕印的传布过程中走形、变异了？清代学者郝懿行即怀疑"柤"为"槆"（xì）字，因《玉篇》中记载有槆阳山。尽管学术很谨严，但证据不充分，不能下定论，只能说感觉上如此，先下一个疑似的判断。

山的南面盛产铜，山的北面盛产白银。

传统上以山的南面为阳，山的北面为阴。古人用"阴阳"来打量认知并记录这个世界，进行一个最基本的区隔和划分。《诗经·大雅·公刘》："既溥既长，既景乃冈，相其阴阳，观其流泉。"周人的祖先公刘带领族人，开垦出宽阔广长的田地，靠日影定好方位，登上山冈，察勘山丘的北面和南面，观察河流的走向。这里的阴阳不同于后世阴阳家的哲学玄思，而是很质朴，很直接，只根据和煦温暖的阳光，考定自然山川的向背寒暖。

赤金，大体上指今天所言的铜；白金，则谓白银。司马迁《史记·平准书》："金有三等，黄金为上，白金为中，赤金为下。"白金，银也；赤金，铜也。

1.虺：毒蛇。

2.判：分开，剖开。

3.栲（kǎo）：又名山樗（chū），即臭椿；隰（xí）：低湿的地方。

文中的赤金、白金，皆指未经提炼的金属矿石。以下同此。

山中有一种野兽，模样像马，却长着白色的头，其"文"如老虎，尾巴却是赤红色的，发出的声音如人在清唱歌谣。这种野兽名叫鹿蜀。

文，甲骨文作 ✿✿，金文作 ✿✿，像纹画的交错，或者一个站立的人心口处有装饰。《说文》："文，错画也。象交文。"色彩交错，有纹理，有花纹，这个意义上的"文"字，后来写作"纹"。这里的"文"，即指鹿蜀身上皮毛的色彩斑纹。

谣，初文作"䚻"（䚻），从言，肉声。《说文》："䚻，徒歌。"有音乐伴奏，称之为"歌"；无乐器伴奏，徒口清唱，则为"䚻"。䚻，在典籍中多作"谣"。也就是说，鹿蜀的鸣叫，如同人在哼唱，只是无伴奏、不合乐而已。

人们穿戴鹿蜀的皮毛，以之为佩饰，可多子多孙。

先民最初把"神力"托付给山中的异兽。"佩"，按郭璞注解，指的是佩戴鹿蜀的皮毛。"佩其皮毛，子孙如云"（《图赞》），让"神异"之物或者它们的一部分与自己的身体相接触，这是最重要的。至于烧香许愿，礼神拜佛，祈求送子娘娘，求多子多孙、人丁兴旺，那是后来的事。

有学者推测鹿蜀兽有可能是驴。驴有着旁若无人、大开大合的嘶叫声，以及像马一样的外形，与经文对照呼应，似有这个可能。

怪水从这座山发源，然后向东流，注入宪翼水。

水中有很多黑色的龟，样子像普通的龟，却长着鸟一样的头和毒蛇般尖尖的尾巴。这种龟名为旋龟。它们的叫声像劈开木头时的声音。佩戴用旋龟制成的饰物，能使人的耳朵不聋。

"可以为底"。为，治，这里有医治、治疗之意。底，同"胝"（zhī），手掌或脚掌上的老茧。有一种名为胼胝的病，表现为手掌、脚掌患处皮肤增厚，触之坚硬或有疼痛感，中医用刀削后敷水晶膏治疗，或用修脚术切除。这里记载的是先民用旋龟的壳来刮治胼胝。

柢山 | 原　文

　　又东三百里柢（dǐ）山，多水，无草木。有鱼焉，其状如牛，陵居，蛇尾有翼，其羽在鮀[1]（xié）下，其音如留牛，其名曰鯥（lù），冬死而夏生，食之无肿[2]疾。

　　再往东三百里，是柢山。山间多水流，却无花草树木。

　　山中有一种鱼，样子像牛，栖息在大山坡上，长着蛇一样的尾巴，有翅膀，而翅羽生在胁骨下，鸣叫的声音如"留牛"。这种鱼名叫鯥。

　　"陵"之甲骨文作𩫖𩫖，像人登梯而升高。陵，从阜（𠂤），夌声，本义为大土山。《诗经·小雅·天保》："如山如阜，如冈如陵。"简单而言，阜是土山，陵则是大的阜。陵居，意谓在山上或大山深处亦可生存。《墨子·辞过》说古之先民尚不知建造宫室时，"就陵阜而居"，也就是靠近山陵安家，穴居而处。

　　按常理，描摹"怪"物，比喻之象须当切近，而于"留牛"，则其义未详。先看郭璞的注解："《庄子》曰'执犁之狗'，谓此牛也。《穆天子传》曰'天子之狗执虎豹'。"

　　这段文字读来让人迷惑不解，如晚清学者俞樾所言："狗能执鼠，不能执牛，郭（璞）义难晓。"其实，难晓并不是无解。《庄子·应帝王》有"虎豹之文来田，猨（猿）狙之便执嫠（lí）之狗来藉"[3]，虎豹因皮毛有美丽的花纹而招致人来田猎，灵敏的猿猴、能捕捉"嫠"的狗，反而被人拘系起来。《穆天子传》又说天子之狗，可以拘执虎豹，可见其勇猛。细细品读郭璞的注解，他大致的思路是，围绕着"狗"来提示"留牛"或即"嫠"。

　　嫠，通"牦"，即牦牛，一种生活在西南少数民族地区的长毛牛。

　　此处之"嫠"，或即出现在后文的《东山经》中的"犁牛"，似牛，却有老虎的斑纹。

　　以如此迂曲缠绕的方式，让我们大体明白：留牛，即犁牛，或即牦牛。但问题依然

1.鮀：当作"胠"，亦作"胁"，腋下。
2.肿：一种皮肤和皮下组织的化脓性炎症。
3.田：通"畋"，打猎；狙：猴类；便：便捷，灵敏；"执嫠之狗"：亦出现在《庄子·天地》篇中，"嫠"字作"留"，指竹鼠或狐狸；藉：系缚。

在，不说古时，只说今天，又有多少人听闻过牦牛的叫声，并把这声音作为一个"喻体"写到自己的作文或日记中来呢?

鮆冬天蛰伏而夏天复苏，吃了它的肉，即不会患痈肿疾病。

冬死，即冬眠，亦称冬蛰。郭璞注解说，鮆鱼是一种冬眠的两栖动物。正如郭璞所言，"谓之死者，言其蛰无所知，如死耳"。

亶爰山

又东四百里，曰亶（chán）爰（yuán）之山，多水，无草木，不可以上。有兽焉，其状如狸而有髦[1]（máo），其名曰类[2]，自为牝牡，食者不妒。

再往东四百里，是亶爰山。山间多水流，无花草树木，山势高峻陡峭，不可攀登。

山中有一种野兽，样子像野猫，却长着人的头发，名为类。类，具有雄、雌两种性器官，食用它的肉会让人不生忌妒之心。

狸，即狸子，狸猫，形状似猫，俗称野猫，体肥而短，毛浅棕色，有斑点花纹，性情凶猛。

飞曰雌雄，走曰牝牡。

天上飞的鸟，分雌雄；地上跑的禽兽，则有牝牡。推衍开来，牝属阴，牡属阳。男为阳，为雄，为牡；女为阴，为雌，为牝。大千世界，男男女女，最美好的理想状态当然是古人常挂在嘴边的万物化生，各得其正。然而，饥寒温饱，阴阳和合，是人类必须面对的基本问题："饮食男女，人之大欲存焉。"（《礼记·礼运》）

1.髦：儿童下垂至眉的短发，或作"发（髪）"。
2.类：或作"沛"。

得其正，何其难也！比如，这个"妒"。妒，从女，户声，本义为妇女忌妒自己的丈夫，亦指忌妒其他女子的姿色。妒，忌恨，这种具有一定杀伤力的情感若蔓延至政治生活中，则会产生莫大的离心力和极强的破坏力。《荀子·大略》："士有妒友，则贤交不亲；君有妒臣，则贤人不至。蔽公者谓之昧，隐良者谓之妒，奉妒昧者谓之交谲。交谲之人，妒昧之臣，国之蔵孽也。"蔵，同"秽"；孽，妖孽。一昧，一妒，终将酿成国家的灾祸。

当然，《山海经》原文中的"妒"更多地指向男欢女爱中的忌妒之情。类，这种异兽具有一定的"隐喻"特性。一副身体而具有两种性器官，自为雌雄，自孕而化生，冲破了肉体的束缚，阴阳已为一体，和谐自适，吃醋或忌妒，又从何来呢！

回到今天还很有市场的养生观念：吃什么，补什么。这种信念，想一想有多古老，早在山海冥昧之时已深入人心。

基山　　原文

　　又东三百里，曰基山，其阳多玉，其阴多怪木。有兽焉，其状如羊，九尾四耳，其目在背，其名曰狪（bó）狚[1]（dàn），佩之不畏。有鸟焉，其状如鸡而三首六目，六足三翼，其名曰鹒（chǎng）鹏[2]（fū），食之无卧。

再往东三百里，是基山。山的南面盛产玉石，山的北面则有很多怪异的树木。

山中有一种野兽，样子像羊，却长着九条尾巴、四只耳朵，眼睛长在了背上。这种野兽名叫狪狚。人穿戴上它的毛皮，就不会产生恐惧。

"畏"之甲骨文作 ，金文作 ，会意字，像鬼手持刑杖或树枝欲扑打之状，本义为恐惧、害怕。"畏"有其正面价值。人的谨慎，即以敬畏、畏惧之心为底色，如古语所云"我其夙夜，畏天之威，于时保之"（《诗经·周颂·我将》），"君子有三畏（天命、大人、圣人之言）"（《论语·季氏》），等等。从祭祀神明的日夜勤勉，敬畏天帝

1.狚：一作"陑"。
2.鹒鹏：或作"䴏鹏"。

威灵以求保佑，到这里的"不畏"（按郭璞注解，即不知恐惧，不再害怕），人们渐渐变得大胆起来。

克服畏惧，有多种方法。记得读中学时，与两个小伙伴进山"探险"——即便是太行山的余脉，山不有其名，也是一座大山。返回时，夜已深，四周黑黢黢，唯见天上的星星，还有和星星一样远的山路上的车灯。虫鸣四起，怪声不断，想到来时看到山坳处有新坟，坟头上还插着送葬的哭丧棒……三个人都不言，只是在心里默默哼着那首《少年壮志不言愁》。想想那个时候若有猼訑的皮毛在身，我们该有说有笑地穿过那片山间的黑暗。

山中有一种禽鸟，形貌像鸡，却长有三个脑袋、六只眼睛、六只脚、三只翅膀。这种鸟名叫鹡鸽。人食用了它的肉，就不会感到瞌睡。

人最好的休息状态是睡觉，睡觉时眼睛会闭上，而日常的闭目养神也算是一种小憩。卧（卧），象形字，以人眼——"臣"（𠃍𠃍𠃍）的低垂来表达休息之义。《说文》："卧，休也。""卧"字中的"臣"，只是目的象形，与后世的君臣之"臣"无关。

不仅人的躯体需要躺卧下来进行休息，人的精神意识也是需要"卧"的，正如《荀子》所言，"心，卧则梦"。"无卧"，则是极言身心强健，精神抖擞。

青丘山

原 文

又东三百里，曰青丘之山，其阳多玉，其阴多青䨼（huò）。有兽焉，其状如狐而九尾，其音如婴儿，能食人；食者不蛊。有鸟焉，其状如鸠，其音若呵[1]，名曰灌灌[2]，佩之不惑。英水出焉，南流注于即翼之泽。其中多赤鱬（rú），其状如鱼而人面，其音如鸳鸯，食之不疥[3]。

再往东三百里，是青丘山。

1.呵：人的呵呼之声。
2.灌灌：或作"濩濩"。
3.疥：一作"疾"，疥疮。

本书后文中还会出现"青丘国"，不过在空间位置上，青丘国在海外，与这里的山无涉。

山的南面盛产玉石，山的北面盛产青雘。

青雘，亦作"青雘"，一种矿物颜料，或为今之石青、白青之属，古时以之做涂饰用。

山中有一种野兽，样子像狐狸，却长着九条尾巴，鸣叫的声音如同婴儿的啼哭一样，能吞食人。

郭璞注解说，这种怪兽即所谓的"九尾狐"，但细读发现原文只说了"如狐"，而没说它是狐。后文《大荒东经》记载的青丘国中的九尾狐，寓意太平祥瑞，而这里的九尾狐却是吃人的，两者似不符。

食用了它的肉，能使人"不蛊"。

"蛊"（蠱）之甲骨文作 ，会意字，虫在饮食器皿之中。聚虫于器皿中，使自坏烂，由此，蛊有败坏之意。《说文》："蛊，腹中虫也。"言人的腹内中了虫蚀的毒。
古人还认为蛊是一种心志惑乱、昏狂失性的疾病；斩首倒悬而死的鬼、肢体分裂而死的鬼，也会变成蛊——这种说法太玄乎，大概解读凶邪之气。
"不蛊"，郭璞注解说，吃了九尾怪兽的肉，可不逢妖邪之气，"蛊"亦可理解为蛊毒。
结合本书文例，结合上下语境，这里的"蛊"理解为一种病症似更妥当。中医认为蛊是由虫毒结聚，络脉瘀塞引起胀满、积块的疾病；还有少腹热痛、溺白浊的病症。

山中有一种禽鸟，样子像鸠，鸣叫声像是人发出的呵呼之声。这种鸟的名字叫灌灌。把灌灌的羽毛插在身上，可以使人不迷惑。
英水从青丘山发源，然后向南流，注入即翼泽。
泽中有很多赤鱬，样子像普通的鱼，却有着人一般的面孔，发出的声音如同鸳鸯在叫。食用赤鱬，可以使人不生疥疮。

鸠，常称斑鸠，似山雀，略小，短尾，青黑色。人面，即人的脸面。甲骨文的"面"

（ ），以面部的眼睛代表五官整体，外围的封闭曲线相当于脸边缘之形状，整个字像人之面孔、脸面。《说文》："面，颜前也。"人的面部五官，最引人注意的莫过于目，故而"面"中有"目"。

"其状如鱼而人面"，自具体而微小的"面""目"小处起，指向宽泛的人形，正如清代学者毕沅所言，"人面者，略似人形"（《山海经新校正》）。李白《送友人入蜀》一诗有"山从人面起，云傍马头生"，人面、马头，互文修饰，如此解读方才完整，且更形象。

写完了形状面貌，接下来描摹声音。

鸳鸯，似野鸭，体形较小，是一种雌雄同居同飞而不分离的鸟，羽毛色彩绚丽，翼长，善游泳，能飞，栖息于内陆湖泊和溪流边，是中国的特产珍禽。

《诗经·小雅·鸳鸯》："鸳鸯于飞，毕之罗之。"鸳鸯在飞，人们用大网小网去捕捉。鸳鸯为匹鸟，成双成对在一起，以之起兴，传递出夫妇之间的爱慕之情，可见鸳鸯具有独特的文化内涵。

鸳鸯的鸣叫之声，亦然。曹植在《赠王粲》一诗中写道："树木发春华，清池激长流。中有孤鸳鸯，哀鸣求匹俦[1]。"这里的哀鸣，并不是悲哀地鸣叫，而是在求取知音。鸳鸯的鸣叫声，在传统审美文化中表示和谐、和美，是一种好音，除了常见的喻婚姻美满，还可指兄弟间的志同道合。

赤鱬，今天看来大概属人鱼之类，或鲵鱼，即俗称的娃娃鱼。

最后说赤鱬的"价值"：食用之，能使人不生疥疮。

箕尾山 原 文

又东三百五十里，曰箕（jī）尾之山，其尾踆[2]（cūn）于东海，多沙石。汸（fāng）水出焉，而南流注于淯（yù），其中多白玉。

再往东三百五十里，是箕尾山。

1.匹俦（chóu）：伴侣。
2.踆：古"蹲"字，这里有坐落之意，言临近大海。

地上有山，名箕尾。天上有星，亦名曰箕尾。

箕星和尾星，两宿相接，称箕尾，属东方七宿。《庄子·大宗师》有言："傅说（yuè）得之，以相武丁，奄有天下，乘东维，骑箕尾，而比于列星。"傅说出身寒微，传说曾在傅岩之野修筑土墙，商王武丁访而得之，知其贤，举为相。庄子认为此人得了"道"，由此可辅佐武丁，执掌天下政事；死后又成为天上的星宿，维持着东方，居于箕尾星，与众多的星辰并列在天空中。

天上，地下，遥遥相对。

大山的尾端，临踞在东海岸边，这里有很多沙石。

注意，文中只叙写了"尾"，那么"箕尾"之首以及躯干呢？这确实是一个问题。学者们曾以福建福鼎境内三面临东海的太姥山和福建中北部的鹫峰山，与之比附相类。

汸水从这里发源，向南流，注入淯水。水中盛产白色的玉石。

白玉的矿物成分以透闪石为主，洁白晶莹，上等的有油脂般的光泽，质感滋润滑腻，摸起来则有很好的温润感。

小结　原文

　　凡䧿山之首，自招摇之山，以至箕尾之山，凡十山，二千九百五十里。其神状皆鸟身而龙首，其祠之礼：毛[1]用一璋[2]玉瘗（yì），糈[3]（xǔ）用稌[4]（tú）米，一璧稻米，白菅（jiān）为席。

1.毛：祭祀用的带毛的禽畜，毛色有讲究。
2.璋：瑞玉礼器，长条形，顶端呈斜锐角，形如半圭。
3.糈：祀神用的精米。或当作"褙"，意为祭具。
4.稌：稌稻，中国南方最早家化栽培的作物。

　　总计誰山山系之首尾，从招摇山起到箕尾山为止，共十座山，行经二千九百五十里。

　　核算现有经文，一掐一数，只有九座山。学者们想办法"找补"回来了：把誰山算在内，就是十座山。而为首的誰山，有标目，无正文。也就是说，现有的经文或有阙脱。

　　根据现有的其他文本，誰山山系行经的实际距离为二千七百里。我们来看一道简单的数学题：十座山行经二千九百五十里，则每座山的生态圈或者说"势力范围"在三百里上下。若补上"消失"的誰山，空间距离大致不差。需要注意的是，这里的距离当为古人勘探所行经的距离，而不能以今天地图上的直线距离来论。

　　山有山神。山神，乃掌管山岳河流的神灵。是神灵，就要礼敬。这一山系的山神似乎有自己的身份识别系统：诸山的山神都是鸟身而龙头。

　　祠，金文作𥘵，形声字，从示，司声，始见于春秋时期，本义是祭名，春祭。《尔雅·释天》："春祭曰祠。"春祭，为何称之为"祠"？东汉的许慎在《说文》中对此有详细的说明：春祭，品物少，多文词；仲春之月，祠不用牺牲，用圭璧及皮币。

　　一般而言，大凡祭祀，供牺牲。祭祀用的牲畜，纯色曰牺；祭祀用的牛、羊、猪三者，曰牲。牺牲，意味着牛、羊、猪完备，且要纯色。春祭的祠，简化了许多。圭璧，用来礼敬神明的玉器；皮币，毛皮和缯帛，在那个古远的年代，都是用来聘问献纳的贵重礼物。

　　祭祀山神的礼制：把毛色佳的禽畜和一块璋玉一起埋入地下，祀神的精米用稻米，用白茅草来做神的座席。

　　菅，一种茅草，多年生草本植物，茎可做绳，茎叶细密，可用来覆盖屋顶。《诗经·陈风·东门之池》："东门之池，可以沤菅。"[1]东门外的护城河，可用来浸泡麻菅等物，一位姑娘以之为原料织布编鞋。

　　《周易·大过》之初六爻辞有"藉用白茅"，意谓白茅放在下面用来垫着祭品。茅，多年生草本植物，花穗上密生白色柔毛，故名。因洁白柔滑，古代常用以包裹祭品及分封诸侯。人们之所以用洁白之茅，是想表达内心的虔敬，以洁净素雅之道侍奉在上的神明。

　　菅，似茅，但滑泽无毛，根下五寸有白粉色嫩者，质地柔韧，可制成绳索。白菅之白，意在强调内心的崇敬。

1.池：城池，即护城河；沤：浸泡，长时间地浸渍。

瘗（㾑），大概的意思是埋。那具体怎么埋呢？应该是用土。瘗，从土，当是用土来埋，并且这个埋，按许慎《说文》的解释是"幽薶"。薶，从艸，是"埋"的古字。也就是说，"埋"是一个后来才出现的俗常字。埋，埋葬，用草亦可，用土亦可，土更实在。连年大旱不雨，先民只能把纾解天灾的希望寄托在神明佑助之上，"靡神不举，靡爱斯牲。圭璧既卒，宁莫我听"（《诗经·大雅·云汉》）。没有神灵不祭祀，没有吝惜任何的牺牲。卒，尽，完。多次祭神，连圭璧这些玉器都用完了，上天难道不听我的祈祷？

周人祭祀，祭天神则堆柴焚玉，祭山神、地神则埋玉于山脚下或土地中，祭水神则沉玉于水中，祭人鬼则藏玉。此即《云汉》诗接下来言说的："上下奠瘗，靡神不宗。"奠，陈列祭品，这是祭祀天神的礼仪；瘗，埋藏，将祭品埋入土地中，这是祭祀地神的礼仪。

总结来看，这里的"瘗"，当是埋藏、埋入山脚下。山间草木茂盛，除了土，还有草木可实现幽藏。

｜ 南次二经

柜山

原文

南次二经之首，曰柜（jǔ）山，西临流黄，北望诸毗（pí），东望长右。英水出焉，西南流注于赤水，其中多白玉，多丹粟。有兽焉，其状如豚，有距，其音如狗吠[1]，其名曰狸力，见则其县[2]多土功[3]。有鸟焉，其状如鸱（chī）而人手，其音如痹，其名曰鴸（zhū），其名自号也，见则其县多放[4]士。

"南次二经"，当直接理解为南方的第二列山系。"经"字可暂且当作山系来理解，下同。

南方第二列山系的第一座山，名叫柜山。它西边临近流黄辛氏国，在山上向北可以望见诸毗山，向东可以望见长右山。

流黄、诸毗、长右，按郭璞注解，皆为山名。而其中的诸毗有可能是大泽之名；流黄，或即后文《海内经》中的流黄辛氏国。

英水从柜山发源，向西南流，注入赤水。水中有很多白色玉石，还有很多粟粒大小的丹砂。

1.吠：狗叫。
2.县：行政区域，周时县大于郡，秦以后县又属于郡。这里泛指人群聚居的区域。
3.土功：泛指治水、筑城、建房、穿池等工程。
4.放：放逐。

　　丹砂细小如粟，故称丹粟。粟，古时为禾黍的籽粒。《说文》："粟，嘉穀（gǔ）实也。"嘉，美；穀，同"谷"，粮食作物的总称。民以食为天，古时最美善、最重要的农作物是禾黍，它的籽实圆而薄糠，营养成分多，食之使人强壮。籽粒加工去皮，皮称为糠，可食的圆形或椭圆形的仁称为米，即俗称的小米。这里的丹粟之"粟"，意为如粟粒一样的粒状物。

　　山中有一种野兽，样貌像猪，"有距"，发出的声音如同狗叫。这种野兽名叫狸力。

　　距，从足，巨声，指鸡或野鸡等禽类的腿后面突出的像脚趾的部分。《说文》："距，鸡距也。"有距，是说狸力长着一双像鸡一样的足爪。

　　狸力出现在哪个郡县，那里就会有很多的土木工程，让人不堪其重。

　　见，同"现"，甲骨文作 𧢲 𧢲，金文作 𧢲，由"目"和"人"构成，突出视的含义。《说文》："见，视也。""见"字，在先秦典籍中经常用作"现"，其实也好理解，出现了即意味着被看见。正如清代学者徐灏在《说文解字注笺》中指出的："目所睹为见，因有见在之称。俗别作'现'。"
　　这里的"见"是出现，而且是出现在眼前，主、客体在同一场域中，以"目睹—被看见"为中心达成一次互动，下同。

　　山中还有一种禽鸟，样子像鸱，却长着人手一样的爪子，鸣叫的声音像雌性鹌鹑。这种鸟名叫鹋鸟。

　　鸱，鹞鹰之类的凶猛飞禽。《西山经》的三危山出现了名为"鸱"的怪鸟：一个脑袋，三个身子。当然，"其状如鸱"之鸱应当是常见的，如此，这个作为喻体的鸟儿方有指示说明的作用和价值。例如，鸱鸟的身影就出现在了《诗经·大雅·瞻卬》一诗中。为讽刺周幽王宠幸褒姒，诗人把周幽王比喻为"蟊贼"——吃庄稼的害虫，而对倾败国家的褒姒抒写道："懿厥哲妇，为枭为鸱。"懿，通"噫"，叹词；厥，其；哲妇，指"能量"巨大的褒姒。她就是相传长大后吞食母亲的恶鸟——枭，也是长着猫头的不祥之鸟——鸱。
　　痺，或当作"庳"。鹌鹑鸟即鹌鹑，雄性的称为鶺（jiē），雌性的称为庳。

　　鹈鸟鸣叫，就是在呼号自己的名字。它出现在哪个郡县，那里一定会有众多的贤士被放逐。

　　放士，意味着贤能之士被放弃，被冷落，被无视，甚至被戕害，那是一种锥心刻骨的痛。这种苦痛超越了时空，在"人生不如意之事十之八九"的情感世界中容易形成同频共振。鹈鸟出现在诗篇中，大都因为它对"放士"有感应，能预兆。郭璞把鹈鸟在都邑出现，以"彗星横天，鲸鱼死浪"（《图赞》）的灾异之象来比附。

　　陶渊明在《读〈山海经〉十三首（其十二）》中写道：

> 鸱鴸见城邑，其国有放士。
> 念彼怀王世，当时数来止。
> 青丘有奇鸟，自言独见尔。
> 本为迷者生，不以喻君子。

　　楚怀王时，屈原竭忠尽智反而遭到黜放，莫非由于"其状如鸱"的鹈鸟多次飞临楚国？前文青丘山中有鸟名为灌灌，据说佩戴它的羽毛，即不会使人迷惑。

　　屈原是著名的放士。这些放士自伤不遇，后人亦感伤他们的遭际。史家司马迁读了屈原的作品后，"未尝不垂涕，想见其为人"（《史记·屈原贾生列传》）；陶渊明在诗中同情被放逐的屈原，也批评了像楚怀王一样的糊涂蛋。或许像灌灌这样的奇鸟，真不是为明白人准备的。

长右山　原 文

　　东南四百五十里，曰长右之山，无草木，多水。有兽焉，其状如禺而四耳，其名长右，其音如吟[1]，见则郡县[2]大水。

1.吟：这里指人的呻吟声。
2.郡县：按袁珂校注，此两字前当补"其"字。

从柜山往东南四百五十里，是长右山。这里无花草树木生长，但山间水流很多。山中有一种野兽，形貌像猴，却长有四只耳朵。这种野兽名叫长右。

按郭璞注解，此山出此兽，因此即以山名来为其命名。

长右的叫声如同人在呻吟。它出现在哪个郡县，那里一定会发生大水灾。

长右山的特点是无草木而多水，以此山命名的四耳怪兽，正是所谓的"水祥"，即水灾的征兆。

尧光山 | **原 文**

　　又东三百四十里，曰尧光之山，其阳多玉，其阴多金。有兽焉，其状如人而彘鬣（liè），穴居而冬蛰，其名曰猾裹[1]（huái），其音如斫[2]（zhuó）木，见则县有大繇[3]（yáo）。

再往东三百四十里，是尧光山，山的南面多产玉石，山的北面则有丰富的金属矿藏。这里有一种野兽，样子像人，却长有猪的鬣毛，凿穴而居，冬季蛰伏。这种野兽名叫猾裹。

彘，猪；鬣，动物头颈上的毛。猪的鬣毛一般都刚硬，且直竖起来。

猾裹的叫声如同砍木头时的响声。它出现在哪个郡县，那里就会有大规模的劳役活动，或局势变得动荡不安。

1.猾裹：郭璞云，"滑怀两音"。
2.斫：斧砍。斫木，这里谓斫木之声。
3.繇：通"徭"，徭役。或作"乱"，繇、乱（亂）字形相近，易混淆。

对这个不吉之兆，郭璞在《图赞》中总结道：

> 猾襄之兽，见则兴役。
> 膺政而出，匪乱不适。[1]
> 天下有道，幽形匿迹。

羽山 | 原 文

> 又东三百五十里，曰羽山，其下多水，其上多雨，无草木，多蝮虫。

山不在高，有仙则名。

下面这座山，其上有没有仙不知道，但它足以引起学者们的特别关注。无他，只是因为它的名字——"羽山"。

大禹的父亲鲧，在尧时奉命治水，采用土壤堵塞之法，九年未成，而被舜杀于羽山。羽山由此让人侧目。郭璞注有："今东海祝其县西南有羽山，即鲧所殛处。计此道里不相应，似非也。"[2]祝其县，西汉置，属东海郡，治所在今江苏赣榆。郭璞绕了一圈，最后大致否定了自己的推论。也就是说，此羽山非彼羽山，两者只是同名而已。

其实，细读郭注，他的行文并非在徒费笔墨，而是在向历史致意。物，当究其本；名，当责其实。这是学者的真精神。

再往东三百五十里，是羽山。山脚下多水流，山上则多雨。无花草树木在这里生长，但有很多蝮虫。

蝮虫，按郭璞注解，指的是蚖（wán），一种毒蛇。

1.膺：承应；政：这里特指苛政、暴政；匪：通"非"，不；不适：不惬意，不愉快。
2.殛（jí）：诛杀；道里：道路里程，这里谓空间距离。

山下多水，山上多雨。古人对此有独到的观察和认识，例如《周易·说卦》中有"山泽通气"之说。所谓"通气"，即水泽之气升于山，为云为雨；山之气脉又通于泽，为水为泉，流淌而出。

瞿父山

原 文

又东三百七十里，曰瞿父之山，无草木，多金玉。

再往东三百七十里，是瞿父山。这里无花草树木生长，但有丰富的金属矿藏和玉石。

句余山

原 文

又东四百里，曰句余之山，无草木，多金玉。

再往东四百里，是句余山。这里无花草树木生长，但有丰富的金属矿藏和玉石。

浮玉山

原 文

又东五百里，曰浮玉之山，北望具区，东望诸毗。有兽焉，其状如虎而牛尾，其音如吠犬，其名曰彘，是食人。苕水出于其阴，北流注于具区。其中多鮆（cǐ）鱼。

再往东五百里，是浮玉山。在山上，向北可望见具区，向东可望见诸呲水。

具区，泽名，即太湖，古称震泽。

诸呲，指的是汇入太湖的多条河流。按谭其骧之见，自浮玉山向东望去，溪浦河流呈现出"溠牙相呲"[1]的状态。水非一水，有诸多之意，因此称诸呲。

这里有一种野兽，形貌像老虎，却长着牛的尾巴，它发出的声音如同狗叫。这种野兽名叫彘，会吃人。

苕水从这座山的北麓发源，向北流，最后注入具区泽。水中生长着很多鲏鱼。

鲏鱼，即刀鱼。按郭璞注解，此鱼狭长且薄，大者一尺有余，太湖盛产。

成山 | 原 文

又东五百里，曰成山，四方而三坛，其上多金玉，其下多青膜。閣（zhuō）水出焉，而南流注于虖（hū）勺[2]（shuò），其中多黄金。

成山之"成"，我们需要重点解释一下，以明白此山命名的由来。

成，有重、层之义。《尔雅·释丘》："丘，一成为敦丘，再成为陶丘，再成锐上为融丘。"丘，自然形成而非人为建造的高地。小一点的陵，就是丘。一层的丘，是敦丘；丘上再有一丘，叠加重累，叫陶丘。古人解释说，再成，其形再重也。

类似的例子还有《吕氏春秋·音初》篇："有娀氏有二佚女，为之九成之台，饮食必以鼓。"唐代有著名的九成宫，隋称之为仁寿宫，为皇帝避暑处。唐太宗贞观五年（六三一年）重修，因其所在的山有九重，故而改名为"九成"。成山，其实就是

1.溠（zhà）：形容水流弯曲，相互交错；呲：连接。
2.勺：或作"多"。

"重山"。

再往东五百里，是成山。这座山呈四方形，且像多个土坛相累而成。

四方，言山形为四四方方。三坛，按郭璞注解，谓形如人筑坛相累。三坛，即三重或三层坛之意。文言中的"三"也指多次，多重。坛，人工筑土而起的高台。

山上多产金属矿物和玉石，山下多产青雘。

青雘，一种青色矿物颜料，古人常以之涂抹装饰。后世常言的丹青，即丹砂和青雘的简称，两者皆为颜料，于是代指绘画，例如杜甫《画像题诗》中有"洛阳无限丹青手，还有功夫画我无"。

閖水从这里发源，然后向南流，最后注入庲勺水。水中多产"黄金"。

这里的"黄金"，指的是金沙，即含有金子的沙砾。郭璞注："今永昌郡水出金如糠[1]，在沙中。"并引《尸子》言"清水出黄金"。
左思在《蜀都赋》中描绘水里"金沙"的形态是"符采彪炳，晖丽灼烁"。刘逵注："永昌有水，出金，如糠在沙中。"

会稽山 | 原 文

又东五百里，曰会稽之山，四方，其上多金玉，其下多砆（fū）石。
勺水出焉，而南流注于湨（jú）。

1.糠：谷物如麦子、稻子的籽实脱落下来的壳皮。以之来比附金沙，切实且形象。

会稽山，古称防山，又称茅山。夏禹到大越，上茅山，大会诸侯，计功行赏，更名茅山为会稽。

再往东五百里，是会稽山。这座山呈四方形，山上有丰富的金属矿藏和玉石，山下盛产似玉的砆石。

砆，即武夫[1]石，一种似玉的美石。司马相如《子虚赋》中有"碝石碔砆"，其中的碝、碔，皆为像玉又次于玉的美石。郭璞在注解中描述了长沙、临湘出产的武夫石，赤红色的质地，白色的纹理，色泽葱茏并不分明。

勺水从这里发源，然后向南流，最后注入湨水。

夷山 | 原 文

又东五百里，曰夷山，无草木，多沙石。湨水[2]出焉，而南流注于列涂[3]。

再往东五百里，是夷山。这里无花草树木，到处是沙石。

湨水从这里发源，然后向南流，汇入列涂山区域。

1.武夫：现作"碔玞"，也作"碔砆"。
2.湨水：一作"浿水"。
3.列涂：当为水名，或以为是山。

仆勾山

原文

又东五百里，曰仆勾之山，其上多金玉，其下多草木，无鸟兽，无水。

再往东五百里，是仆勾山。山上多金属矿藏和玉石，山下有茂盛的花草树木，但无禽鸟野兽活动，也没有水流。

咸阴山

原文

又东五百里，曰咸阴之山，无草木，无水。

再往东五百里，是咸阴山，这里无花草树木生长，也没有水流。

洵山

原文

又东四百里，曰洵¹（xún）山，其阳多金，其阴多玉。有兽焉，其状如羊而无口，不可杀也，其名曰𤟤（huàn）。

洵水出焉，而南流注于阏（è）之泽，其中多茈²蠃³（luó）。

再往东四百里，是洵山，山的南面多金属矿藏，山的北面多玉石。

这里有一种野兽，形貌像羊，却没有嘴巴，不吃东西还能存活下来。这种野兽名叫𤟤。

1.洵：一作"旬"。
2.茈：当为"茈"，通"紫"。
3.蠃：通"螺"。

"不可杀"，这里的"杀"是死的意思。"杀"之初文作 ⿱⿱，从戈，从 ⿰， ⿰ 像人之散发，以戈截取人头，表杀戮；金文作 ⿰，手持戈，散发下加人形，杀戮之义明显，本义为杀戮，处死。植物枯萎而死，称之为"杀"。草木至秋冬季节，或在大旱时，自然有其"杀"。

《诗经·豳风·七月》有：

> 朋酒斯飨，曰杀羔羊。

两樽酒一起饮，再宰杀羔羊一起品尝。这里的"杀"是人主动去宰杀。经文中的"不可杀"之"杀"，是自身不死。

无口，则不能进食，但还是可以自生、自活。为何？郭璞注解说"禀气自然"。换句话说，就是天生如此。怪兽之怪，或即在此之不可思议。

洵水从这里发源，然后向南流，注入阏泽。水中有很多紫色的螺。

虖勺山 | 原 文

又东四百里，曰虖勺之山，其上多梓枏，其下多荆杞[1]。滂（pāng）水出焉，而东流注于海。

再往东四百里，是虖勺山，山上多是梓树和楠树，山下多是黄荆和枸杞。

梓，木名，楸树；枏，木名，楠树。两者皆为制作器具、建筑宫室用的上等木材。

滂水从这里发源，然后向东流，注入大海。

1.杞：枸杞。

区吴山

原 文

又东五百里，曰区吴之山，无草木，多沙石。鹿水出焉，而南流注于滂水。

再往东五百里，是区吴山。这里无花草树木，到处是沙石。

鹿水从这里发源，然后向南流，注入滂水。

鹿吴山

原 文

又东五百里，曰鹿吴之山，上无草木，多金石。泽更之水出焉，而南流注于滂水。

水有兽焉，名曰蛊[1]雕，其状如雕而有角，其音如婴儿之音，是食人。

再往东五百里，是鹿吴山，山上无花草树木生长，但有丰富的金属矿藏和玉石。

泽更水从这里发源，然后向南流，注入滂水。

水中有一种野兽，名叫蛊雕，模样像雕，头上却长有角，发出的声音如同婴儿的啼哭声。这是一种能吃人的凶兽。

雕，大型猛禽，上喙钩曲，眼大而深，视力发达，爪利，善飞，能捕食鼠兔甚至山羊。

1.蛊：或作"纂"。

漆吴山

原 文

东五百里，曰漆吴之山，无草木，多博石，无玉。处于东海[1]，望丘山，其光载出载入，是惟日次[2]。

再往东五百里，是漆吴山，山上无花草树木生长，盛产博石，不产玉。

博，通"簿"，博戏，古代的一种棋类游戏，两人对战。博石，谓可制棋具的石头。

还有一种解读，认为经文中的"博"为"博大"之博，博石，也就是大石头。博，亦通"薄"，意谓盘薄，或作"盘礴"，即指磐石。《周易·渐》之六二爻辞有"鸿渐于磐"。王弼注，"磐，山石之安者"，就是山上那种厚而大的石头，与温润的玉石无涉。

这座山临近大海，在山上向东远望，可望见连绵起伏的丘陵山脉，那里有光影忽明忽暗，或有或无，是太阳经行停歇之处。

载，句首、句中的语气词，加强语气。载出载入，按郭璞注解，谓神光之所潜耀。今天来看，山近大海，水汽充足，太阳的光芒在云雾缭绕中或隐或现，光线折射叠影变幻而成此景象。

日次，按郭璞注解，谓日景之所次舍，即太阳出入的所在。因山处于海东，特指日出于此山。黑夜漫漫时，太阳似在此山止息停驻。

明代学者杨慎在《山海经补注》中云，日月出入之山，数量可观，究其缘由，"盖峰峦隐映，壑谷层叠，所见然矣"。其见解可谓精当。

其实，山之高大者，即便只算收录到本书中的，也有的是。为什么"是惟日次"的一定是漆吴之山？

所谓"是惟日次"之类的行文，当属山川勘查者工作时当下的感知，编纂者把这一主观性的见识认知记录客观地安置在书卷中，使之凝固下来，传承下去。主客观记录折叠在一起，聚成字海文山，当再展开时，它们就成了"鼓"起来的高地——日月在此出入次舍。当然，并不是说日月就一定出入在这些山中。

1.东海：或应作"海东"，"东"字宜属下读。
2.次：停歇，止息。

小结

原　文

　　凡南次二经之首，自柜山至于漆吴之山，凡十七山，七千二百里。其神状皆龙身而鸟首，其祠：毛用一璧[1]瘗[2]，糈用稌。

总计南方第二列山系之首尾，自柜山起到漆吴山为止，共十七座山，行经七千二百里。

核算距离，实际为七千二百一十里。

诸山山神的形貌皆为龙的身子、鸟的脑袋。

祭祀山神的礼制：把祭祀用的畜禽如猪、鸡、羊等和一块玉璧一起埋入地下，祀神的精米用稻米。

1.璧：正中有孔的圆形玉器，古时作为礼器用于朝聘、祭祀和丧葬。
2.瘗：埋物以祭。

南次三经

天虞山　原文

南次三经之首，曰天虞之山，其下多水，不可以上。

《南次三经》所述之山，相对前两个次经，在方位上更靠南，大都不可徵实，难以考定。

南方第三列山系的第一座山，是天虞山。山下有很多水流，人不能攀登上去。

祷过山　原文

东五百里，曰祷过之山，其上多金玉，其下多犀兕（sì），多象。有鸟焉，其状如鹪（jiāo）而白首、三足[1]、人面，其名曰瞿如，其鸣自号也。

泿（yín）水出焉，而南流注于海。其中有虎蛟，其状鱼身而蛇尾，其音如鸳鸯，食者不肿，可以已[2]痔。

自天虞山往东五百里，是祷过山。山上多金属矿藏和玉石，山下多犀牛、兕，还有很多大象。

1.足：或作"手"。
2.已：停止，这里有治愈之意。

犀，金文作 𤞚，战国秦简写作 𤟭，从牛，尾声，本义指犀牛。《说文》："犀，南徼外牛。一角在鼻，一角在顶，似豕。"徼，边境，边界。传统上，东北称为塞，西南则谓之徼。南徼外，也就是说，犀牛产自东汉南方边境外。

《汉书·平帝纪》记载："黄支国献犀牛。"黄支国，古国名，古人认为在日南郡（治所在今越南境内）之南，距离东汉京师三万里。今天认为，这个在汉武帝、王莽时期与中国有使节往来的古国，在印度东南部或印度尼西亚苏门答腊岛西北部。

郭璞在注解中对犀有详细的描述：

> 犀似水牛，猪头庳脚。脚似象，有三蹄。大腹，黑色，三角，一在顶上，一在额上，一在鼻上。在鼻上者，小而不堕，食角也。好噉棘，口中常洒血沫。[1]

今天，关于犀牛的认知，还可以再简单补充几句：哺乳动物，脖颈短，皮粗厚，毛稀少，生活在亚洲、非洲的热带森林中。

古人说"其形甚陋"，犀牛虽然长得很独特，甚至不中看，但有大用。犀牛皮厚实坚硬，角却锋利。战场上手操吴地出产的戈矛，身披犀牛皮制成的甲，冲锋陷阵；谓兵器之尖之利，今天还说"犀利"。

兕，甲骨文作 𢢝，象形字，像头顶长着独角的犀牛。从甲骨文逐渐省变，秦简写作 𤇾，篆书写作 𧰨，本义为犀牛。《说文》："兕，如野牛而青。"这里的"野牛"，即水牛，郭璞注补充说，重三千斤。兕皮坚厚，可制铠甲。

兕，有时亦被认为是雌性犀牛。

按《左传·宣公二年》记载，宋国的华元率军与郑楚联军交战，战败被俘。宋国以"兵车百乘、文马百驷"将他从郑国赎了回来。华元主持筑城，神气地巡视工地，做工的人们唱歌嘲讽他丢盔弃甲逃回来。华元让身边陪着乘车的人回应说：

> 牛则有皮，犀兕尚多，弃甲则那[2]？

有牛就有皮，犀牛、兕牛多的是呀，弃甲又有什么了不起的呢？由此来看，犀、兕在

1.庳：矮；噉：同"啖"，食。
2.那：犹何，句尾语气词，表反诘。

春秋时期当是重要的战备物资了。

象，郭璞在《图赞》中写道：

> 象实魁梧，体巨貌诡。
> 肉兼十牛，目不逾豕。
> 望头如尾，动若丘徙。

"象"之甲骨文作，金文作，秦简写作，篆书为，像大象的形体特征，仰头，大耳，长鼻，长牙，短尾。象是陆地上现存最大的哺乳动物。大象以及象牙，在传世文献中并不少见。

山中有一种禽鸟，样子像鸡，却长着白色的脑袋和三只脚，有着像人一样的脸。这种鸟名叫瞿如。它鸣叫的声音好像在呼号自己的名字。

鸡，鸟名，按郭璞注解，似凫（野鸭）而小，脚近尾。

浪水从这里发源，然后向南流，注入大海。水中有一种虎蛟，形貌像普通的鱼，却拖着蛇一样的尾巴，发出的声音如同鸳鸯在鸣叫。食用它的肉，可使人不生痈肿疾病，还可以治痔疮。

蛟，按郭璞注解，似蛇，四足，龙属。

丹穴山

原 文

又东五百里，曰丹穴之山，其上多金玉。丹水出焉，而南流注于渤海[1]。有鸟焉，其状如鸡[2]，五采而文，名曰凤皇，首文曰德，翼文曰义，背文曰礼，膺[3]文曰仁，腹文曰信。

是鸟也，饮食自然，自歌自舞，见则天下安宁。

再往东五百里，是丹穴山，山上多金属矿藏和玉石。丹水从这里发源，然后向南流，注入渤海。

山中有一种禽鸟，样子像鸡，全身上下是五彩的羽毛，名叫凤凰。

凤皇，即凤凰。具体而言，雄的叫"凤"，雌的叫"凰"；通称则为凤，或凤凰。

兽有兽王，在中国自然是老虎。鸟有鸟王，凤凰即是传说中的百鸟之王。按郭璞引《广雅》的注解，凤凰是鸡头、蛇颈、燕颔、龟背、鱼尾，五彩色，高五六尺。视觉上，羽毛绚丽，五色备举；听觉上，声如箫乐。凤凰体形高大，且身体的部位都有"讲究"。

凤凰头上的花纹是"德"字的形状，翅膀上的花纹是"义"字的形状，背部的花纹是"礼"字的形状，胸部的花纹是"仁"字的形状，腹部的花纹是"信"字的形状。

这种鸟，饮食时自然从容，常常独自载歌载舞。它一出现，天下就会太平清明。

凤凰，出于东方君子之国，翱翔四海之外，它的出现意味着天下政治清明，同时又可昭示个人婚姻美满。《左传·庄公二十二年》记载，懿氏想把自己的女儿嫁给田敬仲为妻，于是就占卜了一卦，曰：

吉，是谓"凤皇于飞，和鸣锵锵……"。

卦辞大吉大利。凤凰相伴而飞，唱和的声音很嘹亮，这是说夫妻必定会相亲相爱。在

1.渤海：按郭璞注解，谓海岸曲崎头。
2.鸡：或作"鹤""鹄"。
3.膺：胸。

传统文化中，凤凰是瑞应的象征，地位很特殊，就像古人挂在嘴边的话：凤凰不与燕雀为群。

丹穴山，又简称"丹山"，因出产凤凰鸟而独擅声名。例如《吕氏春秋·本味》篇论肉之美味时，提到"流沙之西，丹山之南"出产的凤凰卵。这里的丹山，即丹穴山。

发爽山 | 原 文

又东五百里，曰发爽之山，无草木，多水，多白猿。汎（fàn）水出焉，而南流注于渤海。

再往东五百里，是发爽山，山上无花草树木，但到处都是水流，还有很多白色的猿猴。

汎水从这里发源，然后向南流，注入渤海。

㫰山 | 原 文

又东四百里，至于㫰（máo）山之尾。其南有谷，曰育遗，多怪鸟，凯风自是出。

再往东四百里，就到了㫰山的尾端。它的南端有峡谷，名叫育遗。

这个山谷的名字"育遗"，只有两个字，看似简单，实则大有门道。

"育遗"之"遗"，或作"隧"，古音相近。

《诗经·大雅·桑柔》："大风有隧，有空大谷。"有隧，犹言隧隧，形容风势迅疾；有空，犹言空空。这是说大风刮起来，必定有来头，必定是从大大的、空空的山谷

来的。

清代学者王引之在《经义述闻·大风有隧》中分析道：

> 《楚辞·九歌》："冲风起兮横波。"王逸注曰："冲，隧也。遇隧风，大波涌起。"据此，则古谓冲风为隧风，隧风即遗风。《吕氏春秋·本味篇》："遗风之乘。"高诱注曰："行迅谓之遗风。"

学者精微的文字训诂，缜密的连缀功夫，力透纸背的学力，让我们大致明白经典作品，例如《诗经》《楚辞》《吕氏春秋》和《山海经》，通过一场大而疾的风——"冲风""隧风""遗风"——建立起深层的、细微的关联。

原来，"育遗"之名是在暗示大风自此而孕育产生。

谷中生存着许多奇怪的鸟。

怪鸟有多"怪"？书里没有具体的叙写和描述。我们只能理解为它们是些奇异的鸟吧。郭璞注引《广雅》列举了一些怪鸟：鹔（duò）离、爱居、鸤雀等。

凯风就是从这里吹出来的。

凯风，即南风，和暖、柔和的风。《诗经》有一诗篇，以《凯风》来命名，其中有"凯风自南，吹彼棘心"。育遗谷生发的是南风，夏天的风，像母爱一样，它一吹，酸枣树开始发出嫩芽，呈现为赤红色的心状。

非山   原文

又东四百里，至于非山之首。其上多金玉，无水，其下多蝮虫。

再往东四百里，就到了非山的首端。山上多金属矿藏和玉石，无水流；山下多毒蛇。

阳夹山 ｜ 原 文

又东五百里，曰阳夹之山，无草木，多水。

再往东五百里，是阳夹山，山上无花草树木，多水流。

灌湘山 ｜ 原 文

又东五百里，曰灌湘之山[1]，上多木，无草；多怪鸟，无兽。

再往东五百里，是灌湘山。山上有很多树木，但没有花草；有很多奇异的禽鸟，但没有野兽。

兽类活动，得有草泽；鸟类飞来栖息，得有树木。由此，先言"多木，无草"，后面紧接着言"多怪鸟，无兽"，且前后有对应关系："兽依草，无草故无兽；鸟依木，多木故多鸟。"（明·王崇庆《山海经释义》）

看似平淡的文字叙事，书写的其实是大自然生态内在的生存逻辑。

1.灌湘之山：按郭璞注解，一作"灌湖射之山"。

鸡山

原 文

又东五百里，曰鸡山，其上多金，其下多丹雘。黑水出焉，而南流注于海。其中有鱄（tuán）鱼，其状如鲋[1]（fù）而彘毛，其音如豚，见则天下大旱。

再往东五百里，是鸡山，山上有丰富的金属矿藏，山下则盛产丹雘。

按郭璞注，雘，赤色者。或曰：雘，美丹也。丹，象形字，甲骨文作 ⊟，金文作 ⊟，像竹筒里盛放着朱砂，或以为是采挖朱砂的矿井，字形中间的那一横或点画，当表示朱砂。战国秦简写作 ⊟，篆书作 ⊟，在字形上承续甲骨文。《说文》："丹，巴越之赤石也。"丹，即自西南地区（巴郡、南越）出产的朱砂。

雘，从丹，蒦声，蒦有持取、法度之义，表美善的朱砂。《说文》："雘，善丹也。"丹雘，即用于涂饰的上好的红色颜料。《尚书·周书·梓材》有这样的语句：

若作梓材，既勤朴斫，惟其涂丹雘。

既然用了上等的木材，辛勤砍斫加工成了器具，那就应当涂抹上好的颜料以求美观。后世的美好生活，古人往往形容说：锦绣之服，丹雘之厦，五鼎之味，醇饴之奉。其中的丹雘，即作为颜料，用于涂饰美化居所。

当然，丹雘也可以作为绘画的颜料，代指更多美好的颜色。唐代诗人元稹《杨子华画三首》有："当年惜贵游，遗形寄丹雘。骨象或依稀，铅华已寥落。"当时遗留下的形貌神态，都寄寓托付给画家的彩笔。

黑水从这里发源，然后向南流，注入大海。水中有一种鱄鱼，样子像鲫鱼，却长着猪毛，发出的声音如同小猪在哼叫。它一出现，天下就会大旱。

1.鲋：鲫鱼。

令丘山

又东四百里，曰令丘之山，无草木，多火。其南有谷焉，曰中谷，条风自是出。

有鸟焉，其状如枭，人面四目而有耳，其名曰颙（yú），其鸣自号也，见则天下大旱。

再往东四百里，是令丘山，这里无花草树木，到处是自生的野火。

"多火"，或解读为光照千里的"火穴"，火山口；或理解为山上的磷火，夜间出现的白色带蓝绿色的火焰，俗称"鬼火"；或比附为荧台、火井，乃至硫黄山温泉，等等。《楚辞·大招》篇中有："魂乎无南！南有炎火千里。"炎，火盛之貌。"南有炎火千里"，是说南方阳气旺盛，有千里之积火。由此高呼：魂啊归来，不要往南方去。

山的南边有一道峡谷，名叫中谷，条风就是从这里吹出来的。

条风，按郭璞注解，即东北风。既然为东北风，那么这个中谷得是西南走向，风从东北向西南吹。条风，又名调风、融风，主出万物。"条"有条理、治备之意。

山中有一种禽鸟，样子像枭，却有一副人的面孔，长着四只眼睛，且长有耳朵。这种鸟名叫颙。

枭，猫头鹰一类的猛禽。"枭"之篆文作💮，从木，从鸟头在木上，会意字，相传为食母的恶鸟。在夏至之日，人们会捕捉枭鸟，肢解其体，把鸟头悬挂在树木上。汉时，五月五日做枭羹，赐百官享用。既然是恶鸟，那就集体美餐一顿，以实际行动进行一场思想教育。当然，这样的"举动"在今天是万万不可的。鸟类无论美恶都是人类的朋友。

颙发出的叫声就像在呼号自己的名字。它一出现，天下就会大旱。

仑者山

原文

又东三百七十里，曰仑者之山，其上多金玉，其下多青
雘。有木焉，其状如榖而赤理，其汗如漆，其味如饴[1]，食者
不饥，可以释[2]劳[3]，其名曰白蓉（gāo），可以血玉。

再往东三百七十里，是仑者山。山上多金属矿藏和玉石，山下盛产青雘。

山中有一种树木，样子像构树，却有着赤红色的纹理，枝干流出的汁液似漆，味道如糖饴，人吃了就不会感到饥饿，还可以解除忧愁。这种树名叫白蓉。

汗，从水，干声，本义为人身上的汗腺排出的液体，这里指自树中流淌出来的汁液。漆，谓漆树皮下淌出的汁液，初出时为白浆状。

它可用来染玉石，使之光鲜。

血，这里用作动词，用血涂染。按郭璞注解，可用来染玉，使之发出光彩，更鲜更润。然而，解释为涂染似不可行。血，或当释读为"衅"，一种祭祀形式，谓用祭祀用的牲血涂在器物上，弥合缝隙。古时有衅钟、衅鼓；车、甲不再使用，准备收藏起来时，亦会用血衅之，发挥养护之功效。在制玉的工艺流程中，或有与之类似的环节。例如白芨，草本植物，入药外用，可治手足皲裂、疮疡溃不收口。清代学者毕沅言："今白芨可以合玉。"由此而称之为"血（衅）玉"。

禺槀山

原文

又东五百八十里，曰禺槀[4]（gǎo）之山，多怪兽，多大蛇。

1.饴：用米、麦芽熬制而成的糖。
2.释：解除，消散。
3.劳：忧愁。
4.槀：当作"稾"。

再往东五百八十里，是禺槀山。山中多怪兽，还有很多大蛇。

南禺山

原　文

又东五百八十里，曰南禺之山，其上多金玉，其下多水。

有穴焉，水出[1]辄入，夏乃出，冬则闭。

佐水出焉，而东南流注于海，有凤皇、鹓（yuān）鶵（chú）。

再往东五百八十里，是南禺山。山上多金属矿藏和玉石，山下到处是水流。山中有一个洞穴，水在春天流入洞穴，夏天则流出洞穴，冬天就闭塞不通。

佐水从这里发源，然后向东南流，注入大海。

有凤凰和鹓鶵栖息在这片区域。

鹓鶵，按郭璞注解，亦属凤一类的鸟。《庄子·秋水》篇写到了这种南方之鸟：

夫鹓鶵，发于南海而飞于北海，非梧桐不止，非练实不食，非醴泉不饮。

相比以腐烂的老鼠为食的猫头鹰，鹓鶵是高洁的，吃的是竹子的果实，喝的是甜美的泉水。

1.出：当作"春"。

小结　原　文

> 凡南次三经之首，自天虞之山以至南禺之山，凡一十四山，六千五百三十里。其神皆龙身而人面。其祠皆一白狗祈，糈用稌。

总计南方第三列山系之首尾，从天虞山起到南禺山为止，共十四座山，绵延六千五百三十里。

核算现有经文，山十三座，距离为五千七百三十里。

这一山系的山神都有着龙的身子、人的面孔。祭祀山神用一条白狗取血以祭，祀神的精米用稻米。

经文中的"祈"字，有两个理解方向。一是按郭璞注解，祈，意谓向神明祷告求福。二是当作"衈"（jī）字来解，古时祭祀的名称。《说文》："衈，以血有所刉（jī）涂祭也。"刉，划破，刺割，祭祀时刺破献牲以取血，涂衅[1]（xìn）血祭。第二种解释更实在，更能贴合行文的语境。

结语　原　文

> 右南经之山志，大小凡四十山，万六千三百八十里。[2]

以上是《南山经》所记录的山，大大小小总共四十座山，绵延一万六千三百八十里。

1.衅：缝隙，裂痕。
2.这几句话当不是《山海经》原文，或是最初的校勘整理者刘歆题写的。底本原有，仍予保留，并做译解。以下，均同此例。

根据现有经文进行核算，山有三十九座，距离为一万五千六百四十里。

《山海经》古本为三十二篇，两汉之际的学者刘歆校定为十八篇。

以上《南山经》分三个次经，整体上可视为全书的第一篇。

卷二

西山经

｜ 西山首经

《西山经》，共四个次经。

居首的总名华山，自东而西；自第二山开始，皆作"又西"。这个"西"的方向，以今天的坐标来看，大多为西偏南，或西偏北，整体而言是西向。

钱来山　｜　原文

　　西山经华山之首，曰钱来之山，其上多松，其下多洗石。有兽焉，其状如羊而马尾，名曰羬（qián）羊，其脂可以已腊（xī）。

西方的第一列山系是华山山系，它的第一座山，名叫钱来山。

山的名字"钱来"，瞄一眼，心头一震，好不喜庆！我们来看个究竟。

钱，秦简写作 𨱅，篆书写作 𨱇，从金，戋声。金，形符，表与金属有关；戋，农具名，用于除草铲土，表伤害。《说文》："钱，铫（yáo）也，古田器。"铫，大锄。例如《诗经·周颂·臣工》中有命令农夫准备收割之语，诫敕之，把农具都备好："命我众人：庤乃钱镈，奄观铚艾。"[1]

钱，又与"泉"相通。泉水从泉穴中流淌而出，由小到大汇聚成小溪大川，朝宗于

1.庤（zhì）：准备；乃：代词，你；镈（bó）：锄头类的农具；奄：尽，全；铚（zhì）：镰刀，这里谓收割；艾：通"乂"，亦作"刈"，收割庄稼。

海；又云腾致雨，山林渥泽。货币也是流通的，因此，古人把货币称为"泉"。

山有美泉，山即由"泉"而得名？

根据今天学者的考察考证，钱来山，当在今河南灵宝境内，西距潼关不算远，即有一山峰，名曰"泉来峰"。

其实，钱，取泉水源源不断之意，与金钱无涉，字义嘉美，作为可喜可庆的山名未尝不可。

山上多松树，山下有很多"洗石"。

洗石，简而言之，即可供洗濯污垢的石头。郭璞注解说，澡洗时用它可以磢（chuǎng）体，去垢圿（jiá）。圿，污垢。

"磢"字不常见，谓以瓦石磨蹭的方式洗去物之污垢，引申为磨、擦。获得身体的舒服、舒适，乃至洁净，其实可以很简单，可谓他山之"石"，可以攻"垢"。在这个意义上，"磢"亦写作"瓵"。《说文》："瓵，瑳（cuō）垢瓦石也。"段玉裁注："用瓦石去垢曰瓵。"

这样的石头对我们的身体很友好，有亲和力，一般为圆形或椭圆形，往往有蜂窝状的微孔，可用来搓脚底易生脚茧的地方。

还有学者认为，洗石乃含碱之石，能溶解污垢，由此可以洗涤器物乃至衣服。

山中有一种野兽，状貌像普通的羊，却长着马的尾巴，名叫羬羊。羬羊的油脂可护理皮肤，治疗皴皱。

羬羊，郭璞注解说，今大月氏（zhī）国有大羊，如驴而马尾。《尔雅》解释羬羊时，突出其体格之大，"羊六尺为羬"。

可以肯定的是，"羬"这个字是后起的俗写字，非《山海经》最初撰写时使用的。此字当写为"麙"，这个字许慎的《说文》有收录，解释为："麙，山羊而大者，细角。"体格大，尾巴大，俗称大尾羊。

脂，统而言之，指动植物的油脂。脂和膏无别，泛指油脂油膏。古人分得清楚，《说文》："脂，戴角者脂，无角者膏。从肉，旨声。"脂，就有角的牛羊而言；膏，则就无角的豕而言。

把油脂油膏涂抹在器物的表面，可起到保护的作用，例如《诗经·邶风·泉水》有

"载脂载辖，还车言迈"[1]，嫁出去的卫国女子想娘家了，想象着用牛羊脂油涂抹车，安好车辖，回转车，可行走得又快又远。

腊，本义为干肉。例如《周易·噬嗑》之六三爻辞有"噬腊肉"，意谓吞咬坚硬干裂的腊肉。腊，在这里喻指皮肤干裂。油脂涂抹到皮肤上，即可起防护作用。当然，要有更好的药效，还需要有配方和制作工艺。庄子在《逍遥游》中讲述了一个"不龟[2]手之药"的故事。

有个宋国人善于制作防止手龟裂的药物，他家世世代代以漂洗丝絮为业。一个外乡来客听说了，愿意拿出百金来收购他的药方——算是那个时代的"知识产权"吧。于是这个宋国人召集全族人一起商议：我们辛辛苦苦地干漂洗业，收入不过数金，而现在一旦卖出药方，即可换来百金，要不我们就卖了？族人欣然同意。达成交易后，这个外来客拿着治疗皮肤龟裂的药方，到吴王那里游说，并以此药方解决了吴国士兵水战的大问题，最后换得了割地封赏的回报。

庄子说，不龟手之药，其实是可用于"大"事的，关键看你的思路。经文记下羊脂可"已腊"这一笔，至少说明在那个时代，皮肤的皴皱干裂为切身之痛，并非"小"事。

松果山　原 文

西四十五里，曰松果之山。濩（huò）水出焉，北流注于渭，其中多铜。有鸟焉，其名曰螐（tóng）渠，其状如山鸡，黑身赤足，可以已腺（báo）。

从钱来山往西四十五里，有山名叫松果山。

钱来山"多松"，而紧接着的这座山名为"松果山"，挺搭。松果山，或称"松梁山"。总之，山与山之间有松树相关联。

1.载：发语词，无实义；辖：车轴两头的金属键，这里用作动词；还：回旋；言：助词，无实义；迈：行路，远行。
2.龟：同"皲"（jūn），气候严寒，皮肤坼裂如龟纹。

潆水从这里发源，然后向北流，注入渭水。

渭水，源出甘肃鸟鼠山，经今陕西中部，至潼关入黄河。

潆水，在《水经注》中则称之为"灌水"：

> （潼关）……灌水注之，水出松果之上，北流径通谷，世亦谓之通谷水，东北注于河。

古人谓之通谷水，今天称之为潼（关）河，音声相近。按行文来看，这条河流经之地，当出产铜。

山中有一种禽鸟，名叫鴠渠，形貌像一般的野鸡，黑色的身子，赤红色的爪子，其油脂可用来治疗皮肤干皱。

朦，谓皮肤皱起。暴声，字中含有"暴"声，多突起之义，从月，故而指皮肉的皲裂肿起。

太华山　原 文

> 又西六十里，曰太华之山，削成而四方，其高五千仞[1]，其广十里，鸟兽莫居。有蛇焉，名曰肥蟥（yí），六足四翼，见则天下大旱。

再往西六十里，是太华山，山势陡峭像刀削一样，呈现四方形，高五千仞，宽十里，其上禽鸟野兽无法栖身。

1.仞：八尺或七尺为一仞。

这里的太华山，即西岳华山。

《水经注》："远而望之，又若华状。""华"（華）字之金文作 𦱳，像花朵盛开形；秦时文字增从艸，作 𦱳；篆文作 𦱳。本义为草木之花。例如《诗经·周南·桃夭》有"桃之夭夭，灼灼其华"[1]，诗篇在祝贺新娘，以鲜艳的桃花进行比兴，是最合适不过的。

按《华山记》记载，华山之山顶有池，池中生长有千叶莲华，因而名曰"华山"。

四方，谓山体四面陡峭如壁，按郭璞注解，山形上大下小，如同削成，极其雄峻。按郭璞注解，山上有明星、玉女（山峰名），持玉浆，得上服之，即成仙。但山上之道，险僻不通，古时很长一段时间内都是可望而不可即的。

山中有一种蛇，名叫肥蟥，长着六只脚、四个翅膀。

蟥，或当作"遗"。按郭璞注解，《山海经》一书还有肥遗蛇，疑是同名。具体而言，《北山经》的浑夕山有蛇，名为肥遗，一首而两身；发源于彭毗山的肥水，其中亦多肥遗。

《西山首经》中的英山，有鸟，亦名"肥遗"。此处之"蟥"，大概因与英山同卷，文字相近而给"遗"字加"虫"旁，以示区别。

肥蟥一出现，天下就会大旱。

按郭璞注解，在商汤之时，此蛇出现在阳山之下，据载此后即有七年之旱。商汤为赈救大旱，自己乘坐素朴的车和白色的马，身着布衣，又缠绕白茅，以自身为牲，在桑林之野祈雨，至诚感动上苍，驱走了旱鬼——肥蟥，甘霖降，润泽了大地。

1.夭夭：桃树少壮茂盛的样子；灼灼：桃花艳丽盛开。

小华山

又西八十里，曰小华之山，其木多荆杞，其兽多㹠（zuó）牛，其阴多磬石，其阳多㻬（tū）琈（fú）之玉。鸟多赤鷩（bì），可以御火[1]。

其草有萆（bì）荔[2]，状如乌韭，而生于石上，亦缘木而生，食之已心痛[3]。

再往西八十里，是小华山。

小华山，即少华山。

这里的树木大多是黄荆和枸杞，山中的野兽大多是㹠牛。

按郭璞注解，晋时的华山多产山牛、山羊，肉皆千斤。这里的"㹠牛"，当是此山中的野牛。

山的北面盛产制作磬的石料，山的南面则盛产㻬琈玉。

磬，石制的打击乐器，形状似曲尺，也有玉或金属制成的，可悬挂。"磬"之甲骨文作，像以手持物，敲击悬挂起来的磬形。据《论语·宪问》记载，孔子曾击磬于卫国。磬石，指可制成磬的石材，即如郭璞注所言，"可以为乐石"。

㻬琈，玉名，形态不详。这种玉石在书中多处出现，虽不明其详，但叩问探求的态度还是该有的。我们不妨来看一下清代学者郝懿行的探索：

《说文》引孔子曰："美哉玙璠！远而望之，奂（文采鲜明）若也；近而视之，瑟（洁净鲜明）若也。一则理（玉的纹理）胜，一则孚（玉的光彩）胜。"此经"㻬琈"，古字所无，或即"玙璠"之字，当由声转；若系"理孚"之文，又为形变也。

1.御：屏除，避开。御火，谓火烧起来而不及人身。
2.萆荔：香草名，或即"薜荔"。
3.心痛：病名，胸脘部疼痛的统称。

古书多假借，疑此二义似近之。

更古的古时，造出来的字数量少，不够用，于是需要"假借"。比如某些字有音而无字，就借用同音字来表示；有时形体上相近，就改变一下，拿过来用。由此，瑊玗，或即"玙璠"，或即"理孚"。

山中的禽鸟多为赤鷩，饲养它可以抗御火灾。

鷩，鸟名，雉的一种。按郭璞注解，赤鷩属山鸡，胸腹通红，冠为金色，且黄头绿尾，中间有赤色，羽翅色彩鲜明。根据这样的描述，当即我们俗称的"锦鸡"。

山中有一种草，名叫草荔，形状像乌韭，但生长在石头上面，也攀缘树木而生，食用它可以治愈心痛病。

乌韭，又名昔邪、垣衣，苔藓类植物，多生于潮湿的地方。按郭璞注解，乌韭在屋上者曰昔邪，在墙者曰垣衣。

符禺山

原　文

又西八十里，曰符禺之山，其阳多铜，其阴多铁。其上有木焉，名曰文茎，其实如枣，可以已聋。

其草多条[1]，其状如葵[2]，而赤华黄实，如婴儿舌，食之使人不惑。

符禺之水出焉，而北流注于渭。其兽多葱聋，其状如羊而赤鬣。其鸟多鴖[3]（mín），其状如翠而赤喙，可以御火。

1.条：草名。
2.葵：古时蔬菜名，冬葵，又名冬寒菜。
3.鴖：一作"䳡"。

再往西八十里，是符禺山，山的南面盛产铜，山的北面盛产铁。

铜、铁，皆意谓天然的铜、铁矿石。铁元素的化学性质比较活泼，在自然界中很难以单质的形态存在，多以化合物的形式存在；而铜元素的化学性质比铁元素要懒惰，在自然界中既可以化合物的形式存在，也可以单质铜的形式存在。

山上有一种树木，名叫文茎，结的果实像枣一样，可以用来治疗耳聋。

这种果实确实是一种"嘉果"。嘉，美善，美好。

山中生长的草多是条草，形状与葵菜相似，开红色的花朵，结黄色的果实，果实的样子像婴儿的舌头，食用它可使人不迷惑。

符禺水从这座山发源，然后向北流，注入渭水。这里的野兽多是葱聋，形貌像羊，却长有红色的鬣毛。

具体而言，鬣毛大都长而直硬，在马为颈毛，在羊则为胡须。

山中的禽鸟大多是鸥鸟，样子像一般的翠鸟，却长着红色的嘴巴。饲养这种鸟，可以躲避火灾。

翠，翠鸟。《说文》："翠，青羽雀也。"翠鸟的羽毛呈青绿色，颜泽鲜丽，可用来装饰天子仪仗队的旌帜、伞盖，称之为"翠华"。

喙，篆文作𣬛，从口，象声。"彖"字，今天很少用到，也很少见到。我见到它，倒是在《周易》一书中。书中常见"彖曰"。这里的"彖"，有"断"的意思，动物用牙去咬断自己要吃的东西，总是很坚决。《周易》中所谓的"彖曰"，即《彖传》，就是要斩钉截铁地概括论定一卦之大义。其实，"彖"之金文𧱤，与"彖（猪）"关系紧密，猪的嘴巴拱来拱去，特征鲜明。

由此来看，"喙"之本义为鸟兽的嘴，当然亦可引申为人的嘴。

赤红色的喙，鲜丽，美艳。莫非正是这一点多少有些瘆人的"红"来克制同色系的火？也难怪，郭璞感慨这一"卫灾"之物的小——"厥形惟么"（《图赞》）。厥，代词，其；么，同"幺"，甲骨文作𢆶，像子初生之形，本义为小。

石脆山

原　文

又西六十里，曰石脆之山，其木多棕[1]枏，其草多条，其状如韭，而白华黑实，食之已疥。

其阳多琈琈之玉，其阴多铜。灌水出焉，而北流注于禺水。其中有流赭（zhě），以涂牛马无病。

再往西六十里，是石脆山，这里的树木大多是棕树和楠树，草大多是条草，形状与韭菜相似，但开白色的花朵，结黑色的果实。人吃了这种果实，可以医治疥疮。

山的南面盛产琈琈玉，而山的北面多产铜。灌水从这里发源，然后向北流，注入禺水。河水中有流和赭。

流，通"硫"，硫黄，可入药，有杀虫之用；赭，土状赤铁矿，赤褐色，可制成颜料。或以"流赭"为一物，谓水流冲刷下来的赤红色泥土。

将此物洒涂在牛马的身上，能使它们不生病。

马，或作"角"。郭璞注解说，他那个时代的人亦用朱砂涂抹牛角，说是可以辟邪恶，少生病。

1.棕：树名，棕榈树。

英山

又西七十里，曰英山，其上多枏檀（jiāng），其阴多铁，其阳多赤金。

禺水出焉，北流注于招（sháo）水，其中多鲜（bàng）鱼，其状如鳖，其音如羊。其阳多箭䊈（mèi），其兽多㸲牛、羬羊。

有鸟焉，其状如鹑，黄身而赤喙，其名曰肥遗，食之已疠（lì），可以杀虫。

再往西七十里，是英山。山上到处生长着枏树和檀树，山的北面多铁矿，山的南面多赤金矿。

枏，树名，即楠树，俗称枏子、万年木。注意，前文有"枏阳之山"。

檀，树名，即枋树，木质坚致。郭璞注解说，"木中车材"，即此树是重要的造车材料。

禺水从这里发源，然后向北流，注入招水。水中有很多鲜鱼，状貌像鳖，发出的声音如同羊在叫。

鳖，秦简写作𪓟，篆文作𪓾，从黾，敝声，即甲鱼。《说文》："鳖，甲虫也。"甲，或作"介"，谓披着坚硬的外壳，如盔甲一般。鳖，较为常见，生活在河湖池沼中，可入药，又称团鱼，俗称"王八"。

《周易·说卦》以离卦☲为鳖，取象外壳坚硬，而内里柔软。

西晋文学家潘尼结撰有《鳖赋》，对鳖的特征和生活习性有很形象的描述："既颠坠于岩岸，方盘跚而雅步。或延首以鹤顾，或顿足而鹰距，或曳尾于涂中，或缩头于壳里。"[1]

山的南面生长着很多箭竹和䊈竹，山中的野兽多为㸲牛和羬羊。

1.雅步：从容安闲地行走；鹰距：犹鹰据，如鹰之栖止，还挺威武；涂：污泥。

箭，竹名，可制成矢的竹子，即矢竹。篃，竹名。按郭璞注解，汉中郡出篃竹，厚里而长节，根深，笋冬生地中，人从地中掘取而食之。

山中有一种禽鸟，样子像鹌鹑，黄色的身子，红色的嘴巴，名叫肥遗。

鹑，鹌鹑，酷似鸡雏，头小尾短秃，羽毛赤褐色，有黄白色条纹。雄性鹌鹑好斗。肉、卵均可食，味美。《诗经·鄘风·鹑之奔奔》是一首老百姓责骂卫国君主的诗，即以鹑鸟来开篇起兴：

鹑之奔奔，鹊之彊彊。

奔奔，一作"贲贲"，飞的样子。彊彊，义同"奔奔"。鹌鹑鸟栖居时互相为伴，飞走时则相随而起。在《诗经》的那个时代，人们对鹌鹑和鹊鸟想必很熟悉，它们都有自己的匹偶，从而联想到荒淫无耻的君主，觉得他是孤家寡人，连禽兽都不如呢！

这里的肥遗是一种鸟，而前文叙及的肥𧌈则是一种蛇，发音虽相同，却是两种动物。

人吃了肥遗的肉，可医治传染类的恶疾癞病，还能杀死体内的寄生虫。

疠，按郭璞注解，指疫病，或曰恶疮。传统中医认为，疠指具有强烈传染性的致病邪气，与久旱、酷热等反常气候有关；也指疫疠，烈性的传染病；还特指麻风病，又称癞病，初起患处麻木无感，次发红斑，继则肿溃无脓，久之可蔓延至全身肌肤，出现眉落、目损、鼻崩、唇裂，以及足底穿溃等重症。

这里的"虫"字，其实当理解为"蟲"字。虫，初文作**𧊣**，象形字，本义为毒蛇、蝮蛇。蟲（虫），篆文作**𧕓**，会意字，从三虫，小虫多类聚，三象其多。本义是动物的总名。《说文》："蟲，有足谓之蟲，无足谓之豸。"对举而言，有足的谓之蟲；分开而论，无足的亦称之为蟲。蟲的范畴很宽广：

有羽之蟲三百六十，而凤凰为之长；有毛之蟲三百六十，而麒麟为之长；有甲之蟲三百六十，而神龟为之长；有鳞之蟲三百六十，而蛟龙为之长；倮之蟲三百六十，而圣人为之长。（《大戴礼记·易本命》）

倮，同"裸"。人，归在所谓的"倮之蟲"中，即光溜溜的身上不长毛的蟲。

根据上下文，这里的"虫"，是指人体内致病的虫子。清代学者郝懿行说，大概是蛲、蛔之类的虫子，即寄生在大肠、小肠内的蛔虫等。

竹山

原 文

又西五十二里，曰竹山，其上多乔木，其阴多铁。有草焉，其名曰黄雚（guàn），其状如樗，其叶如麻，白华而赤实，其状如赭[1]，浴之已疥，又可以已胕[2]（fú）。

竹水出焉，北流注于渭，其阳多竹箭，多苍玉。丹水出焉，东南流注于洛水，其中多水玉，多人鱼。

有兽焉，其状如豚而白毛，大如笄[3]（jī）而黑端，名曰豪彘。

再往西五十二里，是竹山，山上多高大的树木，山的北面多铁矿。

乔木，在全书中仅此一见，简单而言，指高大的树木。按郭璞注解，"枝上竦者"，谓树枝向上伸展挺立。其实，乔木，还有更细微的一点可做解释。乔（喬），金文作 𣎳，字形从高，以 ◣ 表树梢高而曲，或以 ✿ 表枝叶之茂多，会意，谓树干高大，树枝向上，并且还多弯曲，即《说文》中解释的："乔，高而曲也。"由此，清代学者郝懿行在郭璞注的基础上补充了《尔雅》的释文："木上句（gōu）曰乔。"句，意为曲。

希望通过以上稍显繁复的训释工作，我们的脑海中对竹山上的"乔木"可呈现出更精细的图景。

山中有一种草，名叫黄雚，样子像樗树，叶子像麻的叶，开白色的花朵，结红色的果

1.赭：紫赤色。

2.胕：浮肿。

3.笄：簪子，长针形，古人以之别住盘起来的头发，或别住帽子。

实，果实外表的颜色如赤铁矿的赭色，用它洗浴可治疗疥疮，还可治疗浮肿病。

樗，树名，即臭椿，为落叶乔木，特点是生长快，高可达二十米，树皮灰色，小枝粗壮。

记得儿时的大年初一，起五更，自己会有一个特殊的"任务"，就是按照奶奶的嘱咐，在吃新年第一顿饺子前，小步快跑到离家不远的几棵臭椿树下，一路不能说话，看准了挑最高大的那棵树，左转三圈，右转三圈，然后再快跑回来。老人家生怕孩子不长个儿，要在树神那里求个襄助。想想也好，神不神、灵不灵先不管，最起码在心态上要向高大的树木看齐！

麻，即大麻，古时为五谷之一，一年生草本植物，雌雄异株，茎皮长而坚韧，可供纺织。

胕，胕肿，这里指全身浮肿。《素问·水热穴论》："上下溢于皮肤，故为胕肿。胕肿者，聚水而生病也。"

竹水从这里发源，然后向北流，注入渭水。竹水的北岸有很多竹箭，还多产青色的玉石。

箭，即筱（xiǎo），细竹，可制成箭杆。《尚书·禹贡》在介绍九州中扬州的情况时，有"筱簜既敷，厥草惟夭，厥木惟乔"[1]，意谓这里的小竹、大竹都在生长，原野的草长得很茂盛，树木长得很高。

丹水发源于这座山，向东南流，注入洛水。水中盛产水晶石，还有很多人鱼。

人鱼，郭璞注解说，如鯩（tí）鱼，四脚。鯩鱼，小鲵鱼。人鱼，当为大鲵鱼，俗称娃娃鱼，似鲇而四足，啼声如小儿在哭。

山中有一种野兽，样子像小猪，却长着白色的皮毛，毛如簪子一般粗细而尖端呈现黑色，名叫豪彘。

1.簜（dàng）：大竹；敷：普遍；夭：长，茂盛；乔：高。

豪彘，即豪猪，俗称箭猪，属刚鬣之族。

"豪"之甲骨文作，古文作，战国秦简作，字上面的部分像高、长，下像猪，会长毛耸立的豪猪之意。《说文》："豪，豕，鬣如笔管者。出南郡。"豪猪颈上的毛像笔管一样粗，出产自南郡——今天的湖北、重庆边界一带。这里引申为动物身上长而硬的毛，转过来形容自己——彘（猪）。

按郭璞注解，豪彘身上的粗豪可长达数尺，它还可以用脊背上的硬豪像飞矢一样射物。更神奇的特质是"厥体兼资，自为牝牡"（《图赞》）。也就是说，豪彘一体而兼有雌、雄两种生殖禀性。

浮山　原　文

又西百二十里曰浮山，多盼木，枳（zhǐ）叶而无伤，木虫居之。有草焉，名曰薰草，麻叶而方茎，赤华而黑实，臭[1]（xiù）如蘪（mí）芜，佩之可以已疠。

再往西一百二十里，是浮山。这里到处是盼木，这种树木长着枳树的叶子，却没有尖刺，不会伤人。树木上有虫子寄生。

这里有"盼木"，后文的黄山中有"盼水"。按郭璞注解，盼，读音为"美目盼兮"之"盼"。"美目盼兮"，出自《诗经·卫风·硕人》，在《论语·八佾》篇中，孔子和弟子子夏专门讨论过它。盼，谓眼睛黑白分明，状写女子之美，在义涵上当与这里的"盼木"无关。

从郭璞的注解来看，他见到的那个字一定不是目前的这个"盼"字，否则不会如此注音——"音美目盼兮之盼"。那原本的那个字呢？即如远古的一只鸟儿曾飞过这片山林，它的踪影已无可追寻。

枳，本义为枸橘，或称臭橘，为落叶灌木或小乔木，茎枝上多如针一样的尖刺。

1.臭：气味。

无伤，谓此树没有像枳树一样的尖刺，因而不会刺伤人，更不会伤害到寄生在树上的虫子。

山中有一种草，名叫薰草，叶子像麻的叶，却长着方方的茎干，开红色的花朵，结黑色的果实，气味像蘼芜。把它插戴在身上，可以医治恶疾癞病。

古乐府诗《上山采蘼芜》中有：

> 上山采蘼芜，下山逢故夫。

蘼芜，香草，古人认为佩蘼芜可多子，所以女子会上山采集佩戴，以求吉祥。后文的号山中会叙及"芎（xiōng）䓖（qióng）"。芎䓖，多年生草本植物，叶似芹，秋开白花，有香气，当还是嫩苗未结根时，名曰蘼芜；结根后，方名为芎䓖。根茎皆可入药，以产于四川者为佳，故又名"川芎"。

以蘼芜为喻来叙写薰草的气味，这说明结撰此处文字的人对蘼芜的气味更熟悉、更有感。

瑜次山

原　文

又西七十里，曰瑜（yú）次之山，漆水出焉，北流注于渭。其上多棫（yù）橿，其下多竹箭，其阴多赤铜[1]，其阳多婴垣[2]之玉。

有兽焉，其状如禺而长臂，善投，其名曰嚣（xiāo）。有鸟焉，其状如枭，人面而一足，曰橐（tuó）䎹（féi），冬见夏蛰，服之不畏雷。

1.赤铜：亦称红铜、紫铜，这里指未经提炼的天然铜矿石。
2.垣：或当作"珢"。婴珢，似玉之石，挂在颈项上用以装饰。

再往西七十里，是羭次山。漆水发源于此，向北流入渭水。

山上多是棫树和橿树，山下多细小的竹箭。山的北面有丰富的赤铜矿藏，而山的南面有很多婴垣玉石。

棫，树名，即白桵，丛生，枝条有刺，果实像耳珰，紫红色，可食用。《诗经·大雅·绵》中有棫树："柞（zuò）棫拔矣，行道兑[1]矣。"意谓把有刺的丛生柞树和丛生的棫树都拔除干净了，行进的道路也就畅通了。

山中有一种野兽，模样像猿猴，而双臂很长，擅长投掷，名叫嚣。

郭璞在撰注解文字时，似有图画作品为参照，说嚣在"畏兽（传说中可避凶邪的猛兽）画中"，投掷的样子像猕猴一样。

山中有一种禽鸟，模样像猫头鹰，却长着人的面孔，并且只有一只脚。这种鸟名叫橐䮚。它冬天出现而夏天蛰伏，把它的羽毛附着在身上，就不怕打雷的声音了。

不畏雷，按郭璞注解，身着其毛羽，即可令人不畏天雷。雷，或作"灾"。

冬雷震震，很少见，属特殊情况，史书大都按"灾异"来加以记载。春雷发声，蛰户咸震，是常态，天地万物会随时令而动，在新的一年中获得新的生机。

蛰伏类动物，往往在冬天休眠，夏天出来活动，还是能赶上趟的——感知雷震之威。橐䮚鸟在天性上与时令是相反的，独独在冬天活动，夏天蛰伏，基本不曾听闻殷殷之雷声。由此，用它的羽毛来护身，或可抗御迅雷之烈，让人做到面不改色心不跳。

1.兑：通畅，通达。

时山

原文

又西百五十里，曰时山，无草木。逐[1]水出焉，北流注于渭，其中多水玉。

再往西一百五十里，是时山，这里无花草树木生长。

逐水从这里发源，向北流，注入渭水。水中多有水晶石。

南山

原文

又西百七十里，曰南山，上多丹粟。丹水出焉，北流注于渭。兽多猛豹，鸟多尸鸠[2]。

再往西一百七十里，是南山，山上多产粟粒大小的丹砂。

这里所谓的南山，即今天的终南山。

丹水从这里发源，向北流入渭水。山中的野兽多为猛豹，而禽鸟则多是布谷鸟。

猛豹，兽名，按郭璞注解，似熊而小，皮毛色浅但有光泽，能食蛇，还食铜铁，出于蜀中。豹，或作"虎"。

这个猛豹，学者们早就指出来了，与传说中的另一种动物——貘豹关系紧密。貘，商代晚期的金文作𧱮𧱡，从豸，莫声，东汉许慎的《说文》认为它似熊而黄黑色，产于蜀中。《尔雅》认为它就是白豹。郭璞注解说，白豹似熊，但小头矮脚，黑白斑驳，舔食铜铁和竹节。

在吉光片羽的记载中，其实我们看不清，甚至确定不了这个"它"到底是什么，到底

1.逐：或作"遂"。
2.尸鸠：布谷鸟。鸠，或作"丘"，声近而相假借。

长什么样。根据描述，有时觉得"它"像是迅猛的豹子，有时又像憨态可掬的大熊猫。我们分明体会到了古人对这种猛兽的那份惊奇和讶异：

> 貘大如驴，色苍白。舐铁消十斤。其皮温煖[1]。（《太平御览》卷九百八引《广志》）

其中食铜铁的特性，当为貘豹之类牙坚齿利的讹传。

大时山　　原 文

> 又西百八十里，曰大时[2]之山，上多榖柞，下多杻橿，阴多银，阳多白玉。涔（qián）水出焉，北流注于渭。清水出焉，南流注于汉水。

再往西一百八十里，是大时山，山上有很多构树和柞树，山下有很多杻树和橿树。山的北面多产白银，山的南面多产白色玉石。

柞，树名，栎树的通称。对于此树，《诗经·小雅·采菽》写道："维柞之枝，其叶蓬蓬。"维，是，这；蓬蓬，犹芃芃，茂盛的样子。诗人用柞树树枝的美盛之貌起兴，喻在外诸侯受到了天子的恩泽。

涔水从这里发源，向北流，注入渭水；清水也从这里发源，向南流，注入汉水。

1.煖（nuǎn）：同"暖"。
2.大时：或作"太畤"。

嶓冢山

原　文

又西三百二十里，曰嶓（bō）冢之山，汉水出焉，而东南流注于沔（miǎn）；嚚水出焉，北流注于汤水[1]。其上多桃枝钩端，兽多犀兕熊罴（pí），鸟多白翰赤鷩。

有草焉，其叶如蕙[2]，其本如桔梗，黑华而不实，名曰蓇（gū）蓉，食之使人无子。

再往西三百二十里，是嶓冢山。汉水从这里发源，然后向东南流，注入沔水；嚚水也从这里发源，然后向北流，注入汤水。

山上多桃枝和钩端。

桃枝，即桃竹，特点是实心多节，质地坚实，可以制成手杖，还可以编成簟席，制作箭杆等。关于桃竹，大诗人杜甫有一诗《桃竹杖引》进行描述和歌咏："江心蟠石生桃竹，苍波喷浸尺度足。斩根削皮如紫玉，江妃水仙惜不得。"

钩端，或作"箹篊"，属桃枝一类的竹子。

山中的野兽以犀、兕、熊、罴居多，禽鸟以白翰、赤鷩为主。

犀，犀牛；兕，雌犀牛；罴，熊的一种，古人亦称马熊或人熊，即今天常言的棕熊。

按郭璞注解，罴似熊而黄白色，猛憨，能拔树。一云：长头高脚。用今天的语言来描述，即体格高大，尾短，四肢粗壮，能爬树、游泳，可直立行走。

白翰，鸟名，白雉，又叫白鹇。翰，石鼓文作𪇷，从飞（飛），从倝；篆书作𪂁，则从羽，会高飞之意。《说文》："翰，天鸡，赤羽也。"本义为尾羽扬起的赤羽天鸡——锦鸡，引申为鸟羽。白翰，则为白色锦鸡。

赤鷩，锦鸡，已出现于前文的"小华山"中。

山中有一种草，叶子长得像蕙草，根柢像桔梗的茎一样直，开黑色的花朵，但不结果实。这种草名叫蓇蓉，人吃了它便不会生育孩子。

1.汤水：或作"阳水"。
2.蕙：蕙草，兰属。

桔梗，多年生草本植物，叶子呈卵形或卵状披针形，花暗蓝色或暗紫色，最大的特点是茎挺直如笔管，根可入药。

菁蓉的形态，在草和木之间，古人或称之为草，或称之为树。按郭璞引《尔雅》注解，"菁"即是树开花（荣）而不结实之谓。古人相信花草树木的某种"特性"在食用之后会发生转移，或有助益，或为伤害。由此须以敬畏之心对待它们，戒口，嘴要紧一点。

天帝山 ｜ 原 文

又西三百五十里，曰天帝之山，上多棕枏，下多菅蕙。有兽焉，其状如狗，名曰溪边，席[1]其皮者不蛊。有鸟焉，其状如鹑，黑文而赤翁[2]，名曰栎，食之已痔。有草焉，其状如葵，其臭如蘼芜，名曰杜衡，可以走马，食之已瘿（yǐng）。

再往西三百五十里，是天帝山，山上多棕树和楠树，山下则多菅草和蕙草。

菅，草名，又称菅茅，茎可编苫为绳，可织成草鞋；茎叶之细者，可覆盖屋顶。《诗经·陈风·东门之池》："东门之池，可以沤菅。"对于这种草，古人观察得很仔细，菅似茅，但滑泽无毛，根下五寸有白粉者柔韧，可以取用。由此，诗里说在城外的池子里浸泡菅草，待时间足够长了，即可把菅草的茎剥取，然后再搓绳编鞋。

山中有一种野兽，模样像狗，名叫溪边。人铺垫这种野兽的皮当席，就不会中淫邪毒气。

山中有一种禽鸟，模样像鹌鹑，长着黑色的花纹和赤红色的颈毛，名叫栎。食用它的肉，可以治疗痔疮。

山中有一种草，样子像葵菜，散发出的气味像蘼芜，名叫杜衡。人若佩带之，或马匹

1.席：这里做动词用，铺垫以当席。
2.翁：鸟脖子上的毛。按郭璞注解，谓头下毛。

插带，可使马跑得飞快。人食用它，可以治疗"瘿"病。

"走"的甲骨文作**大**，金文作**走**，皆为象形，像人在摆动双臂奔跑。走，不是今天所谓的"走"，而是快跑、奔跑。慢慢走，古人称之为步，疾行为趋，疾趋为走。那么，这里的"走马"也就有让马撒欢奔跑的意味。按郭璞注解，佩带杜衡，可让人得心应手地驾驭坐骑，或让马匹健行如飞。

瘿，生长在颈部的囊状瘤子。瘿病，又名大脖子、气瘿等。《说文》："瘿，颈瘤也。"发病与水土因素有关，古人有记载：

山居之民多瘿肿疾，由于饮泉之不流者。（晋·张华《博物志》卷一）

除了饮水问题，人的脖子上长赘瘤，还因忧思郁怒，肝郁不舒，脾失健运而致气滞痰凝于颈部。例如三国时期的贾逵在弘农任上，与典农校尉因公事发生争议，"不得理，乃发愤生瘿，后所病稍大，自启愿欲令医割之"。心里觉得理不顺，气不畅，得了瘿病。后来越来越严重，贾逵坐不住了，打算让医生动刀，割而去之。食杜衡，大概属食疗，而"令医割之"当是医疗，后者更理性，或更见成效。

古人对"瘿"有具体的分类：气瘿、肉瘿、血瘿、筋瘿、石瘿等。

皋涂山

原　文

西南三百八十里，曰皋涂之山，蔷（sè）水出焉，西流注于诸资之水；涂水出焉，南流注于集获之水。其阳多丹粟，其阴多银、黄金，其上多桂木。

有白石焉，其名曰礜（yù），可以毒鼠。有草焉，其状如槀茇（bá），其叶如葵而赤背，名曰无条，可以毒鼠。有兽焉，其状如鹿而白尾，马脚人手而四角，名曰玃如[1]。有鸟焉，其状如鸱[2]而人足，名曰数斯，食之已瘿。

1.玃如：或当作"貜如"。
2.鸱：似鹰而略小的猛禽。

往西南三百八十里，是皋涂山。蔷水发源于此，向西流，注入诸资水；涂水也发源于此，向南流，注入集获水。

山的南面多粟粒大小的丹砂，山的北面盛产白银和黄金，山上则多桂树。

山中有一种白色的石头，名叫礜，可以用来毒死老鼠。

礜，从石，与声。《说文》："礜，毒石也。"东汉时期的许慎还补充说，这种有毒的石头产自汉中。这是一种性热有毒的矿物，今天命名为"硫砒铁矿"，是制砷和亚砷酸的原料，可入药；亦可煅制成粉末，用来毒杀老鼠。

礜石性热，古人常以"礜石汤"来指称温泉。宋代诗人李复在《温泉行》中即有："骊山鸿蒙凝白烟，山根阴火煮玉泉。阴灵炎炎燃礜石，石焰不灭何千年。"诗人歌咏的是骊山附近的华清温泉。

山中有一种草，样子像藁茇，叶子像葵菜的叶子，但叶子的背面是红色的，名叫无条，可以用来毒死老鼠。

藁茇，香草名，根茎可入药，或即后文《中山经》中青要山叙及的"藁本"。

山中有一种野兽，模样像鹿，却长着白色的尾巴，有着马的蹄子和人的手，且有四个角，名叫㼟如。

山中有一种禽鸟，模样像鹞鹰，却长着人的脚，名叫数斯。食用它的肉，可治疗脖子长赘瘤的病。

黄山

原　文

又西百八十里，曰黄山，无草木，多竹箭。盼水出焉，西流注于赤水，其中多玉。

有兽焉，其状如牛，而苍黑大目，其名曰㻿（mǐn）。有鸟焉，其状如鸮（xiāo），青羽赤喙，人舌能言，名曰鹦鹉。

再往西一百八十里，是黄山。这里无花草树木生长，却多有郁郁葱葱的竹箭。

盼水从这里发源，向西流，注入赤水，水中多玉石。

前文有"盼木"，这里有"盼水"，注意读为"美目盼兮"之"盼"。此字当不是经文最初的写法。

山中有一种野兽，形貌像牛，皮毛是青黑色的，眼睛很大，名叫䑏。

山中有一种禽鸟，形貌如鸮鸟，却长着青色的羽毛和红色的嘴，像人一样能说话，名叫鹦鹉。

鸮，与"䲮"（fú）、"鸺"（xiū）、"鹠"（liú）等指称的当为一物，大小如鸠，绿色，发恶声，古人认为不吉利、不吉祥。汉代贾谊谪居长沙时，有鵩入其宅。长沙卑湿，被贬于此，心中忧愤伤悼，又见这一"异物"，贾谊以为不祥，于是作《鵩鸟赋》，作者与之一问一答，借以抒写不平之情和达观之想。作品中有"鵩乃叹息，举首奋翼，口不能言"，鵩鸟飞到屋舍之内，停在座位的一角，样貌神态甚闲暇从容，却不会口吐人言。作者只能臆想着进行对答。

鹦鹉，即鹦鹉，学舌能言，而被称为慧鸟。唐代陆德明《经典释文》："婴，本或作鹦；母，本或作鹉。"由此可知，"鹦鹉"最初可能写作"婴母"，这里写作"鹦鹉"，加"鸟"旁，使字形在物类上更具识别性。

翠山

又西二百里，曰翠山，其上多棕枏，其下多竹箭，其阳多黄金、玉，其阴多旄牛[1]、麢[2]（líng）、麝（shè）。

其鸟多鸓[3]（lěi），其状如鹊，赤黑而两首四足，可以御火。

1.旄牛：牦牛。

2.麢：同"羚"，羚羊。

3.鸓：或当作"鷅"。

再往西二百里，是翠山，山上多棕树和楠树，山下多竹箭。山的南面多黄金和玉石，山的北面多牦牛、羚羊和麝。

麝，兽名，即香獐，似獐而小，腹下香腺分泌的麝香可做药材和香料。

山中的禽鸟大多是鹃鸟，样子像喜鹊，却有着红黑色的羽翅，长着两个脑袋和四只脚。饲养它，可防御火灾。

騩山 | 原 文

又西二百五十里，曰騩（guī）山，是錞[1]（chún）于西海[2]，无草木，多玉。

凄水出焉，西流注于海，其中多采石、黄金，多丹粟。

再往西二百五十里，是騩山。它坐落在西海边上，山上无花草树木，多玉石。凄水从这里发源，向西流，注入大海。水中多采石、黄金，还有很多粟粒大小的丹砂。

采石，有彩色纹理的石头，按郭璞注解，今雌黄、空青、碧绿之属。

1.錞：依附；或为"蹲"，踞于。
2.西海：青海，或谓之"仙海"。

小结

原 文

凡西经之首，自钱来之山至于騩山，凡十九山，二千九百五十七里。

华山，冢也，其祠之礼：太牢。羭山，神也，祠之用烛，斋[1]百日以百牺[2]，瘗用百瑜[3]，汤[4]（tàng）其酒百樽，婴[5]以百珪百璧。

其余十七山之属，皆毛牷[6]（quán）用一羊祠之。烛者，百草之未灰，白席采等纯之。

总计西方第一列山系之首尾，自钱来山起到騩山为止，共十九座山，途经二千九百五十七里。

再次核算距离，数字为二千八百一十七里。

华山，是冢山，即诸山之宗主。

按郭璞注解，冢，即鬼神居处之所在。相比而言，冢山比下面的神山的层级和位次要高。

冢，西周时期的金文作 𩰚𩰚，从豕，从勹。豕为公猪，兼表声；冢，意为大也。例如周代有一个官名叫"冢宰"，即为六卿之首，职责为掌管邦治，统领百官。清代学者俞樾打了个比方，说冢山为君，而神山为臣。此论精切，且形象。

华山的山神，是此系山神的大宗。

祭祀华山山神的礼制：用猪、牛、羊齐全的三牲作为祭品，称为太牢。

羭山，即羭次山，是神山。祭祀羭次山的山神用"烛"。

1.斋：祭祀前洁净身心以示虔敬。
2.牺：祭祀时所用的纯色牲畜。
3.瑜：美玉。
4.汤：或作"温"。温酒令热，即汤酒。
5.婴：环状陈列玉器以祭祀神明。
6.毛牷：祀神用的毛物牲畜是整体的、肥壮的。

烛，当然不是今天的蜡烛之烛，而是一种大烛，以麻、秸秆等捆扎而成，如今天的火炬一般。《说文》："烛，庭燎，大烛也。"火炬立在门外的，称大烛；插在门内的，称庭燎。烛，或作"炀"，照亮。

这里谓以火炬来照亮祭祀场合。《诗经·小雅·庭燎》一诗则将其用到朝堂之上："夜如何其[1]？夜未央，庭燎之光。"诸侯大臣朝见天子，须早起视朝。夜色如何，到了什么时辰？夜还深，未至天明，朝廷宫中的火炬在燃烧，火光明亮。

斋戒一百天后，用一百只毛色纯正的牲畜作为祭品，把一百块美玉埋入地下，再温热一百樽美酒，环状陈列祀神的玉器——一百块玉珪和一百块玉璧。

祭祀其余十七座山的山神的礼制都相同，用一只完整的肥羊作为祭品。

以下文字具体解释进行庭燎的"烛"和祀神置放物品用的"席"。

所谓烛，是以百草捆扎而成，还未烧成灰的火炬；祀神用的席，是以白茅制成草席，再用五种颜色有序地把草席的边缘装饰起来。

儿时的印象中，祭拜火神爷的仪式最热闹。自家村落的庙宇是济渎庙，不知为何谐音成了基督庙。不明所以，也就没有兴致。祭拜火神爷的节日在大年初八，仪式在邻村的姑姑家举行，每年都盼着要去。壮实的草荐，用红布条扎着，点着时烟熏火燎，执事者双手持举，绕院子走一圈，来到火神爷神像前停下，举三举，拜三拜，最后燎一下屋檐的椽头。有火神爷驻扎，椽头是点不着的。最后燎燃起系在椽头的红绸布，一团火红升起，伴随着的是人群放声的吆呼。大烛之火，不为照明，自带烟雾，味道浓，不呛。我身在人群中，心沉浸在莫名的诚敬中，早已看不清大人们的脸庞。

祭祀之烛，或者说火炬，照明倒在其次，主要是火燎驱邪以求洁净，营造出在场的氛围，凝聚心神为一共同体。

1.其：语尾助词。

西次二经

钤山

原文

西次二经之首，曰钤（qián）山，其上多铜，其下多玉，其木多杻檀。

西方第二列山系的第一座山，名叫钤山。山上盛产铜，山下则盛产玉石，山中的树木以杻树和檀树为主。

泰冒山

原文

西二百里，曰泰[1]冒之山，其阳多金，其阴多铁。浴水[2]出焉，东流注于河，其中多藻玉，多白蛇[3]。

往西二百里，是泰冒山，山的南面多金矿，山的北面则多铁矿。

浴水从这里发源，向东流，注入黄河。

这是"河"字在本书中第一次出现。河，在上古之时，乃是黄河的专称，别无他指。山川水流的方位乃至走向在本书中都不甚确实，黄河也不例外。"（黄）河"之名虽

1.泰：或作"秦"。
2.浴水：洛水。
3.白蛇：一种水蛇。

在，但其名之"实"却不是我们今天所说的黄河。古今不一，但无可否认，它一直都是华夏族的母亲河。由此，这里必须得把"河"译释为黄河，以有别于其他河流。

水中有很多藻玉，还有很多白蛇。

藻玉，带有纹理色彩的美玉，或谓五彩之玉。

藻，或作"湅"（liàn）。按郭璞注解，所谓藻玉，即有"符彩"的玉。藻，水草名，即水藻。《说文》："藻，水艸（草）也。"《诗经·召南·采蘋》有"于以采藻，于彼行潦[1]"，描绘古时女子在河沟浅水中采摘白蘋、水藻等水草。

古人多用水藻进行装饰，由此引申为修饰，进而为华美、华采。藻玉，即是以"藻"来界定区别出某一种玉石。"藻"也可以用在人身上，比如《晋书》这样来叙写嵇康这位大名士的风度、风采："身长七尺八寸，美词气，有风仪，而土木形骸，不自藻饰，人以为龙章凤姿，天质自然。"还可用在相对抽象的东西上，比如与"笃实之真"对举而言的"藻饰之伪"。

白蛇，不可按字面意思直接解读为白色的蛇，而是生活在沼泽河沟中的中华水蛇，能在水面游泳。这里泛指水蛇。

数历山　　原文

> 又西一百七十里，曰数历之山，其上多黄金，其下多银，其木多杻橿，其鸟多鹦鹉。
>
> 楚水出焉，而南流注于渭，其中多白珠。

再往西一百七十里，是数历山，山上多产黄金，山下多产白银。山中的树木多是杻树和橿树，而禽鸟则多是鹦鹉。

楚水从这里发源，然后向南流，注入渭水。水中有很多白珠。

1.行潦（lǎo）：流动的积水。

白珠，指称的是一个类别的珠，而不是一种色系的珠。郭璞的注解在这里并没有解释白珠为何，而是举出一个可做类比的例子——他那个时代蜀郡出产的"青珠"，还引古人之见，认为水流波纹圆转而曲折则水里有珠，方正而曲折则有玉石。从郭璞注解行文的内在理路来看，青珠、白珠都是水中出产的，颜色不那么重要。至于珠的材质，它是天然矿物类的琅玕、宝石，还是河蚌体内的珍珠，我们还不能确定下来。

高山 | 原 文

又西百五十里曰高山，其上多银，其下多青碧、雄黄，其木多棕，其草多竹。泾水出焉，而东流注于渭，其中多磐石、青碧。

再往西一百五十里，是高山，山上有丰富的银矿，山下有很多青碧、雄黄。

青碧，青绿色的玉石。

按郭璞注解，碧，为玉之一种。东汉的许慎在《说文》中则说："碧，石之青美者。从玉、石，白声。"从字形上来看，既从玉，又从石，或即为似玉之石。其实，玉、石难分。综合而论，模糊点说，碧就是深青色或青绿色的玉石，更稳妥些。

第一次听说雄黄，是在《白蛇传》的故事中，只知道它能驱邪，让白娘子畏惧害怕，现出了蛇的原形。当时就好奇它的神效。

雄黄，矿物名，橘黄色，有光泽，亦称鸡冠石，可制造烟火、染料等。古书还称之为"黄金石"。性温，味苦辛，有毒，中医用来解毒、杀虫，外用治疥癣恶疮、蛇虫咬伤等症；内服微量，可治惊痫、疮毒等症。

按郭璞注解，晋太兴三年（三二〇年），高平郡界有山崩塌，其中出数千斤雄黄。

灵秀之气，钟毓山川。即大山而言，玉石和雄黄在古人看来是由正阳刚健之气凝聚成的晶莹之体，佳美者为玉石，其次为雄黄。由此玉屑、雄黄可以入药疗疾，进而还可辟邪。比如白蛇属阴性，而雄黄烧酒独具阳火之烈性，自然让蛇精生畏。

故事里的雄黄酒，当然可以有无比强大的效能。现实中呢？记得儿时不吃饺子，一个都不吃，妈妈找了"人仙儿"，说我中邪了，须把生饺子放在火边烤熟，就着温热的雄黄酒吃三个。这个偏方持续了几年，我都忘了，只是不知所以然地对饺子心生抗拒，一直到离开家乡去读大学。独在异乡，大学食堂里的饺子我一口气能吃两盘。此后觉得"好吃不过饺子"的俗话不我欺也。不过，又是谁治好了我的小小的怪病呢？我也不知道。或是雄黄酒累积能量，悄然打通了足阳明胃经？

的确，类似于雄黄效力的问题，属文化信念层面的问题，很难以今天的科学为标准来论断。

山中的树木大多是棕树，草则大多是小竹丛。

此处可慢下来，细读"其草多竹"四字，须进一步追问，那竹子到底算什么呢？是草，还是木，还是别的什么？

竹，常绿多年生植物。竹子的种类很多，可制器物，又可作为建筑材料。"竹"之甲骨文作𣏟，金文作𣏟 𣏟，像竹叶纷披下垂的样子；篆书作𥫗，以垂直修长的线条表现竹叶之形。战国文字还写作𥫗或𥫗，不再表现连接在一起的枝，而是突出竹子的根部特征。

竹，在《山海经》这部书中比较特殊，正如清代学者郝懿行指出的，"竹之为物，亦草亦木，故此经或称木或称草"（《笺疏》）。《诗经》中写到了终南山的竹子——"如竹苞矣，如松茂矣"，又描绘了淇水弯曲处的竹子——"瞻彼淇奥，绿竹猗猗"。[1]

这里的竹，当指低矮而丛生的小竹子，由此而被当作"草"来看待。在《尔雅·释草》中，竹还是一种草的名字，似小藜，赤茎节，大多生于道旁，可以食用，还能杀虫。

泾水从这里发源，然后向东流，注入渭水。水中有很多可制成磬的石材和青绿色的玉石。

1.如：犹"有"，表枚举；苞：茂盛。奥：弯曲处；猗猗：长而美。

女床山　　原 文

　　西南三百里，曰女床之山，其阳多赤铜，其阴多石涅，其兽多虎豹犀兕。有鸟焉，其状如翟（dí）而五采文，名曰鸾鸟，见则天下安宁。

往西南三百里，是女床山，山的南面盛产赤铜，山的北面盛产石涅。

石涅，即黑石脂，或称石墨，古时用作染料；又可以之画眉，称画眉石。本书后面还有"涅石"出现，两者有别。

山中的野兽以老虎、豹子、犀牛和兕居多。

山中有一种禽鸟，形貌像翟，翅羽则是五彩斑斓的，名叫鸾。它一出现，天下就会安宁亲和。

翟，甲骨文作 ，金文作 ，从羽，从隹，会鸟尾羽高高翘起之意，本义为长尾山雉。按郭璞注解，翟似野鸡而大，长尾。

鸾（鸞），金文作 ，篆书作 ，从鸟，䜌声。《说文》："鸾，亦神灵之精也。赤色，五采，鸡形。鸣中五音，颂声[1]作则至。"鸾，往往和凤联系在一起说——鸾凤。大诗人李白在《赠瑕丘王少府》一诗中即有"皎皎鸾凤姿，飘飘神仙气"之句，两只神鸟合在一起，比喻所赠之人的贤良高华。

龙首山　　原 文

　　又西二百里，曰龙首之山，其阳多黄金，其阴多铁。苕水出焉，东南流注于泾水，其中多美玉。

1.颂声：歌颂明君在位而政治清明，天下太平。

再往西二百里，是龙首山，山的南面盛产黄金，山的北面则多铁矿。

苕水从这里发源，向东南流入泾水，水中多有美玉。

鹿台山 ｜ 原 文

又西二百里，曰鹿台之山，其上多白玉，其下多银，其兽多㸲牛、羬羊、白豪。有鸟焉，其状如雄鸡而人面，名曰凫徯（xī），其鸣自叫也，见则有兵。

再往西二百里，是鹿台山，山上盛产白玉，山下则多银矿，山中的野兽以㸲牛、羬羊、白豪居多。

豪，前面分析过了，简单而言就是野猪。白豪，即白色或者说长着白毛的豪猪。郭璞注解说，"豪，狟（huán）猪也"。狟，亦作"狟"，《诗经·魏风·伐檀》中有劳动者诘问不劳而获的大老爷们：

不狩不猎，胡瞻尔庭有县狟兮？[1]

由句意推论，狟之类的野兽需要经过辛苦劳作的狩猎活动才能抓住，肯定生活在野外。

山中有一种禽鸟，样子像大公鸡，却长着人的面孔，名叫凫徯。它鸣叫的声音就像在呼唤自己的名字。它一出现，天下就会有战事发生。

兵，从甲骨文、金文到篆书，皆从手，从斤，斤为砍伐之器，像双手执握着

1.狩：冬天打猎；猎：夜里打猎。这里皆泛指打猎。瞻：望见；尔：这里谓贪得无厌、无功受禄的在位者；庭：院子；县：同"悬"，挂。

一件长柄武器，本义为兵器。《说文》："兵，械也。从廾持斤，并力之貌。"

有兵，不只是冷冰冰寒光闪闪的兵器在，而主要是人的"气味"开始出现，弥漫于山海间。有人的地方，即有冲突和争斗。江湖风波，人要用兵打仗，便会有战事发生，有战争上演。从鹿台山名为"凫徯"的鸟开始，"兵"就挥之不去了，在书中多次出现。

山名为鹿台，让我想起一个著名的古台。相传殷纣王筑有鹿台，大三里，高千尺，在今河南鹤壁市淇滨区钜桥镇，是纣王贮藏珠玉钱帛的地方。纣王战败后，登台自焚而死。商周之际兵争频仍，鹿台山的鸟自鸣其名也不知叫了多少声。

鸟危山　| 原 文

西南二百里，曰鸟危之山，其阳多磬石，其阴多檀楮[1]，其中多女床[2]。鸟危之水出焉，西流注于赤水，其中多丹粟。

往西南二百里，是鸟危山。山的南面多产制磬的石材，山的北面生长的多是檀树和构树，山中生长着很多女床草。

檀，树名，凝聚着诸多美好之意。檀木质地坚硬，古时可用来制成各种器具。比如《诗经·魏风》有以《伐檀》为题的诗作，其中有"坎坎伐檀兮""坎坎伐辐兮""坎坎伐轮兮"，可知匠人们手中的檀木可用来制作车轮。还可制作乐器，比如用檀木制的拍板，在演奏音乐时用来打拍子，称之为檀板。宋代晏殊《更漏子·塞鸿高》有："宝筝调，罗袖软。拍碎画堂檀板。须尽醉，莫推辞。"

女性红艳的嘴唇，古人称之为"檀口"。因檀木的颜色为浅红色，或浅赭色，颜泽温润。佳树和美人，意象凝合在一起，融在柔媚的诗句里，可谓人间风月无边："黛眉印在微微绿，檀口消来薄薄红。"（唐·韩偓《余作探使以缭绫手帕子寄贺因而

1.楮：木名，构树。
2.女床：草名，不详。

有诗》)

　　古时的女子对夫婿或是内心倾慕的男子，美称为"檀郎"。据载，美男子潘岳，曾经乘车出洛阳道，路上妇女慕其丰仪，手挽手围之，掷果盈车。潘岳，小字檀奴，于是柔情蜜意凝聚在一个"檀"字上，再配以"男儿郎"的"郎"，以之称呼心上人，别有风味雅致。

　　远古之时的鸟危山下，不知曾响起"坎坎伐檀兮，寘[1]之河之干兮"的歌声否？

　　鸟危水从这里发源，向西流，注入赤水。水中有很多粟粒大小的丹砂。

小次山　　原 文

　　又西四百里，曰小次之山，其上多白玉，其下多赤铜。有兽焉，其状如猿，而白首赤足，名曰朱厌，见则大兵[2]。

　　再往西四百里，是小次山，山上多白色玉石，山下则多赤铜矿。

　　这里有一种野兽，形貌像猿，但头是白色的，脚是赤红色的，名叫朱厌。它一出现，就会有大的战事发生。

　　"猿"字，我们很早就认识了。儿时背唐诗，它就早早地出现在眼帘、脑海："两岸猿声啼不住，轻舟已过万重山。"

　　猿，我们既熟悉又陌生，它经常和猴放在一起来用，其实二者的区别还不小。

　　猿，又作"蝯"，古书中多作"猨"。东汉许慎的《说文》解释说："蝯，善援，禺属。"蝯，善于攀缘，故称之为"蝯"，算是猴的一类。郭璞注：

　　今猿似猕猴而大，臂脚长，便捷，色有黑有黄。鸣，其声哀。

1.寘：同"置"。
2.大兵：大规模的战事。或作"有兵"。

再补充两点：猿没有尾巴，颊下没有囊。

大次山

原　文

又西三百里，曰大次之山，其阳多垩[1]，其阴多碧，其兽多柞牛、麢羊。

再往西三百里，是大次山，山的南面多垩土，山的北面则多碧玉，山中的野兽以柞牛、羚羊居多。

薰吴山

原　文

又西四百里，曰薰吴之山，无草木，多金玉。

再往西四百里，是薰吴山，这里无花草树木生长，却盛产金属矿物和玉石。

1.垩：白土，俗称"大白"，用以饰墙。

厹阳山

原　文

又西四百里，曰厹（zhǐ）阳之山，其木多椵（jì）、枏、豫章，其兽多犀、兕、虎、豹[1]（zhuó）、牦牛。

再往西四百里，是厹阳山，山中的树木大多是椵树、楠树和豫章树。

椵，水松。按郭璞注解，似松，有刺，纹理细密。按今天的分类，水松，属杉科，落叶乔木，常生长在河畔池边，为中国的特有植物。

豫章，即樟树，亦称香樟，木质坚硬细致，有香气。还有一说，豫是枕木，章是樟木，枕木和樟木两者并称"豫章"。两者在生长的初期不可分辨，到七年后，方能分别开来。此即唐代大诗人白居易在《寓意》诗之一中歌咏的："豫樟生深山，七年而后知。"

豫章，是树，还可喻人：

丹阳尹袁粲闻其名，及见之曰："宰相之门也。栝柏豫章虽小，已有栋梁气矣，终当任人家国事。"（《南史·王俭传》）

后世诗文中多以"豫章"称美栋梁之材，尤其是后生晚辈："小小豫章甲，纤纤玉树姿。"（唐·孟郊《子庆诗》）现在是树，未来是栋梁，昭示他们有才干，有潜力。

豫章，还是一个古郡名，治所在今江西南昌。

山中的野兽则大多是犀牛、兕、老虎、豹和牦牛。

众兽山

原　文

又西二百五十里，曰众兽之山，其上多㻬琈之玉，其下多檀楮，多黄金，其兽多犀兕。

1.豹：兽名，皮有虎豹之纹。

再往西二百五十里，是众兽山，山上多璠㻬玉，山下多檀树和构树，还有丰富的黄金矿藏。山中的野兽以犀牛、兕为多。

皇人山

原 文

又西五百里，曰皇人之山，其上多金玉，其下多青雄黄。皇水出焉，西流注于赤水，其中多丹粟。

再往西五百里，是皇人山，山上有丰富的金属矿藏和玉石，山下则多青雄黄。

按郭璞注解，以"青雄黄"为一物，即雌黄。有雄黄，即有雌黄：山阳生的叫雄黄，山阴生的则叫雌黄。名义上似乎说得通。以今天的学术精神观照，"名"理顺了，不算难，关键是实物。郭璞注接着又说："或曰空青、曾青之属。"其实，只在"名"上转悠，不关切"实"，问题还是没有解决——两者的区别究竟是什么？

以今天的化学知识来看，雄黄的主要成分是四硫化四砷（As_4S_4），而雌黄的主要成分则是三硫化二砷（As_2S_3），两者为共生矿物。

皇水从这里发源，向西流，注入赤水。水中有很多粟粒大小的丹砂。

中皇山

原 文

又西三百里，曰中皇之山，其上多黄金，其下多蕙棠。

再往西三百里，是中皇山，山上多产黄金，山下遍布蕙草和棠树。

棠，树名，有赤、白二种。

按郭璞注解，以"蕙棠"为一物，"彤[1]棠之属也"。《中山经》中的阴山，多"雕棠"，或即彤棠。还有一种解读，蕙是蕙草，或蕙兰，和棠为二物。

棠树在传统文化中有自己独特的位置，寄寓有深沉的政治期待。西周初期的召伯曾辅佐周武王，治理西方，巡行乡邑，有德政。百姓有讼争时，召伯就在棠树下听断决狱，可谓政简而刑清。老百姓受其德泽，悦其教化，于是思其人而敬其树。在纪念这位政治家的诗篇《诗经·召南·甘棠》中，人们对茂盛的棠树全都是爱惜之情：

> 蔽芾甘棠，勿翦勿伐，召伯所茇。
> 蔽芾甘棠，勿翦勿败，召伯所憩。
> 蔽芾甘棠，勿翦勿拜，召伯所说。[2]

从"勿伐（砍伐）"到"勿败（摧毁）"到"勿拜（拔掉）"，爱戴召伯其人的情意真是愈来愈浓。

树，在历史长河中因"人"而活，有的竟滋生出了思想文化的高度。

西皇山　原文

又西三百五十里，曰西皇之山，其阳多金，其阴多铁，其兽多麋、鹿、㸿牛。

再往西三百五十里，是西皇山，山的南面多金矿，山的北面则多铁矿，山中的野兽以麋、鹿、㸿牛居多。

麋，即麋鹿，雄的有角，角像鹿，头像马，身像驴，蹄像牛，俗称"四不像"。

---

1. 彤：朱红色。
2. 蔽芾：树木高大茂盛；翦：通"剪"，去其枝叶；伐：击断；茇：草舍，这里谓召伯止于其下，像在草舍之中一样；败：毁；憩：休息；拜：拔掉；说：停马解车而止歇。

若以"麋鹿"自称，则是表达自己在草野的习性，做一个麋鹿闲人，自由自在，在仕途上无所进取，不求闻达。在古人的文字中，我们经常会看到以鱼虾为伴侣，和麋鹿做朋友，他们想离"人"远一点，寄迹山林乐境，与大自然为伍。

麋，按郭璞注解，大如小牛，鹿属也，或当作"麈"[1]。这种大鹿算"领头鹿"，群鹿奔跑时，以之为主心骨。它的尾巴可制成拂尘，古人清谈时挥动的即此。

我们有属相，属相是生年之时就命定的。在文明世界中活着，我们内心深处还有一份自然性，或者说是动物性。苏轼说，"我本麋鹿性，谅非伏辕姿"（《次韵孔文仲推官见赠》），"我坐华堂上，不改麋鹿姿"（《和陶饮酒》之八），不愿当千里驹，不想成汗血马，也耻于龙虎争。一颗自由的心魂，寄寓在了这样一个动物——麋鹿——身上。

其实，人类并没有问一下麋鹿：你愿意还是不愿意与我们交朋友？

麋，在本书中还要多次出现，再看到它，请向我们内心深处的这个朋友致意。

莱山 原文

又西三百五十里，曰莱山，其木多檀楮，其鸟多罗罗，是食人。

再往西三百五十里，是莱山，山中的树木多是檀树和构树，而禽鸟则多是罗罗鸟，它是吃人的。

按郭璞注解，"罗罗之鸟，所未详也"。《海外北经》中有像虎一样的青兽，亦名"罗罗"。

1.麈（zhǔ）：鹿一类的动物。

小结

原 文

凡西次二经之首，自钤山至于莱山，凡十七山，四千一百四十里。其十神者，皆人面而马身。其七神皆人面牛身，四足而一臂，操杖以行，是为飞兽之神。

其祠之：毛用少（shào）牢，白菅为席。其十辈[1]神者，其祠之：毛一雄鸡，钤[2]而不糈[3]，毛采[4]。

总计西方第二列山系之首尾，自钤山起到莱山为止，一共十七座山，途经四千一百四十里。

再次核算，这里的数字稍有误差。前辈学者眼明，早算出来了，是四千六百七十里。

其中十座山的山神，皆是人面而马身。其余七座山的山神，皆是人面而牛身，且有四只脚和一条手臂，拄扶着拐杖行走，这就是所谓的飞兽之神。

古者制礼的大精神，就是分别出尊卑贵贱，以特定的形式表达出来，展示出来，凝聚成一种共识，维护好一个秩序。

不同的山系，不同的祭祀规格和方式；同一山系，内部亦有差异。

祭礼的牺牲，牛、羊、猪三牲都用叫太牢，只用羊、猪二牲叫少牢。

祭祀这七位山神，在毛物中用猪、羊做祭品，将其放在白茅草席上。祭祀另外那十位山神，礼制是毛物用一只公鸡，祀神时不用精米做祭品，毛物的羽色不必纯一。

1.辈：类。
2.钤：祭器名，未详；或同"祈"，祈神求福。
3.不糈：不用米祭祀。
4.毛采：用杂色鸡祭祀。

西次三经

崇吾山

原文

西次三经之首，曰崇吾之山，在河之南，北望冢遂[1]，南望㟴[2]（yáo）之泽，西望帝之搏[3]兽之丘，东望蟜（yān）渊[4]。

有木焉，员[5]叶而白柎（fū），赤华而黑理，其实如枳，食之宜子孙。有兽焉，其状如禺而文臂，豹虎[6]而善投，名曰举父。有鸟焉，其状如凫，而一翼一目，相得乃飞，名曰蛮蛮，见则天下大水。

西方第三列山系的各山在空间序列和地理走向上稍显混乱，这需要我们留意一下。

西方第三列山系的第一座山，名叫崇吾山。

崇吾，又作"崇丘"，或作"参嵎"。

山在黄河的南岸，在山上向北可以望见冢遂山，向南可以望见㟴泽，向西可以望见轩辕黄帝的搏兽之山，向东可以望见蟜渊。

这里的"帝"，当指的是轩辕黄帝。

1.冢遂：山名。遂，或作"队"，山间峡谷。
2.㟴：湖泽名。
3.搏：或作"簿"，搏斗，搏击。
4.蟜渊：传说中的地名。
5.员：通"圆"。
6.虎：或应作"尾"。

山中有一种树木，长着圆圆的叶子和白色的花萼，红色的花朵上有黑色的纹路。

柎，即花托，花萼足或草木子房。花萼或子房，由若干萼片组成，处在花的外轮，以保护花芽籽实。

"柎"和"不"两字，古声相同。不，甲骨文作，金文作，象形，像花萼之形，为"柎"之本字。《诗经·小雅·棠棣》中有"棠棣之华，鄂不韡（wěi）韡"，其中的"不"，即当"柎"讲。

白柎，谓花托是白色的。

这种树木结出的果实与枳实相似，食用它就能使人多子多孙。

枳，从木，只声，树名，枝上多刺，果实似橘，但味道又酸又苦。古人认为枳木有"芳而多刺"的特性，可以种植当作家园的篱笆。

关于枳树的果实，《晏子春秋·内篇杂下》有名言："橘生淮南则为橘，生于淮北则为枳。"言外之意，还是对枳有"意见"，意见还不小，恨其不为橘。韩非子也拿枳棘作喻，说明种瓜得瓜、种豆得豆的道理：

> 树橘柚者，食之则甘，嗅之则香；树枳棘者，成而刺人。故君子慎所树。（《韩非子·外储说左下》）

综上来看，枳树或枳的果实，具体长什么样，放在嘴里是什么味道，当时应该有共识。

果实，不能仅从"形"来认知，还要从"味"上领会。形神兼备的果实，虽然不好吃，却有大效用。宜子孙，关涉男女合和、生命繁衍和传宗接代，那可是大事，无论古还是今。《南山经》的杻阳山有兽鹿蜀，"佩之宜子孙"，而这里实现此"神效"的变成了树上的果实。

前文的浮山提到了"枳"，是用枳树的叶子来说明盼木树叶的形状。这里着重讨论的是枳的果实。

山中有一种野兽，样子像猿猴，臂上有斑纹，长着豹子的尾巴，且擅长投掷，名叫举父。

《礼记·王制》："东方曰夷，被发文身。"东方夷族头发披散，刻画其身以为花纹——为躲避蛟龙之害，故刻其肌，以丹青涅之。这是刻意的人为之作。

这里的"文臂"，意谓臂上有花纹或斑纹，当是天然长成的。古人于此当然会很惊诧，由此专门记录"举父"的这一鲜明特征。

投，从字面上来理解是抛、掷，《说文》："投，擿也。"擿，同"掷"。投，更有目的性、意向性。例如《诗经·卫风·木瓜》有：

> 投我以木瓜，报之以琼琚。

男女互相赠答以定情。这里的"投"，包含了"掷"的动作，言外却是赠送之意。一投一报，礼物一轻（木瓜）一重（美玉），传递爱慕，永结情好。

会扔东西的动物不少，但懂得"投"且"善投"的兽类不多。或许正是这种通达人性、合乎人意的"善投"，才让人惊奇。

山中还有一种禽鸟，样子像凫。

凫，甲骨文作𠁥，金文作𩾏，水鸟，即鹜，俗称的野鸭子。似鸭，雄的头部绿色，背部黑褐色；雌的全身黑褐色。常群游于湖泊之中，能飞。

野鸭子，古人应该是常见的。屈原在《楚辞·卜居》篇中把"昂昂若千里之驹"和"氾氾若水中之凫"相比[1]，谓野鸭浮游不定，为保全自己而随波逐流。

这种鸟只长了一只翅膀和一只眼睛，两只鸟合起来才能飞翔。这种鸟名叫蛮蛮。

蛮蛮，即比翼鸟。郭璞注解说，此鸟色青赤，不比不能飞，即《尔雅》中所谓的鹣（jiān）鹣鸟：

1.昂昂：志行高洁；氾氾：漂浮，随波不定。

南方有比翼鸟焉，不比不飞，其名谓之鹣鹣。

比，甲骨文作 𠤏，金文作 𠤎，本义为并列，引申为密近、亲近。《尔雅》倒是没提一翼一目，似更理性，郭璞在注解《尔雅》中的鹣鹣时，特意和《山海经》的"蛮蛮"勾连在一起，再次强调"一目一翼，相得乃飞"，美善的意愿寄寓其中。

蛮蛮，神奇的鸟，美好的鸟，有个性的鸟，在古人的诗歌作品中，多以之代称鸟的鸣叫声："独上西楼尽日闲，林烟演漾[1]鸟蛮蛮。"（唐·张籍《登楼寄胡家兄弟》）甚至指代人歌唱时的音声："时见荷锄者，行歌语蛮蛮。"（宋·钱时《十六渡》）

比翼鸟，喻夫妻间的忠贞相伴。水池上游荡的鸳鸯，树林中飞舞的比翼鸟，它们是中国传统爱情婚姻观念中经典的美好意象。一目，一翅，无论是男还是女，都是有"缺憾"的，唯有相合相得，方可美满幸福。

其实，朋友之间，尤其是事业上的合作伙伴，何尝不需要比翼、相得呀！

清时难屡得，嘉会不可常。

天地无终极，人命若朝霜。

…………

山川阻且远，别促会日长。

愿为比翼鸟，施翮起高翔。[2]

——三国魏·曹植《送应氏二首》（其二）

相得，即相遇相合。得，初文作"䙷"，甲骨文作 𠭣，金文作 𢔦，像手持贝（当货币用），有得到之意。

蛮蛮一出现，天下就会发生水灾。

在这里，蛮蛮还是"天下大水"的征兆。

这种鸟儿，飞出远古的山海世界，穿过时空折叠的屏障，降临后世的人文世界。"延颈离鸟，翻飞合翮"（《图赞》），人们更愿意在它的"离""合"的情形中寄寓心愿，

1.演漾：飘摇的样子。

2.清时：太平之时；嘉会：美好欢乐的宴会相聚；翮（hé）：羽翅。

让它摇身一变，成为和谐与美满的象征。

长沙山

西北三百里，曰长沙之山。泚（zǐ）水出焉，北流注于泑（yōu）水，无草木，多青雄黄。

往西北三百里，是长沙山。泚水从这里发源，向北流，注入泑水。

泑水，古水名，或以为音同"黝"，谓水色黝黑。

这里无花草树木生长，但多产青雄黄。

《穆天子传》记载周穆王的东征：从西域返回，向东行进，其中有当地的部族首领"送天子至于长沙之山"。由此可以推见，"长沙"之名，与西域绵延漫长的戈壁沙丘当有一定的关联。

不周山

又西北三百七十里，曰不周之山。北望诸毗之山，临彼岳崇之山，东望泑泽，河水所潜也，其原浑（gǔn）浑泡（páo）泡[1]。爰[2]有嘉果，其实如桃，其叶如枣，黄华而赤柎，食之不劳。

1.浑浑泡泡：形容水喷涌之声。
2.爰：代词，于此，在这里。

再往西北三百七十里，是不周山。

何谓"不周"？这个山名好新奇。在后面的《大荒西经》中，亦有一座不周山[1]。

不周，按郭璞注解，是因为山形有缺，"不周帀[2]（zā）"，不周全，有缺口。山形不周全，西北风从这里刮出来，古人称之为"不周风"。《史记·律书》："不周风居西北，主杀生。"西北风刮起来，意味着冬天的到来，万物蛰伏潜藏，生机全无。

传说山形有缺而不周全，是共工与颛顼争帝位，发怒触撞造成的。

自山上向北远望，可以望见诸毗山，高高居于岳崇山之上；向东眺望，可以望见泑泽，黄河之水从那里潜流经过。源头之水喷涌而出，发出巨大的声响。

原，为"源"之初文。

"原"之金文作，篆书作，从厂，从泉，厂表山崖，山崖下石缝中有涓涓细流涌出。

木有其本，水有其源。大江大河，皆有其源。山崖穴隙，即是滚滚水流之源头。

这里有一种佳美珍奇的果树，结出的果实很像桃子，树的叶子很像枣树的叶子，开黄色的花朵，花萼则是红色的。人吃了这种树的果实，可解除烦恼，忘掉忧愁。

劳，按古人之见，不是一般的身体上的劳苦，当为内心的忧愁。劳，《说文》的古文作，即从悉，表示心力之操劳。《诗经·邶风·燕燕》有：

瞻望弗及，实劳我心。

送人远嫁，身影远去，瞻望之，一直到看不见为止。用心太甚，则思念劳苦。

焦心劳思，自然是不利于健康的。还好，这里有嘉果，食之即可"不劳"。

1.不周：原文作"不周负子"，按袁珂校注，"负子"二字为衍文。
2.帀：同"匝"。

峚山

原 文

又西北四百二十里，曰峚（mì）山，其上多丹木，员叶而赤茎，黄华而赤实，其味如饴[1]，食之不饥。

丹水出焉，西流注于稷泽，其中多白玉。是有玉膏，其原[2]沸（fèi）沸汤（shāng）汤，黄帝是食是飨[3]。是生玄玉。玉膏所出，以灌丹木。丹木五岁，五色乃清[4]，五味乃馨[5]。

黄帝乃取峚山之玉荣[6]，而投[7]之钟山之阳。瑾瑜之玉为良[8]，坚粟[9]精密，浊[10]泽有而光。五色发作，以和柔刚。天地鬼神，是食是飨；君子服之，以御不祥。

自峚山至于钟山，四百六十里，其间尽泽也。是多奇鸟、怪兽、奇鱼，皆异物焉。

再往西北四百二十里，是峚山。山上生长着大量的丹木，叶子是圆圆的，而茎干是红色的，开黄色的花朵，结红色的果实，果实的味道如饴糖一样是甜的，人吃了就不感觉饥饿。

员，甲骨文作 🔾，金文作 🔾，形声字，从鼎，从○，锲刻的圆形实现得不圆满，但可以之象征鼎口之圆形——鼎有三足，即为圆鼎。篆书作 🔾，"鼎"旁后来讹化为"贝"（貝）。员，本义为圆，即为"圆"之初文。例如《孟子·离娄上》中的"以为方员平直，不可胜用也"，那个时候的"员"就是今天的"圆"，本无二致。员叶，即圆圆的叶子。注意行文措辞，这是观察记录丹木的第一个特征。

1.饴：饴糖，这里谓甜。
2.原：原野。
3.飨：通"享"，享有，享用。
4.清：谓色泽光鲜亮丽。
5.馨：谓有馨香之气。
6.荣：本义为木之花，这里谓玉华、玉英。
7.投：投放。
8.良：最为美善。或作"食"。
9.粟：当作"栗"，坚实，坚硬。
10.浊：温润厚实。

丹水从崟山发源，向西流，注入稷泽。水中有很多白色的玉石。

这里的稷泽，与后稷有关。后稷所葬之地，山水环绕，故而言"泽"。详见后文的《海内经》。

这里出产玉膏，自原野上腾涌而出，黄帝常服食享用这种玉膏。

玉膏，玉的脂膏，传说中的仙药，可饮。郭璞注引《河图玉版》："少室山，其上有白玉膏，一服即仙矣。"唐代诗人宋之问《幸少林寺应制》一诗中有：

> 玉膏从此泛，仙驭接浮丘[1]。

又，按《十洲记》记载：

> 瀛洲有玉膏如酒，名曰玉醴，饮数升辄醉，令人长生。

玉膏，又可代称酒。这酒，可不是一般的酒，玉膏一样的酒，醇香中透出一股仙气。苏轼《次韵赵令铄惠酒》一诗中有"坐待玉膏流，千载真旦暮"。美酒的力量，足可以让瞬间转化为永恒。

沸沸汤汤，形容玉膏流出时腾涌的样子。按郭璞注解，谓玉膏涌出之貌。

"是生玄玉"，是说玉膏之中又生出一种黑色玉石来。

涌出的玉膏，用来浇灌丹木。丹木经过五年的生长，会开出光艳美丽的五色花朵，结出五味的果实。

郭璞在《图赞》中对丹木、玉膏颂美道：

> 丹木炜烨，沸沸玉膏。
> 黄轩是服，遂攀龙豪。

1.浮丘：浮丘公，古代传说中的仙人。李善注引《列仙传》："王子晋好吹笙，道人浮丘公接以上嵩山。"

眇然升遐，群下乌号。[1]

炜烨，形容丹木之美盛；沸沸，状写玉膏腾涌而出。黄帝服用了这种仙药，攀附住龙的须髯飞上了天。黄帝乘龙升仙，群臣、后宫跟着上去的有七十多人。其余的人上不去，他们就死死地抓住龙的须髯。结果须髯断了，他们都坠落下来。同时坠落的还有黄帝的大弓。他们抱着黄帝的大弓，手握着须髯，眼睁睁地望着黄帝等人飞走了，于是放声号哭。黄帝之弓，由此名曰"乌号"。

黄帝还在峚山中采集玉石的精华，作为玉石的种子，投种在钟山向阳的那一面。后来便生出瑾、瑜之类最为美善的玉石。

古书记载黄帝以玉为食，或食玉英，故而瑾瑜美玉似又可吞食。由此，经文中的"良"作"食"，亦通。

美玉坚硬而致密，润厚而有光泽。五种颜色的符采一同散发出来，相互辉映，刚柔相济，无比谐和。

若经文作"坚粟"，则谓玉的表面有粟粒状的纹理。
"以和柔刚"，按郭璞注解，此句言玉协九德，即美玉能协和多种美德善行。君子之所以看重玉，是因为可以拿玉来比附人的德行。《礼记》记载孔子的具体解释，玉之九德分别是：温润而泽，像仁；质地缜密，花纹有条理，像知；有棱有角，却不伤害别物，像义；垂挂时如同下坠，像礼；叩之，音声清越悠长，结束时绝然而止，像乐；瑕不掩瑜，瑜不掩瑕，像忠；玉采色泽，旁达外露，像信；光气如白虹，像天；精气神显露于山川，像地。另外，在行聘礼时，圭璋可单独直接通达到君主那里，又象征着美德；天下之人莫不看重玉，又象征着大道。

天地鬼神，都来服食享用；君子佩带它，能抵御妖邪不祥之气的侵袭。

瑾瑜的美好，以郭璞《图赞》中的话来说就是：光彩流映，气如虹霞。玉之所以用在

1.黄轩：谓黄帝，号轩辕氏；豪：长毛，这里指龙的须髯；升遐：升天。

祭祀的场合，用来祈福，那是因为古人相信美玉有力量，可以动天地，感鬼神。

主流的传统文化认为君子佩玉石有"比德"之用，即把人的德行与玉德进行比配。至于经文里的"御不祥"，似落入了神异方术的层面。郭璞在为之作注时，特以他那个时代的"外国人"佩带金刚石及其背后辟恶气的观念来进行类比，显然不愿违拗君子德行文化建构的大传统。

以上经文以四言为主，意在颂美黄帝及美玉。揄扬发藻，汪洋树义，已入诗学轨辙，值得我们好好品味。

从峚山到钟山，共四百六十里，其间全是大泽。在这里生长的多是奇怪的禽鸟、怪异的野兽和神奇的鱼类，它们都是稀罕奇异之物。

钟山

原　文

又西北四百二十里，曰钟山。其子[1]曰鼓，其状如人面而龙身，是与钦䲹（pí）杀葆[2]江于昆仑之阳，帝乃戮之钟山之东曰崤（yáo）崖。

钦䲹化为大鹗（è），其状如雕而黑文白首，赤喙而虎爪，其音如晨鹄，见则有大兵；鼓亦化为鵕（jùn）鸟，其状如鸱，赤足而直喙，黄文而白首，其音如鹄，见则其邑[3]大旱。

再往西北四百二十里，是钟山。

这里要上演一场"杀戮"。

1.其子：钟山山神的儿子。
2.葆：或作"祖"。
3.邑：泛指人聚居的地方。

钟山山神之子名叫鼓。鼓有人的面孔和龙的身子，他曾和钦䲹神合谋，在昆仑山南面杀死了葆江神。

按后文《海外北经》的记载，钟山之神，人面蛇身，父子在外形上相同。

钦䲹，神名。在传世古籍中，钦，或作"堪"；䲹，或作"坏""駓"等。比如在《庄子》一书中，它又写作"堪坏"。我们大致可推知，钦䲹亦是一种人面兽形的神。

葆，或作"祖"。祖江，多出现在古人的记载中。

葆江，亦为神名。鼓和钦䲹联合起来杀死葆江，从经文叙事的角度来看，这是不被允许的，不具备合法性。于是，他们两个都受到了严厉的惩治。

谁来惩治？帝。

什么帝？有学者认为是天帝，也有人认为是黄帝。

天帝（或黄帝）于是将鼓与钦䲹诛杀在钟山东面一个叫崌崖的地方。

如果把这个叙事放在可考据、能徵实的历史语境中，远古的部落或酋长间有阴谋相杀，更高阶位的会盟首领为履行正义而杀戮之，未尝不可。

钦䲹化□□□□□□□后，却长有黑色的斑纹，还有白色的脑袋、红色的嘴巴，以及老□□□□□□□鸣叫。它只要一出现，天下就会有大的战事发生。

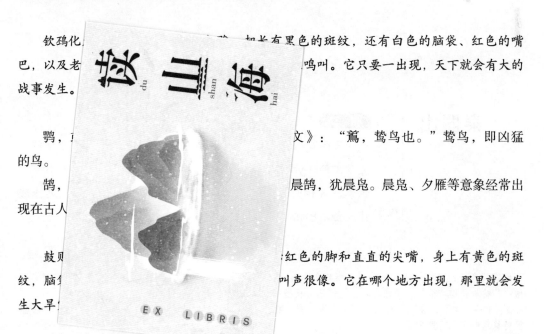

鹗，□□□□□□□□□文》："鸢，鸷鸟也。"鸷鸟，即凶猛的鸟。

鹄，□□□□□□□□晨鹄，犹晨凫。晨凫、夕雁等意象经常出现在古人□□□□□□□□□□

鼓则□□□□□□□□红色的脚和直直的尖嘴，身上有黄色的斑纹，脑袋□□□□□□□□叫声很像。它在哪个地方出现，那里就会发生大旱□□□□□□□□

在后文的《海内西经》中，载有贰负和危合谋杀死窫（yà）窳（yǔ）之事。窫窳死

后，化为居于弱水中的龙首怪兽。大诗人陶渊明把窫窳和葆江两事放在一起，深情地吟咏道：

> 巨猾肆威暴，钦䲹违帝旨。
> 窫窳强能变，祖江遂独死。
> 明明上天鉴，为恶不可履。
> 长枯固已剧，鹌鹑岂足恃！[1]

——《读〈山海经〉十三首（其十一）》

正如《诗经·大雅·大明》所言："天监在下，有命既集。"[2]天帝可以鉴别善恶，恶行不可再实施下去了。为恶之人（神）受的惩罚已经够可以了，诗人在追问，那么鹌和鹑呢，又凭什么可以逃脱呢？

诗篇表达了诗人内心的情感：为恶必报，以笔诛之。这让我们肃然起敬。

今天，我们研读《山海经》的叙事，品读陶渊明的诗作，正是在折叠的时空中进行一场关于善恶的古今对话。在《山海经》的世界中，同样有灿烂星空，高高在上；同样有道德律令，在内心深处潜滋暗长。

泰器山 ｜ 原 文

又西百八十里，曰泰器之山。观[3]水出焉，西流注于流沙。是多文鳐（yáo）鱼，状如鲤鱼，鱼身而鸟翼，苍文而白首，赤喙，常行西海，游于东海，以夜飞。其音如鸾鸡[4]，其味酸甘，食之已狂，见则天下大穰（ráng）。

1.巨猾：大奸，极其奸猾之人，这里指贰负和其臣危；或以"巨猾"当作"臣危"。履：行，施行；长枯："枯"当作"桍"，谓贰负之臣危被长久桍桍。
2.监：监视，监督；在下：谓天底下的人世；有，有命，谓天命；集：徙就，转移，谓天命已从商纣王那里转移到周文王这里来了。
3.观：或作"藿"，或"潅"。
4.鸾鸡：鸟名，未详。鸾，或作"栾"。

再往西一百八十里，是泰器山。观水从这里发源，向西流，注入流沙。

流沙，这里当指沙漠中的流沙。《楚辞·招魂》中有"西方之害，流沙千里"。东汉王逸注释说，所谓"流沙"，就是沙流如水，沙流而行。这种沙流如水行的现象，当是在大风的吹拂鼓涌下形成的。《楚辞·大招》中亦有"西方流沙，漭洋洋只[1]"，千里、漭洋洋都是在形容流沙的广大，无边无际。

另外，在后文的《海内西经》中又记载有"流沙出钟山"。流沙，似乎又是一条河。

流沙，究竟是像流水一样的沙漠，还是一条名叫流沙的河呢？我们需要随文脉句意而定。

河中有很多色彩斑斓的鰩鱼。

文，或当有斑纹讲，或当色泽绚丽讲。古人引用时，皆作"鰩鱼"或"鳐"，以美味著称。《吕氏春秋·本味》："鱼之美者……雚水之鱼，名曰鳐。"雚水，即本篇里的观水，古人以为在西方极远之地。

它的形貌像日常见到的鲤鱼。

鲤鱼，这里的"鱼"当为衍字。那时行文高古简明，最讲经济原则，尽可能发挥每个字的效力，一个"鲤"字足矣，再加上一个"鱼"字，不必要。

它有鱼的身子，却又有鸟的翅膀，浑身是青色的斑纹，长着白色的脑袋和红色的嘴巴，常常从西海巡游到东海，只是在夜间才会飞行。

鰩鱼发出的声音如同鸾鸡的鸣叫，它的肉酸中带甜，食用之后可治疗癫狂病。它一出现，天下就会"大穰"。

穰，简而言之，指庄稼丰收。大穰，就是农业生产的大丰收。

"穰"之篆文作 𥝆 ，从禾，从襄（襄，从衣，表脱去之意），本义为已脱粒的茎穗。比如小麦在打场脱粒后叫麦秸穰，堆积起来是麦秸垛。还记得儿时和小伙伴们在打麦

场追逐嬉戏。丰收的喜悦是大人的，各样的忧虑和疲惫也是他们的。我们只关心如何把自己埋在秸穰里，藏得深一点，不容易被发现。麦秸干干的，垛不算蓬松，但还是可以掏出个"窝"来钻进去，再伸手扒拉点麦秸，把自己轻轻盖上。虽有点扎人，但分明可以闻到太阳的余味。

怀恋新麦秸穰的味道。现在方知，穰多就意味着庄稼收成好，堆成垛时，父母们内心的滋味应该和远古的先民们是一样的吧。

槐江山

原 文

又西三百二十里，曰槐江之山。丘时之水出焉，而北流注于泑水。其中多嬴母，其上多青雄黄，多藏[1]琅玕、黄金、玉，其阳多丹粟，其阴多采黄金银。

实惟帝之平圃，神英招（sháo）司之，其状马身而人面，虎文而鸟翼，徇[2]于四海，其音如榴。

南望昆仑，其光熊熊[3]，其气魂魂[4]。西望大泽，后稷所潜[5]也。其中多玉，其阴多榣（yáo）木之有若。北望诸毗，槐鬼离仑[6]居之，鹰鹯[7]（zhān）之所宅也。东望恒山四成，有穷鬼居之，各在一抟（tuán）。

爰有淫[8]（yáo）水，其清洛洛[9]。有天神焉，其状如牛，而八足二首马尾，其音如勃皇，见则其邑有兵。

1.藏：蕴藏；一作"臧"，美善。
2.徇：周行。
3.熊熊：光焰旺盛的样子。
4.魂魂：壮盛之貌。
5.潜：犹葬。
6.离仑：诸毗的山神之名。
7.鹯：鹞鹰一类的鸟。
8.淫：或作"瑶"。淫水，瑶水，瑶池。
9.洛洛：或作"落落"，形容水流声。

再往西三百二十里，是槐江山。

丘时水从这里发源，然后向北流，注入泑水，水中有很多蟆螺。

　　蠃，即"螺"。蠃母，按郭璞注解，谓蟆（pú）螺，为蜗牛和沼螺等种类。在后文《中山经》的青要山中有"仆累"，两者字异而音近音同，所指当为一物。

　　山上有青雄黄，还有美善的琅玕、黄金和玉石。山的南面到处是粟粒大小的丹砂，而山的北面多产有符采的黄金、白银。

　　琅玕，似珠玉的美石。按古书记载，琅玕属西北的名贵特产，可作为佩饰，"头上金爵钗，腰佩翠琅玕"（曹植《美女篇》）。名为琅玕，而所指不一，在后文多处还要叙及。

　　这里的金银很特殊，有"采"，即符采。符采，本指美玉呈现出来的纹理和色彩，这里是说槐江山的黄金和白银有特殊的纹理色彩。

　　槐江山，可以说就是天帝的平圃。

　　平圃，即玄圃，或作"县圃"。玄、县（悬），音相近。玄圃，传说中的神仙居处，中有奇花异石。古人在诗文中多提及，以之代称仙境，例如唐代诗人李颀《送王道士还山》一诗即有"自言神诀不可求，我师闻之玄圃游"。

　　这个园圃由天神英招主管着，而英招的形貌是马的身子、人的面孔，身上长有老虎的斑纹和禽鸟的翅膀。英招巡行四海而传达天帝的旨命，发出的声音如同抽水的声音。

　　榴，或当作"擂"（chōu），即抽引、提取，即古时通过辘轳等工具把水从低处吸到高处的那种声音。

　　如果是浅井，就用结构相对简单的桔（jié）槔（gāo）；而井深之时，则要用到辘轳——利用轮轴原理，以手柄摇动转轮，绞缠绳索以在井上汲水。辘轳汲水之声，经常回荡在古诗词中。例如陆游《夜汲井水煮茶》诗中有"山童亦睡熟，汲水自煎茗。锵然辘轳声，百尺鸣古井"，诗人亲自从井里打水煎茶，从"铿然"来看，轱辘闹出的动静还不小。

站在山上向南眺望，可以望见昆仑山，那里火光熊熊，气势恢宏。

简单的笔触勾勒出了昆仑山壮美的景色。郭璞注解说，"光气炎盛"，辉煌明亮的样子。我们今天可以通过影像感受到大山屹立的壮观，而古人则在精心选用合适的字眼来烘托这一画面，传递自己的赞叹。

向西可以望见大泽，那里是后稷死后的埋葬之地。

后稷，为周族之始祖，传说为姜嫄踏巨人脚迹怀孕而生，因而一度被弃，故名弃。按郭璞注解，后稷生而灵知，及其终老之后，又化形遁入此泽，成为这个大泽的神明，实现了从人到神的飞升。

大泽中有很多玉石，大泽的北面有很多榣木，而榣木上又生出若木。

榣木，大木，不是一般的树木，而是特别高大的树木。昆仑河隅处的榣木，大至百围，历经千载，似乎"奇异灵验"。此木之上又生出木，是为若木。
榣木，又作"瑶木"，成为昆仑之地具有标识性的物产。

向北可以望见诸毗山，名为离仑的山神居住在这里。这里也是鹰鹯等飞禽的栖息地。

郭璞的注解对"槐鬼"二字没有解释，只说"离仑，其神名"。"槐鬼"或即俞樾指出的，槐，或当为"䰜"（guǐ）字，金文作，"鬼"的异体字。鬼，为神明中的一个类别或级别。今天还挂在嘴边的话，敬鬼神而远之。这里的"鬼神"，亦当视为神明。

向东可以望见那四重高的恒山，有穷鬼居住在那里，各自类聚在一起。

穷鬼，有穷氏之鬼，当然不是今天所言的囊中羞涩、手头紧巴巴的"穷鬼"。
抟，谓把散碎的东西捏聚成团，按郭璞注解，"犹胁也，言群鬼各以类聚，处山四胁"。山有四重，有穷氏鬼即分别按类处在大山的膀胁之下。

这里有瑶水，它清清冷冷而汩汩流淌。有个天神住在山中，状貌像牛，却长着八只脚和两个脑袋，还拖着一条马的尾巴，其啼叫的声音如同"勃皇"。

勃皇，按郭璞注解，未详。或即"发皇"。发皇，为甲虫的一种。《周礼·考工记·梓人》："以翼鸣者……谓之小虫之属。"东汉郑玄注："翼鸣，发皇属。"人吹奏乐器时，薄膜发出的声音亦可称发皇。

它在哪个地方出现，那里就会发生战争。

昆仑山

原 文

西南四百里，曰昆仑之丘，是实惟帝之下都，神陆吾司之。其神状虎身而九尾，人面而虎爪；是神也，司天之九部及帝之囿时。

有兽焉，其状如羊而四角，名曰土蝼（lóu），是食人。有鸟焉，其状如蜂，大如鸳鸯，名曰钦原，蠚[1]（hē）鸟兽则死，蠚木则枯。有鸟焉，其名曰鹑鸟，是司帝之百服。

有木焉，其状如棠，黄华赤实，其味如李而无核，名曰沙棠，可以御水，食之使人不溺。有草焉，名曰薲[2]（pín）草，其状如葵，其味如葱，食之已劳。

河水出焉，而南流东注于无达[3]。赤水出焉，而东南流注于汜天[4]之水。洋水出焉，而西南流注于丑涂之水。黑水出焉，而西流于大杅[5]（yú）。是多怪鸟兽。

1.蠚：毒虫咬刺。
2.薲：蘋。
3.无达：泽名，或山名。
4.汜天：山名，赤水穷尽之处。
5.大杅：山名。

往西南四百里，是昆仑山，这里是天帝在下界的都邑。

巍巍昆仑，一个崇高、壮美、遥远、圣洁，甚至无比神秘的所在。昆仑山高入云端，其上仙乐飘荡。正如郭璞在《图赞》中所言：

> 嵥然中峙，号曰天柱。[1]

从钟山西至泰器山，一百八十里；泰器山西至槐江山，三百二十里；槐江山西南至昆仑山，四百里。那么，从钟山至昆仑山，共九百里。

如上，笔者把清代学者郝懿行算的"账本"摊开展示出来。既然是"算账"，肯定是有指向性的：

> 自钟山至此九百里。《水经注》引此经云钟山西六百里有昆仑山，盖误。（《笺疏》）

若直接以加法论之，确为九百里。但其中有个细节还是需要留意的：从钟山到泰器山，从泰器山到槐江山，都是一路向西，算是直线；而从槐江山到昆仑山，则是向西南，算是一条折线，如此则不可直接相加。是折线，但夹角不明晰，由此无法计算出自钟山到昆仑山的直线距离。由此，《水经注》所说的"六百里"，误或不误，还在两可。

天神陆吾主管着昆仑山。

陆吾，按郭璞注解，即肩吾。《庄子·大宗师》："肩吾得之，以处大山。"意谓肩吾体认了大道，即可居处"大山"以主持之。据说这位昆仑山神处在"不死"的状态，直至孔子之时。这种说法无法验证，只能姑且听之。

郭璞为陆吾撰写有赞语：

> 肩吾得一，以处昆仑。
> 开明是对，司帝之门。
> 吐纳灵气，熊熊魂魂。

1.嵥（jié）然：高耸之貌；峙：屹立。

一，即大道。有大道灌注，精气充盈的陆吾居处在昆仑，与开明兽搭配，一起守护天帝的大门。想必陆吾一定吐纳的是天地灵气，由此南望昆仑时，可以看到"其光熊熊，其气魂魂"的盛景。

我们来看一下这位昆仑神的形貌：

这位神长着老虎的身子，有九条尾巴，还有人的面孔、老虎的爪子。

此神主管的是天之九部和天帝之圃时。

古人认为天有九部。九部，当泛指上天的各个区域。

圃，苑圃，这里特指天帝之苑圃。时，按清代学者俞樾之见，通"庤"（zhì），有储备之意。大意谓在供天帝玩乐的园林中畜养禽兽以及存储各种物品，以备不时之需。若按郭璞注解，把"圃时"训释为苑圃时节，情理上算不得通畅。

山中有一种野兽，形貌像羊，却长着四只角，名叫土蝼，它是能吃人的。

山中有一种禽鸟，样子像蜜蜂，大小却和鸳鸯差不多，名叫钦原。这种鸟螫了别的鸟兽，会把它们毒死；螫到树木，也会让树木枯死。

山中还有一种凤鸟，名叫鹑鸟，它掌管着天帝的各项事务。

这里的鹑鸟，是传说中的凤凰之类的鸟，和上文叙及的鹌鹑不同。这种凤鸟相当于一个大内总管。"百服"之"服"，按郭璞注解，为器服，或事项；或作"藏"，百藏，则谓百物之汇聚。天帝的日常器用乃至服饰等，都由鹑鸟来掌管。

山中有一种树木，样子像棠树，却开着黄色的花朵，结赤红色的果实，果实的味道像李子，却没有核。这种树名叫沙棠，可以用来辟水，人食用了它的果实，能漂浮在水面上不沉下去。

山中还有一种草，名叫薲草，样子像葵菜，味道却与葱相似，吃了能使人解除烦恼忧愁。

黄河水从这座山发源，向南流，然后折向东面，注入无达泽。赤水从这座山发源，向东南流，最后流到氾天山。洋水从这座山发源，向西南流，注入丑涂水。黑水也从这座山发源，向西流，最终流到大杆山。

古人有"月精生水"之说。月盛之时，潮水最大。水之起落，系乎月之圆缺。月精，即月的精华。昆仑山有以上几条大河从此发源，故而被认为是"昆仑月精，水之灵府"（《图赞》）。

昆仑山还有许多奇奇怪怪的鸟兽。

乐游山　｜　原　文

又西三百七十里，曰乐游之山。桃水出焉，西流注于稷泽，是多白玉。其中多鳛（huá）鱼，其状如蛇而四足，是食鱼。

再往西三百七十里，是乐游山。

桃水从这里发源，向西流，注入稷泽，水中多白色玉石。水中还有很多鳛鱼，样子像蛇，却长有四只脚，以鱼类为食。

"鳛鱼"亦出现在《东山经》中，如鱼，却有鸟翼。与这里的鳛鱼相比，形貌差异大，当属同名而异物。

这里的"鳛"，或作"鰗"。

嬴母山

原　文

西水行四百里，曰流沙，二百里至于嬴母之山，神长乘[1]司之，是天之九德也。其神状如人而犳尾。

其上多玉，其下多青石而无水。

往西行四百里水路，即是所谓的流沙，再西行二百里，便抵达嬴母山。

流沙，在前面的泰器山中已经提到了。《海内西经》还要提到，详见后文。

长乘神掌管着这里，他由上天的九德之气所生。

这里"九德"的内涵，不详。九德有多种释义，在《尚书·皋陶谟》中有所谓的"行有九德"：宽而栗，柔而立，愿而恭，乱而敬，扰而毅，直而温，简而廉，刚而塞，强而义。这些是对人的外在行为进行规约，以与贤人的品行相符，这和上天之九德似不相干。

九德，还可是"九功之德"的简称。古以六府、三事为九功，是养民、教民的九项事功。按《尚书》《左传》等古籍的记载，水、火、金、木、土、谷，谓之六府；正德、利用、厚生，谓之三事。莫非上天化育万物，有恩泽，方降下此神？

这位神的状貌如人一样，却长着犳的尾巴。

按《水经注》记载：

禹治洪水，西至洮水之上，见长人，受黑玉书于斯水上。

这里的长人，是不是此神长乘，存疑，仅做参照。

山上到处是玉石，山下则到处是青石而无水流。

1.长乘：神名。

玉山

原文

又西三百五十里，曰玉山，是西王母所居也。西王母其状如人，豹尾虎齿而善啸[1]，蓬发戴胜[2]，是司天之厉[3]及五残。

有兽焉，其状如犬而豹文，其角如牛，其名曰狡，其音如吠犬，见则其国大穰。

有鸟焉，其状如翟而赤，名曰胜（xīng）遇，是食鱼，其音如錄[4]（lù），见则其国大水。

再往西三百五十里，是玉山，这里是西王母居住的地方。

西王母，本为一个国名，为四荒之一。
所谓"四荒"，即是以中原文明为中心的四方荒远之地。《尔雅·释地》有：

觚竹、北户、西王母、日下，谓之四荒。

觚竹国在北，北户国在南，西王母国在西，日下国在东。虽然荒远，但还不是四极之地。

在本篇里，西王母是一位神的名字。

西王母的模样与人一样，却长着豹子的尾巴和老虎的牙齿，而且喜欢发出啸叫之声，蓬头乱发之上戴着玉制的首饰。这位神主管上天所降的灾厉和五刑残杀之气。

西王母所居的这个玉山，之所以有此名，是因为这里多玉石。按郭璞注解，此山即《穆天子传》中所谓的"群玉之山"。

五残，谓五刑——墨、劓、刖、宫、大辟，有杀戮伤残之意。五残，亦是星名，古人以之为凶星。五残星为东方之星，一旦出现则是五方毁败的征兆，有大臣诛亡之象。

1.啸：兽类发出长而尖的吼叫声音。
2.胜：玉胜，以玉为材质制成的花形首饰。
3.天之厉：天灾，病疫。
4.錄：义未详，或借为"鹿"。

西王母主刑杀，故而如郭璞注所言，主知灾厉、五刑残杀之气。

山中有一种野兽，样子像狗，却长有豹子的斑纹，其角与牛角相似。这种野兽名叫狡，它发出的声音如同狗在叫。它在哪个国家出现，那里就会大获丰收。

山中还有一种禽鸟，样子如长尾野鸡，却通身红色。这种禽鸟名叫胜遇，专吃鱼类，发出的声音如同鹿在鸣叫。它在哪个国家出现，那里就会发生水灾。

轩辕丘

原文

又西四百八十里，曰轩辕之丘，无草木。淘水出焉，南流注于黑水，其中多丹粟，多青雄黄。

再往西四百八十里，是轩辕丘，这里无花草树木生长。

轩辕，是黄帝拥有天下之号，其名甚大。黄帝居于此丘，娶西陵氏之女。

淘水从这里发源，然后向南流，注入黑水。水中有很多粟粒大小的丹砂，还有很多青雄黄。

积石山

原文

又西三百里，曰积石之山，其下有石门，河水冒以西南流。是山也，万物无不有焉。

再往西三百里，是积石山，山下有一个石门，河水漫过石门向西南流去。

冒，按郭璞注解，"犹覆也"。冒，有覆盖、蒙冒之义。《诗经·邶风·日月》："日居月诸，下土是冒。"[1]太阳啊月亮啊，它们的光芒覆盖、照耀着下面的大地。

天蒙冒，就是雾；目蒙冒，则为盲；头蒙冒，即是帽。水冒，即河水从石门上面漫流而过。

河水行塞外，东入塞内，经过崇山峻岭，这个"门"也算是一道坎。

这座山，可以说万物俱全，要什么有什么。

长留山　原文

又西二百里，曰长留之山，其神白帝少昊居之。其兽皆文尾[2]，其鸟皆文首[3]。是多文玉石。

实惟员神磈（wěi）氏之宫。是神也，主司反景。

再往西二百里，是长留山，白帝少昊居住在这里。

少昊，亦作"少皞"，传说中的东夷首领，名挚，号金天氏。东夷以鸟为图腾，相传少昊曾以鸟名为官名，死后其神降于此山，为西方之神，主金气。

长留，或作"长流"。少昊为何以此山为居？

找不到缘由。怎么办？于是，明代学人王崇庆引《周易·系辞上》里的话——"神无方"。神明变化无穷，没有定则，已达神妙之境，好比周流而动的易道，把捉不得。

这里的野兽尾巴上都有花纹，而禽鸟的脑袋上也有花纹。山上多产有彩色花纹的玉石。

1.居、诸：语气助词，无实义。
2.文尾：或作"长尾"。
3.文首：或作"长首"。

这里实是员神魂氏（少昊）的宫殿。这位神主要掌管太阳西沉后复又从东方升起。

"景"之篆书作 $景$，从日，京声，本义为日光。《说文》："景，光也。"清代段玉裁注解说，日月皆向外散发光芒，光之所在处，物体上皆有阴影，而光之明如镜，由此而谓之"景"。按郭璞注解，太阳西入，日光又复反东照，此神主持司察工作。

章莪山　　原　文

又西二百八十里，曰章莪（é）之山，无草木，多瑶碧。所为甚怪。

有兽焉，其状如赤豹，五尾一角，其音如击石，其名如[1]狰。有鸟焉，其状如鹤，一足，赤文青质[2]而白喙，名曰毕方，其鸣自叫也，见则其邑有讹（é）火[3]。

再往西二百八十里，是章莪山，这里无花草树木，多出产瑶、碧之类的美玉。

瑶，从玉，䍃声，本义指美玉。《说文》："瑶，玉之美者。"

从玉液美酒的瑶浆、华美车子的瑶轸、乐器的瑶琴、对人书札敬称的瑶札，到纯挚高洁的瑶情，一个"瑶"字，寄托人们不尽的美好心愿。先民们愿以更贵重的"琼瑶"（美玉）回赠，表爱意，结永好——"投我以木桃，报之以琼瑶"（《诗经·卫风·木瓜》）。

碧，亦是玉的一种，为青绿色的玉石，古时属珍贵饰品，赠人以表心意——"两情顾盼合，珠碧赠于斯"（唐·杜甫《奉送魏六丈佑少府之交广》）。

"所为甚怪"。

1.如：或应作"曰"。
2.质：体貌。
3.讹火：怪火。

　　读到这四个字时，心喜，想知此山"甚怪"的是何物，是何事。古朴的文字，不给额外的惊喜。按郭璞注解，只是说山里"多有非常之物"。怪物有多"怪"？知而不道。

　　山中有一种野兽，样貌像赤豹，却长着五条尾巴和一只角，发出的声音如同敲击石头的响声。这种野兽名叫狰。

　　赤豹，即毛为赤红色而有黑色斑纹的豹子，今天不常见，但在《诗经》《楚辞》中却可得见：

> 献其貔皮，赤豹黄黑。[1]（《诗经·大雅·韩奕》）
> 乘赤豹兮从文狸[2]。（《楚辞·九歌·山鬼》）

　　赤豹、黄黑这样的兽类，按明清之际学者王夫之所言，皆为北方山谷所产（《诗经稗疏》）。有人拿赤豹来进贡，有人想象着以它当坐骑。想必赤豹在那时也是稀奇珍贵的，但人们对它并不陌生。

　　山中有一种禽鸟，样貌像鹤，却只有一只脚，还长着红色的斑纹，身子是青色的，嘴巴是白色的，名叫毕方。

　　毕方，古时的兆火之鸟，常常嘴里衔着火，飞来飞去在各户人家作怪引灾。

　　它的鸣叫声就像在呼叫自己的名字。它在哪个地方出现，那里就会有怪火烧起来。

　　古人认为毕方为"木之精"，木生火，故而衔火引发灾难。唐代柳宗元因永州在元和七年、八年（八一二年、八一三年）的夏天多火灾，特撰写《逐毕方文》对这一怪鸟发出了驱逐令。

1.献：进贡；貔（pí）：猛兽，似虎，毛灰白色，又名白罴、白狐。
2.文狸：毛色有花纹的狸猫。

阴山

原 文

又西三百里，曰阴山。浊浴之水出焉，而南流注于蕃泽，其中多文贝。有兽焉，其状如狸而白首，名曰天狗，其音如榴榴[1]，可以御凶。

再往西三百里，是阴山。

此处的阴山，与"不教胡马度阴山"的阴山，不是一山。

浊浴水从这里发源，然后向南流，注入蕃泽。水中有很多五彩斑斓的贝壳。

文贝，即有花纹的贝壳。"文贝"之名，亦见于《大荒南经》，那里则为紫贝的别名。这里的文贝，按郭璞注解，是余泉、余蚳（chí）之类，余泉贝是白黄纹，余蚳则为黄白纹。同为文贝，颜色纹理则有所不同。

《尚书·顾命》记载有"文贝仍几"，文贝装饰的几案放置在存放周天子礼服的室内。由此可见，经文所载的不起眼之物，亦有其大用。

这里有一种野兽，样貌像野猫，却长着白色的脑袋，名叫天狗。它发出的叫声如同猫叫的声音。人饲养它，可抗御凶邪。

《北山经》谯明山中的孟槐兽，亦发出猫叫声。

1.榴榴：按郭璞注解，或作"猫猫"。

符惕山

原　文

又西二百里，曰符惕（yáng）之山，其上多棕枏，下多金玉。神江疑居之。

是山也，多怪雨，风云之所出也。

再往西二百里，是符惕山。山上多棕树和楠树，山下则多金属矿藏和玉石。一位名叫江疑的山神居住在这里。

这座山常常下怪异之雨，风和云也从这里涌起。

经文没有直接叙写江疑神的本领，似无奇技异能。其实，神亦分三六九等，各有所长：

山林川谷丘陵能出云，为风雨，见怪物，皆曰神。（《礼记·祭法》）

结合上下文来看，频降怪雨，起风驾云，当为江疑神的本领。如此，江疑神待在这里并不怎么憋屈。

三危山

原　文

又西二百二十里，曰三危之山，三青鸟居之。

是山也，广员[1]百里。其上有兽焉，其状如牛，白身四角，其豪[2]如披蓑，其名曰徼（ào）狠（yē），是食人。

有鸟焉，一首而三身，其状如䴔（luò），其名曰鸱。

再往西二百二十里，是三危山，三青鸟栖息在这里。

1.广员：犹方圆。
2.豪：长而硬直的毛。

　　三青鸟，又见于《大荒西经》。按郭璞注解，此鸟专为西王母取送食物，又独自栖居在这座山中。西王母又见于《海内北经》。郭璞《图赞》中有言：

> 山名三危，青鸟所憩。
> 往来昆仑，王母是隶。
> 穆王西征，旋轸斯地。[1]

　　三危山，距离西王母所在的昆仑群玉之山不远，往来其间为西王母提供饮食的青鸟，算是西王母的奴仆。周穆王西征，返回时曾在这里掉转车头，略做停留。[2]

　　这座三危山，方圆有一百里。山中有一种野兽，样子像牛，但身子是白色的，长着四只角，身上的硬毛又长又密，好像披着防雨的蓑衣。这种野兽名叫徼狟，它是会吃人的。

　　蓑衣，用草或棕毛制成的雨衣，披在身上以防雨。"蓑"之古文作𠩵，象形字，上像其覆——斗笠，中像领口，下像草编的垂衣。"蓑"之篆书作𧝎，在下面又加上了衣。蓑衣和斗笠配合，先民们早就装备起来了。例如《诗经·小雅·无羊》有："尔牧来思，何蓑何笠，或负其糇。"[3]放牧的人来了，披着蓑衣，戴着斗笠，有时还背着干粮。

　　山中有一种禽鸟，长着一个脑袋，却有三个身子，样子与鹠鸟很相似，名叫鸱。

　　鹠，猛禽名，与大雕相似。按郭璞注解，此鸟通身黑纹而颈则是赤红色。

1.隶：隶役；穆王：得八骏西游的周穆王；旋：回旋，掉转；轸：车厢底部后面的横木，这里代指车。
2.按《竹书纪年》记载，穆王十三年（前九六四年），西征至于青鸟之所憩。
3.牧：放牧之人；思：语气词，无实义；何：通"荷"，披戴；糇（hóu）：干粮。

騩山 ｜ 原 文

又西一百九十里，曰騩山，其上多玉而无石。神耆（qí）童居之，其音常如钟磬。其下多积[1]蛇。

再往西一百九十里，是騩山，山上多美玉，而没有石头。耆童神居住在这里，其发出的声音常常像敲钟击磬的声响。

耆，老，老人。耆童，犹老童，按郭璞注解，乃是上古帝王颛顼的儿子。

山下到处是一堆一堆的蛇。

天山 ｜ 原 文

又西三百五十里，曰天山，多金玉，有青雄黄。英水出焉，而西南流注于汤谷。有神焉，其状如黄囊，赤如丹火[2]，六足四翼，浑敦无面目，是识歌舞，实为帝江（hóng）也。

再往西三百五十里，是天山。这里多金属矿藏和玉石，出产青雄黄。英水从这里发源，然后向西南流，注入汤谷。

汉时的匈奴和汉朝皆以"天山"指称祁连山。这里的汤谷，并不是后文《海外东经》和《大荒东经》所叙及的日出之处——汤（yáng）谷，两者属同字而已。

一位神仙居处在这里，其形貌像黄色的口袋，散发出的光辉如一团红色的火焰。此神长着六只脚和四个翅膀，浑浑沌沌没有面目，却知晓唱歌跳舞。这位神就是帝江。

1.积：本义指谷物的积聚，这里谓累积，多。
2.丹火：赤色的火焰。

帝江最大的特点就是像个口袋。"黄囊"之"囊"，就是袋子、口袋。这个物件，在本书中仅此一见。

"囊"字，始见于篆书👝。好像还是太复杂，让我们回到简单淳朴的"囊"字的象形初文——👝，上面的小圈象征系袋口的绳子。后来在文字的演化演进过程中，这个"口袋"逐渐变得复杂了。

囊的形状究竟是什么样子，须对比一下，看看"橐"的样子。因为它们两个长得实在太像了，且在字的"定妆照"中，想必是比照着借力了。

"橐"之甲骨文作👝👝，金文作👝，同样是口袋，橐是两头都可以用绳子缚系捆扎的，也就是说不装东西时，它就是个无底的口袋。同是口袋，想象它们的形状，无妨如下参照：

> 有底曰囊，无底曰橐。[1]

两者相近，又经常放在一起使用。还有，小一点的曰橐，大一点的曰囊。《诗经·大雅·公刘》中有"乃裹糇粮，于橐于囊"。橐和囊，都是盛——更准确、更形象地说，是"裹"——粮食的口袋。

如此，这个神明的样子清晰多了。颜色呢，是黄色的，并且散发着红色的光芒；形状或者说形体呢，像一个口袋。按郭璞注解，此神之体为黄色，散发出的"精光"[2]则是赤红色的。

这个神无面目——浑敦，又作"浑沌""混沌"。

浑敦，在庄子笔下的寓言里，是中央之帝，天然无耳目，若强行凿开其七窍，也就死掉了：日凿一窍，七日而浑沌死。

在史家左丘明的记述中，浑敦则是一个愚妄奸诈的家伙。他是帝鸿氏的不才之子，"掩义隐贼，好行凶德"（《左传·文公十八年》），实属丑类恶物，普天下的百姓谓之曰"浑敦"。

旧题西汉东方朔撰的《神异经》则对"浑敦"有更详细的描述，我们无妨参照一下：

1.《史记·郦生陆贾列传》司马贞索隐引《埤苍》。
2.精光：光辉。

昆仑西有兽焉，其状如犬，长毛四足，似罴而无爪，有目而不见，行不开。有两耳而不闻，有人知往。有腹无五脏，有肠直而不旋，食物径过。人有德行而往抵触之，有凶德则往依凭之。天使其然，名为浑沌。

总结一下，浑敦，其实也就是骂人不开通时常用到的那个词——浑蛋。

《山海经》的美好能留在记忆中，这个帝江神可没少出力。鲁迅先生在《阿长与〈山海经〉》中有言：

但那是我最为心爱的宝书，看起来，确是人面的兽；九头的蛇；一脚的牛；袋子似的帝江。

帝江，或当作"帝鸿"，而帝鸿，即黄帝。

这里的浑敦，可以理解为帝鸿（黄帝）的后裔，或一个支系。

泑山   原文

又西二百九十里，曰泑山，神蓐（rù）收居之。其上多婴短之玉，其阳多瑾瑜之玉，其阴多青雄黄。

是山也，西望日之所入，其气员，神红光[1]之所司也。

再往西二百九十里，是泑山，蓐收神居住在这里。

蓐收，长着人的面孔、老虎的爪子，毛发是白色的，右手执刑杀之器，传说中掌管西方，司四季之秋。

蓐收的地盘，当然在西方。古人对此神管辖的具体位置和面积又有具体的描述：

1.红光：据上下文，或即蓐收。

西方之极，自昆仑绝流沙、沉羽，西至三危之国，石城金室，饮气之民，不死之野，少皞、蓐收之所司者，万二千里。（《淮南子·时则训》）

沉羽，即弱水。三危国，在其他古籍中多次出现，舜把三苗驱逐到三危，一种说法是在今甘肃敦煌。石头垒的城，金子装饰的屋，居处在这里的人靠"饮气"，竟能长生不死。

少皞，前文提过，传说中的东夷族首领，死后为西方之神，蓐收为其子，两人共同执掌西方的广阔领域。

山上盛产一种可作为颈项装饰品的玉石。

婴短，或当作"婴琅"。前文中的瑜次山有"婴垣"。婴，有环绕之义；短，或为"脰"字，脰有脖颈之义。"婴短之玉"，即戴在颈项上的美玉。

山的南面到处是瑾、瑜一类的美玉，而山的北面则多产青雄黄。

在这座山上，向西可以望见太阳落山的情景，天象浑圆，山气充盈，这是由红光神掌管的。

经文中的"员"，通"圆"，按郭璞注解，日形圆，故而山之气象亦是浑圆的。员，或当作"员员"，与前文中的"熊熊""魂魂"相仿佛，表达日落时红霞满天的壮美气象。

翼望山　　原　文

西水行百里，至于翼望之山，无草木，多金玉。

有兽焉，其状如狸，一目而三尾，名曰讙（huān），其音如夺[1]百声，是可以御凶，服之已瘅（dàn）。

有鸟焉，其状如乌，三首六尾而善笑，名曰鵸（qí）鵌（tú），服之使人不厌，又可以御凶。

往西行一百里水路，就到了翼望山，这里无花草树木生长，却到处是金属矿藏和玉石。

翼望山，按郭璞注解，或作"土翠山"。后文的《中山经》中，亦有一座翼望山，与此山属同名现象。

山中有一种野兽，模样像野猫，却长着一只眼睛、三条尾巴，名叫讙。它发出的声音"如夺百声"。

夺百声，按郭璞注解，谓能作百种物声。夺（奪），或作"奮""棄"，当以"夺"训解，谓讙的叫声传得很远，好像能压过一百种动物的鸣叫。

饲养讙可以抗御凶邪，食用它的肉可治疗"瘅"病。

"服"之甲骨文作 𦥑，金文作 𦥑，像人捧盘服侍，或让人服务于盘前，与祭祀俘虏有关。《说文》："服，用也。"这里引申为服用，服食。服之，谓食其肉，喝其汤。

瘅，劳苦，劳病。《诗经·大雅·板》批评周厉王说："上帝板板，下民卒瘅。"诗人不敢直呼周王，以"上帝"代之；板板，意谓邪僻，违反正道，老百姓可就遭了殃。卒，通"瘁"，劳累；瘁瘅，即劳病。从病症的角度而言，传统中医以热邪、热气盛谓之瘅。同时，瘅，通"疸"，即黄疸病，主要表现为目黄、皮肤黄、小便黄。

1.夺：这里谓超出、压倒。

山中还有一种禽鸟，样子像乌鸦，却长有三个脑袋、六条尾巴，喜欢笑。这种鸟名叫鸺鹠。吃了它的肉，能让人不做噩梦，还可以抗御凶邪。

厌，或通"魇"，梦魇，鬼魇。人在睡梦中遇不祥的、可怕的事，常呻吟惊叫；或噩梦离奇，或如有重物压身，常突然惊觉。

小结　原文

　　凡西次三经之首，崇吾之山至于翼望之山，凡二十三山，六千七百四十四里。其神状皆羊身人面。其祠之礼，用一吉玉[1]瘞，糈用稷米。

总计西方第三列山系之首尾，从崇吾山起到翼望山为止，一共二十三座山，途经六千七百四十四里。

实际上，数一数，是二十二座山，总计六千二百四十里，若加上流沙之四百里，共六千六百四十里，有一百又四里的"误差"。

诸山山神的样貌，皆是羊的身子、人的面孔。祭祀山神的礼制是把一块吉玉埋入地下，祀神用的米为稷米。

稷，一种农作物，又是五谷之神。稷，或作"穄"。稷为百谷之长，一说为高粱，结出的籽实粗大，为疏食。《吕氏春秋·本味》："饭之美者……阳山之穄。"稷米，为脱壳的稷，用于日常之饮食或祭祀。

────────────

1.吉玉：按郭璞注解，谓玉加彩色，即带有符采的美玉。

西次四经

阴山

原　文

西次四经之首曰阴山，上多榖，无石，其草多茆（mǎo）蕃（fán）。阴水出焉，西流注于洛。

西方第四列山系的第一座山，名叫阴山。

前文已有一座阴山，属于山的同名现象。此山可能在宁夏，非汉将驱逐匈奴之阴山。

山上生长着茂密的构树，但没有石头。这里的草以茆草、蘋草居多。

茆，当作"茆"，因字形相近，记写太容易搞混，以至于不少文献中都混着用。《说文》中收录的"茆"之篆书为 𦬘，解释道："茆，凫葵也。"凫葵，多年生水生草本植物，叶团似莼菜，浮在水面，夏季开花，嫩叶可食用，俗名"水葵"。

思乐泮水，薄采其茆。[1]

《诗经·鲁颂·泮水》一诗赞美鲁僖公征服淮夷后修整泮宫。诗作以人们喜欢的泮水以及水中的芹菜、水藻、茆草来起兴。由此可见，"茆"在《诗经》时代是寻常可见的。

蕃，"蘋"的通假字，草名，青蘋，像莎草而略大，秋生，长在江湖水边，为雁所食。司马相如《子虚赋》有"薛莎青蘋"，两者连在一起用。在《楚辞·九歌·湘夫人》中，湘夫人在秋天降临至洞庭北岸的小洲上，等待她的心上人，作者借"蘋"抒写道：

1.思：发语词；薄：语助词。

　　白蘋兮骋望，与佳期兮夕张。

　　鸟萃兮蘋中，罾何为兮木上。[1]

　　在白蘋丛中放眼远望，为了美好的相会啊，我早已准备妥当了。可是，本该栖息枝头的鸟儿却聚集到水蘋中，捕鱼的网不知为何挂在树梢上。它们都失其所在，诗人自己的境况与之相仿。

　　阴水从这座山发源，向西流，注入洛水。

劳山 ┃ 原 文

　　　　北五十里，曰劳山，多茈草。弱水出焉，而西流注于洛。

　　往北五十里，是劳山，这里生长着茂盛的紫草。

　　茈草，即紫草，多年生草本植物，叶椭圆形，茎叶有细毛，夏季开白色小花，根皮紫色，可入药，亦可做紫色染料。

　　弱水从这里发源，然后向西流，注入洛水。

　　弱水，水名。由于河道水浅，抑或当地人不习造船而不通舟楫，只用皮筏济渡，古人以为是水弱不能载舟，即称之为弱水。故古时称弱水者甚多。例如，后文《大荒西经》中的昆仑之丘，其下亦有以"弱水"命名的渊。

　　这里的弱水，大都认为是吃莫川：出陕西靖边，东南流向，至保安西入洛。

1.与：为；夕：夜晚，这里谓早早地；张：张罗，布置；萃：汇集；罾：渔网。

罢父山

原文

西五十里，曰罢父之山。洱（ěr）水出焉，而西流注于洛，其中多茈、碧。[1]

往西五十里，是罢父山。洱水从这里发源，然后向西流，注入洛水。水中盛产紫色和青绿色的美石。

申山

原文

北百七十里，曰申山，其上多榖柞，其下多杻橿，其阳多金玉。区水出焉，而东流注于河。

往北一百七十里，是申山。山上多构树和柞树，山下则多杻树和檀树。山的南面有丰富的金属矿藏和玉石。

区水从这座山发源，然后向东流，注入黄河。

鸟山

原文

北二百里，曰鸟山，其上多桑，其下多楮，其阴多铁，其阳多玉。辱水出焉，而东流注于河。

往北二百里，是鸟山，山上到处是桑树，山下到处是构树。

1.茈：紫色的美石；碧：青绿色的玉石。

　　桑树，叶可养蚕，蚕吐丝，然后织成布帛，可制作衣服。在田地里耕作，解决的是吃饭的问题；围绕着桑树忙碌，可解决部分穿衣问题。古人常言"劝农桑，益种树"，或是田、桑同列，其实是两端并举，建构的是农桑生态社会。

　　桑树在孟子"仁政"的施行过程中扮演着重要的角色：

　　　　五亩之宅，树之以桑，五十者可以衣帛矣。（《孟子·梁惠王上》）

　　五亩土地的住宅，四围种上桑树，五十岁的人就可以解决穿衣问题了。古人在自家宅旁，除了种桑树，还常种梓树，汉代以后即以"桑梓"代称故乡。桑树，在传统社会生产生活中是何其重，何其亲！

　　桑树关涉衣食，而楮树则与书写有紧密的关系。

　　楮树，亦称构树，树皮作为原料可制成桑皮纸、宣纸，由此后世常以"楮"代称纸。例如书信中会这样称美对方来信的好意：来札蔼蔼之情，溢于楮墨之表。

　　诗文中说"临楮"，说的不是面对一棵树，而是有待文思展露的纸张，或传递音信的信笺。

　　山的北面盛产铁，而山的南面则盛产玉石。

　　辱水从这里发源，然后向东流，注入黄河。

上申山　原　文

　　又北百二十里，曰上申之山，上无草木，而多硌（luò）石，下多榛楛（hù），兽多白鹿。其鸟多当扈，其状如雉，以其髯飞，食之不眴（xuàn）目。

　　汤水出焉，东流注于河。

　　再往北一百二十里，是上申山。山上不生长花草树木，到处都是大石头，山下则多是榛树和楛树。野兽以白鹿居多。

硌，石头很大且坚硬的样子。马王堆汉墓帛书乙本《老子·德经》有"硌硌若石"。

瞻彼旱麓，榛楛济济。[1]

——《诗经·大雅·旱麓》

诗篇中的这座旱山在今陕西汉中，因云雨润泽，山脚下同样"多榛楛"。都在表达"多"，诗人以叠音"济济"表达，似更有味道，更讲律动，难怪招人待见。

榛，落叶灌木，果实叫榛子，似栗子，近球形，果皮坚硬，果实味美。楛，丛生，形似荆，茎可做箭杆。

后世将榛与楛放在一起，常泛指丛生杂木，用来比喻庸音，甚至用来指称需要裁剪修整的杂乱之物。由此，这两种树合在一起，价值自然居于下位。古人会这样发出感叹："时见琳琅，惜哉榛楛。"（唐·皎然联句）

这里的禽鸟多是当扈鸟，样子像野鸡，却能用"髯"当作翅膀奋起高飞。食用了它的肉，可使人不目眩。

"雉"之甲骨文作 ，从隹，从矢，本义为雉鸟，俗称野鸡。种类较多，东汉许慎的《说文》分为十四种。雄性雉鸟，羽毛华丽，尾较长；雌性雉鸟，羽毛沙褐色，体形较小，尾较短。善行走，但不能远飞。肉可食用，尾羽可制成装饰品。

"髯"之篆文作 ，谓两颊的胡须。古人区分得比较清楚：在下巴为须（ ）；在脸颊则为髯；在唇上称髭。这里的"髯"，指称禽鸟的须，按郭璞注解，谓咽下须，即脖子下的须毛。

眴目，犹眩目，目光昏花。司马迁在《史记·扁鹊仓公列传》中描写中庶子听闻扁鹊关于判断生死的一番言论，身体的反应是"目眩然而不瞚，舌挢然而不下"[2]，眼昏花，不能眨动，并且舌头翘起来，不能放下。目眩舌翘，描述的是人惊讶的表征。

汤水从这座山发源，然后向东流，注入黄河。

———————————

1.瞻：遥望；旱：山名；麓：山脚；济济：众多，这里形容林木茂盛。
2.瞚（shùn）：古同"瞬"，眨眼；挢（jiǎo）：举，翘。

诸次山 | **原 文**

> 又北百八十里，曰诸次之山，诸次之水出焉，而东流注于河。是山也，多木无草，鸟兽莫居，是多[1]众蛇。

　　再往北一百八十里，是诸次山。诸次水从这里发源，然后向东流，注入黄河。

　　这座山上生长的多是树木，无花草，禽鸟野兽也不在这里栖居，但有许多蛇聚集在山中。

　　《国语·周语上》："兽三为群，人三为众。"引申为众人。众（衆），甲骨文作，从日，从伙，会众人在太阳下劳作之意。金文字形　则把"日"讹作"目"（　），从而成为战国文字及篆文字形　之所本。

　　大众，老百姓，不分南北都爱凑堆。由此，"众"可引申为普普通通，平常的，一般的。众蛇，即普通的蛇，一般的、常见的蛇。

> 东海有蛇丘之地，险，多渐洳[2]，众蛇居之，无人民。蛇或人头而蛇身。（《艺文类聚》卷九十六引《玄中记》）

　　众蛇，或作"象蛇"。而象蛇，又出现在后文的《北山经》的阳山中，在那里它又是一种鸟。

1.多：代表数量。
2.渐洳（rù）：低湿，泥泞。

号山 | 原 文

又北百八十里，曰号山，其木多漆棕[1]（zōng），其草多药[2]、蘼[3]（xiāo）、芎䓖。多泠（jīn）石。

端水出焉，而东流注于河。

再往北一百八十里，是号山。山中的树木大多是漆树、棕树，而花草以白芷、蘼、芎䓖居多。

山中还盛产泠石。

泠，或作"淦"。《说文》："淦，水入船中也。一曰泥也。"泠石，大约是一种柔软如泥的石头。

端水从这座山发源，然后向东流，注入黄河。

盂山 | 原 文

又北二百二十里，曰盂山[4]，其阴多铁，其阳多铜，其兽多白狼白虎，其鸟多白雉白翟。生水出焉，而东流注于河。

再往北二百二十里，是盂山，山的北面盛产铁，山的南面则多产铜。山中的野兽多是白色的狼和白色的虎，禽鸟则多为白色的野鸡和白色的翠鸟。

生水从这里发源，然后向东流，注入黄河。

1.棕：同"棕"。
2.药：香草名，根称白芷，叶称药，统称为白芷。
3.蘼：香草名。
4.盂山：或作"孟山"。

白於山　　原 文

西二百五十里，曰白於之山，上多松柏，下多栎檀，其兽多㸲牛、羬羊，其鸟多鸮[1]。

洛水出于其阳，而东流注于渭；夹水出于其阴，东流注于生水[2]。

往西二百五十里，是白於山。山上多松树和柏树，山下多栎树和檀树。

栎，树名，又称柞栎，或麻栎。此树有多个名称，其中有方言的因素在。例如《诗经》十五国风的《秦风》中有《晨风》一诗，其中有"山有苞栎，隰有六駮（bó）"。山上长着茂盛的栎树，山下则是树皮斑驳的梓树和榆树。唐代孔颖达引陆玑《毛诗草木疏》解释说，秦人谓柞栎为栎。

树的命名——读音和书写，其实都有地域性。这让我们与之共处的符号世界变得复杂而有趣。

山中的野兽大多是㸲牛、羬羊，而禽鸟则以猫头鹰之类的居多。

洛水发源于山的南面，然后向东流，注入渭水；夹水发源于山的北面，然后向东流，注入生水。

申首山　　原 文

西北三百里，曰申首[3]之山，无草木，冬夏有雪。申水出于其上，潜于其下，是多白玉。

1.鸮：按郭璞注解，似鸠而青色，即猫头鹰。
2.生水：水名。
3.申首：又作"由首"，或字形近而误。

往西北三百里，是申首山。这里没有花草树木生长，冬天夏天都有雷。

雷，或作"雪"。冬夏皆有雪，意谓此山海拔较高，温度低，故而前句言"无草木"。

申水从这座山上发源，又潜流到山下，水中有很多白色的玉石。

潜（潜），从水，替声。《说文》："潜，涉水也。一曰藏也。"这里的涉水，进一步而言是没于水下，引申为隐藏、潜伏等意。回到经文，"潜于其下"，谓水从山上流出，然后以潜流的方式流淌到山下。

泾谷山

原　文

又西五十五里，曰泾谷之山[1]。泾水出焉，东南流注于渭，是多白金白玉。

再往西五十五里，是泾谷山。
泾水从这里发源，向东南流，最后注入渭水。水中盛产白金、白玉。

1.泾谷之山：或无"之山"二字。

刚山

原 文

又西百二十里，曰刚山，多柒[1]木，多㻬琈之玉。刚水出焉，北流注于渭。是多神魑（chì），其状人面兽身，一足一手，其音如钦。

又西二百里，至刚山之尾。洛水出焉，而北流注于河。其中多蛮蛮，其状鼠身而鳖首，其音如吠犬。

再往西一百二十里，是刚山，这里到处是漆树，还盛产㻬琈玉。

㻬琈，玉名，前文中有小华山，其阳面亦多产这种玉。

刚水从这里发源，向北流，最后注入渭水。这里有很多神魑。

魑，按郭璞注解，就是魑魅之类的东西，而魑魅是传说中的山泽鬼怪。魑，亦作"魅"，篆书作𩲝。《说文》："魅，厉鬼也。"厉鬼，很暴虐，很吓人。

它长着人的面孔，却有野兽的身子，一只脚，一只手，发出的声音如"钦"。

钦，人打哈欠的声音。人在疲倦时会伸懒腰，张口打哈欠。《说文》："钦，欠皃（貌）。"清段玉裁注解说，钦就是倦而张口的样子。

按郭璞注解，"钦"为"吟"字的假借音。钦，金文作𨦄，秦简写作𨦄，篆书作𨦄，皆从欠，金声。欠，为张口气散，作为形符；金，不表意，为声符，表音读。这样来理解的话，钦表示的是人的呻吟之声。

再往西二百里，就到了刚山的尾端。洛水发源于此，然后向北流，注入黄河。

这里有很多蛮蛮，样子像一般的老鼠，却长着甲鱼的脑袋，发出的声音如同狗叫。

吠，会意字，篆书作𠯗，从口，从犬，本义为狗叫。《说文》："吠，犬鸣也。"

1.柒：或即"漆"字。

分开细说，大一点的为犬，小一点的则为狗。笼统言之，两者无别。《诗经》中有抓兔子的狗，还有多毛且凶猛的狗——龙（máng），娇羞少女担心与恋人的幽会被人发现打断——"无使龙也吠"。自古就有一句谚语：一犬吠形，百犬吠声。狗爱闹腾，一只狗叫起来，别的狗也会随声附和起来，"有女怀春，吉士诱之"的好事还不给搅和了？但愿此时的蛮蛮别张嘴鸣叫，别逗引出不识趣的狗吠起来。

英鞮山

原 文

又西三百五十里，曰英鞮（dī）之山，上多漆木，下多金玉，鸟兽尽白。

涴（yuān）水出焉，而北流注于陵羊之泽。是多冉遗之鱼，鱼身蛇首六足，其目如马耳，食之使人不眯，可以御凶。

再往西三百五十里，是英鞮山，山上多漆树，山下则蕴藏有丰富的金属矿物和玉石。这里的鸟兽，都是白色的。

此山之上"鸟兽尽白"，关键是一个"尽"字，属全称判断，值得我们关注。按《史记·仲尼弟子列传》记载："颜回者，鲁人也……年二十九，发尽白，蚤死。"在传统中医学看来，白发大多是肝肾亏损，阴血不足，发失濡养而致。青少年或青壮年即见头发呈散在性花白，甚至全白，治宜滋补肝肾，益气养血。

尽白，不宜再从西方属金、主白来解释，毕竟西方山头多、鸟兽众，尽白之由，当只缘身在此山中，得继续探究。在文化意义上，鸟兽尽白是一种"异象"。传说中的三神山——蓬莱、方丈、瀛洲，在勃海中，离人间不算远，按《史记·封禅书》记载："盖尝有至者，诸仙人及不死之药皆在焉。其物禽兽尽白，而黄金银为宫阙。未至，望之如云；及到，三神山反居水下。临之，风辄引去，终莫能至云。"飘飘欲仙之境，"尽白"的范围更大了。白，如阳光下的浪花一样，象征洁净纯粹。

涴水从这座山发源，然后向北流，注入陵羊泽。

　　水中有很多冉遗鱼，长着鱼的身子、蛇的头，有六只脚，长长的眼睛像马的耳朵。食用了它的肉，能使人不"眯"。

　　眯，从目，米声，《说文》："眯，艸入目中也。"简单而言之，就是眯眼了。《庄子·天运》篇中有"播糠眯目，则天地四方易位矣"。糠，谓稻、麦、谷子等的籽实所脱落的壳或皮。播扬的糠皮细粒飞入眼中，眼睛睁不开，自然会迷三倒四，分不清东西南北。

　　风沙吹来，我们会本能地眯缝起眼睛。

　　马王堆汉墓帛书甲本《老子·道篇》："唯知乎大眯。"眯，通"迷"，迷惑。

　　若是被世俗红尘"眯"住了眼，那得治一治心神。西晋陆机的《为顾彦先赠妇》诗中有"京洛多风尘，素衣化为缁"，这里的"风尘"不仅指羁旅风霜之苦，又寓京都恶浊，久居其中则为其所化。山水林涧，采菊东篱，恬然自乐，可不再被风尘眯目："客子厌京尘，长街风眯目。安得卧南阳，清潭渍寒菊。"（宋·贺铸《答陈传道五首之一》）

　　以上所述，眯眼了，让人猛吹一下，眨巴眨巴眼也就过去了。异物入眼，大都算不得大病重症。而心病呢，得靠思想去化解。这里的"使人不眯"，当更有深意。

　　眯，从闭眼小睡，还可引申为梦魇，通"寐"。云梦秦简《日书甲种·诘咎》："一室中卧者眯也。"三国魏国的大臣刘晔，与魏明帝密谋伐蜀，曾有言："臣得与闻大谋，常恐眯梦漏泄以益臣罪，焉敢向人言之？"（《三国志·魏志·刘晔传注》）眯梦，意谓梦里胡乱说话。

　　眯之病，可小可大，一个是异物进入眼中所引发的小病；一个是眯上眼睡着了，梦魇呓语，这神神道道的病该算是大的疑难杂症吧。

　　吃了冉遗鱼的肉，还可以抗御凶邪之气。

中曲山

原 文

又西三百里，曰中曲之山，其阳多玉，其阴多雄黄、白玉及金。

有兽焉，其状如马而白身黑尾，一角，虎牙爪，音如鼓音，其名曰駮，是食虎豹，可以御兵。有木焉，其状如棠，而员叶赤实，实大如木瓜，名曰櫰（huái）木，食之多力。

再往西三百里，是中曲山。山的南面盛产玉石，山的北面多产雄黄、白玉和金属矿物。

山中有一种野兽，样貌像普通的马，却有着白色的身子、黑色的尾巴，只长着一只角，有老虎的牙齿和爪子，发出的声音如同击鼓的响声。这种野兽名叫駮，是吃老虎和豹子的。

駮，像马，但又不是马。按郭璞注解，駮归在畏兽画中。它的英勇事迹，不但博学多闻的人知道，就连老虎这样的猛兽都留有古老的记忆痕迹：

桓公乘马，虎望见之而伏。桓公问管仲曰："今者寡人乘马，虎望见寡人而不敢行，其故何也？"管仲对曰："意者君乘駮马而洀桓[1]，迎日而驰乎？"公曰："然。"管仲对曰："此駮象也。駮食虎豹，故虎疑焉。"（《管子·小问》）

齐桓公骑着一匹毛色不纯的马，又是溜达，又是迎着太阳驰骋。这令一直瞄着的老虎生疑：是不是狠角色駮呀？一定要远离危险，不要挑事。原来，老虎错把马当駮了。

饲养駮可以"御兵"。

御兵，按郭璞注解，饲养这个"异兽"可闪避兵刃的攻击。战场之上，非但兵刃散发着寒光，而且到处是流矢，冲锋陷阵时那可是身触白刃，头冒流矢。尖兵利刃的砍刺，的确使我们内心深深恐惧。

1.洀：同"盘"；洀桓：盘桓，徘徊。

关键的问题在于怎么抓住駮，然后怎么去饲养呢？駮的"武功"那么厉害，谁可以靠近呢？这的确是一个问题。无论如何，像这样的骏马良驹都是勇敢的战士们最希望得到的，正如郭璞在《图赞》中所言：

> 駮惟马类，实畜之英。
> 腾髦骧首，嘘天雷鸣。
> 气无不凌，吞虎辟兵。[1]

山中还有一种树木，样子像棠树，叶子却是圆圆的，结赤红色的果实，果实的大小如同木瓜。这种树名叫櫰木。人吃了它的果实，即可增添气力。

记载有"多力"功效的，全书仅此一见，值得我们留意一下。后世江湖有大力丸，号称能强健筋骨，增强气力。一是大自然的馈赠，一是费尽心思的推销，两者高下立判。唐代王建《早春病中》诗有"健羡人家多力子，祈求道士有神符"，诗人成了病夫，孱弱无力，只能羡慕他人了。诗人自己卧看草药图，不知他想起中曲山的神奇水果没有。吃这个能让自己强健有力，关键还不苦口。

邽山　原　文

> 又西二百六十里，曰邽（guī）山。其上有兽焉，其状如牛，猬毛，名曰穷奇，音如嗥狗，是食人。
> 濛水出焉，南流注于洋水，其中多黄贝；蠃鱼，鱼身而鸟翼，音如鸳鸯，见则其邑大水。

再往西二百六十里，是邽山。

山中有一种野兽，形貌像牛，全身长着刺猬一般的刺毛。这种野兽名叫穷奇，发出的

1.腾髦：鬃毛飞扬；骧首：昂起头；嘘天：仰天嘘气；凌：凌越。

声音如同狗的嗥叫。它是吃人的。

穷奇，古时有神狗的名号，可驱邪、逐疫、除妖，为苍生除害，位居可追恶凶的十二神兽之列，是先民精神世界的"超级英雄"。

按郭璞注解，穷奇的外貌还有一种说法：似虎，长着刺猬一样的毛，有翅膀。郭璞为之撰写铭文：

> 穷奇之兽，厌形甚丑。
> 驰逐妖邪，莫不奔走。
> 是以一名，号曰神狗。

濛水从这里发源，向南流，注入洋水。水中有很多黄贝。

这里的"黄贝"，并不是黄色的贝壳，按郭璞注解，谓甲虫，肉如蝌蚪，有头，有尾巴。

水中还有一种鱼，名叫蠃鱼，长着鱼的身子，却有鸟的翅膀，发出的声音像鸳鸯在鸣叫。

鸳鸯鸣叫时是什么样子呢？南朝诗人徐陵在《鸳鸯赋》中有：

> 观其呀咙浮沉，轻躯瀺灂。

呀（lòng）咙（háng），意谓举首呀其音声，有视觉的动感，很形象。瀺（chán）灂（zhuó），犹在水中一沉一浮。鸳鸯在云端飞翔，水畔栖宿，在流水清渠间鸣叫，好一派恩爱景象，无怪乎我们的先民要在诗篇中对它进行吟咏和颂美。

鸳鸯鸟，雌雄偶居不离，古称"匹鸟"。"初唐四杰"之一的卢照邻在《长安古意》诗中亦有"得成比目何辞死，愿作鸳鸯不羡仙"的慨叹。

蠃鱼在哪个地方出现，那里就会发生水灾。

鸟鼠同穴山

原 文

又西二百二十里，曰鸟鼠同穴之山，其上多白虎、白玉。

渭水出焉，而东流注于河。其中多鳋（sāo）鱼，其状如鳣（zhān）鱼，动则其邑有大兵。

滥水出于其西，西流注于汉水。多𩽾（rú）𩾌（pí）之鱼，其状如覆¹铫（diào），鸟首而鱼翼鱼尾，音如磬石之声，是生珠玉。

再往西二百二十里，是鸟鼠同穴山。

鸟鼠同穴山，按郭璞注解，在陇西郡之首阳县，今天认为在甘肃渭源。鸟鼠同穴之名的由来，是此山上的鸟、鼠同处一穴：鸟名鵌²，鼠名鼵（tū）。鼵如家鼠，而尾巴稍短；鵌似燕子，而有黄色。穴入地数尺，鼠在内，鸟在外，相安无事。

鸟鼠同穴山，又称"鸟鼠山"，或作"青雀山"。

鸟鼠同穴，郭璞认为是"不然之然，难以理推"（《图赞》），今天看来则属生物学上的共生现象。两种不同的生物生活在一起，对彼此都有益有利，虽时有冲突，但最终相依为命，共同生存。不然，谓理性上和逻辑上的不相宜、不应该，但在现实世界确然如此了，由此而在"理"上不可推论。古人有古人的"理"，我们有我们的"理"，我们解释通透了，也就意味着我们向前迈进了几步。

郭璞注所言的鵌，当属雀形目鵐科，筑巢在岩石或泥土洞穴中；鼵，属松鼠科，地栖穴居。两者在荒漠地带，利用一个洞口，以共同预警或防御外敌。

山上多白虎，且多产白玉。

渭水从这里发源，然后向东流，注入黄河。水中生长着许多鳋鱼，形貌像鳣鱼。它在哪个地方出没，那里就会有大的战事发生。

鳣鱼，即鲟鳇鱼。按郭璞注解，个头大，口在颔下，体有连甲。

鳋，读音为"骚"，莫非内含骚动不安之意？神话世界中物象的命名，透过字词的音

1.覆：反覆，倒易上下。
2.鵌：同"鵌"。

和义，与现实世界之间或多或少存在着某种隐秘的感应关系。

滥水从鸟鼠同穴山的西面发源，向西流，最后注入汉水。

水中有很多絮魮鱼，形貌像翻转过来的铫，却长着鸟的脑袋，有鱼的鳍和尾巴，叫声像击磬发出的声音。它的体内能生长出珠玉。

铫，即吊子，一种有把柄、有流嘴的小型烹器。

絮魮鱼的叫声，今天或不可闻。那么，无妨先来欣赏唐代诗人吕温的《终南精舍月中闻磬声诗》，经由诗句感受大自然的神化奇异，再回转至絮魮鱼的叫声：

> 月峰禅室掩，幽磬静昏氛。
> 思入空门妙，声从觉路闻。
> 泠泠满虚壑，杳杳出寒云。
> 天籁疑难辨，霜钟谁可分。
> 偶来游法界，便欲谢人群。
> 竟夕听真响，尘心自解纷。

泠泠、杳杳，状写磬声之清越。寒夜月下，若有霜，则声传更远，品其冽，径入心怀，直可醒神定慧。

总体而言，鱼声如磬，还算是谐美平和的。例如《诗经·商颂·那》记载春秋时期宋国祭祖的场面，鼓声作响，传得深远，管乐吹起，甚为清亮，"既和且平，依我磬声"。磬声大小粗细适中，故而乐终以磬。

崦嵫山

原 文

西南三百六十里，曰崦（yān）嵫（zī）之山，其上多丹木，其叶如榖，其实大如瓜，赤符[1]（fū）而黑理，食之已瘅，可以御火。其阳多龟，其阴多玉。

苕水出焉，而西流注于海，其中多砥砺。有兽焉，其状马身而鸟翼，人面蛇尾，是好举人，名曰孰湖。有鸟焉，其状如鸮而人面，蜼（wèi）身犬尾，其名自号也，见则其邑大旱。

欲少留此灵琐兮，日忽忽其将暮。
吾令羲和弭节兮，望崦嵫而勿迫。[2]

——屈原《离骚》

屈原说自己还想在神门之前停留片刻，但天色已晚，日头慢慢偏西了。羲和神呀，把日车停下来，看到崦嵫山，不要靠近它。

崦嵫山，传说中日落的地方，山下有蒙水，水中有虞渊。

往西南三百六十里，是崦嵫山。山上多丹木，叶子像构树的叶子，结出的果实像瓜，花萼是红色的，有黑色的纹理。食用它的果实，可以医治黄疸病，还可以抗御火灾。

这里的丹木，当为槭（qì）树，叶对生，掌状分裂，秋季变为红色或黄色，结翅果，嫩时可食，产陕西、甘肃、青海等地。木质坚韧，古时用来制作牛车车轮的外围。

前文中有翼望山，那里的讙亦可医治"瘅"这种病。

山的南面有很多龟，而山的北面则多玉石。苕水从这里发源，然后向西流，注入大海。水中有很多粗细不一的磨石。

砥、砺两者，皆可磨刀用，只是用处不同。砥，质地柔软些，更精细；砺，更粗糙、刚硬，称之为旱石或悍石。锻造出一把好刀，加工成利器，砥和砺两种磨石缺一不可。

1.符：通"柎"，花萼。
2.羲和：驾御日车的神；弭：止；节：车子行驶的步调；弭节：停下车来，不往前行进；迫：迫近。

山中有一种野兽，拥有马的身子、鸟的翅膀，还长着人的面孔和蛇的尾巴，很喜欢把人举起来。这种野兽名叫孰湖。

孰湖把人举起来了，怎么放下来呢？轻轻地放下来，还是摔下来，抑或一直举着？好奇。

山中还有一种禽鸟，样子像猫头鹰，却长着人的面孔，有蜼一样的身子，拖着一条狗的尾巴。

蜼，一种长尾猴，属猕猴之类，在后文中还要多次出现。在后世的赋作中亦多有现身，例如东汉马融的《长笛赋》中有："猿蜼昼吟，鼯鼠[1]夜叫。"

它发出的叫声就像在呼叫自己的名字。它在哪个地方出现，那里就会出现大旱灾。

小结   原 文

凡西次四经自阴山以下，至于崦嵫之山，凡十九山，三千六百八十里。其神祠礼，皆用一白鸡祈。糈以稻米，白菅为席。

总计西方第四列山系，从阴山开始直到崦嵫山为止，共十九座山，途经三千六百八十里。

再次核算，经行的距离当为三千五百八十五里。

1.鼯（wú）鼠：别名"夷由"，俗称大飞鼠，外形像松鼠，生活在高山树林中，声如人呼。

祭祀诸山山神的礼制，都是以一只白鸡献祭，祀神的米用稻米，以白茅草为席。

白色，在方位上属西方，主金。既然祭祀的是西方之神，自然用白鸡、白菅。

结语 | 原 文

右西经之山[1]，凡七十七山，一万七千五百一十七里。

以上是《西山经》记载的山，共七十七座，途经一万七千五百一十七里。

根据现有经文核算，行经距离为一万七千七百一十二里。
以上《西山经》分四个次经，整体上可视为第二篇。

1.山：或作"山志"。

卷三

北山经

| 北山首经

单狐山　原 文

> 北山经之首，曰单狐之山，多机木，其上多华草。滽
> （féng）水出焉，而西流注于泑水，其中多芘石、文石。[1]

北方第一列山系的第一座山，名叫单狐山。这里有很多机木，山上还有很多华草。

机木，即楷（qī）木，一种落叶乔木。机、楷，两字为古今字。按郭璞注解，机木出自蜀中，似榆树，可烧作肥料，施用到稻田中。大诗人杜甫有《凭何十一少府邕觅栯木栽》一诗：

草堂堑[2]西无树林，非子谁复见幽心。
饱闻栯木三年大，与致溪边十亩阴。

诗人的草堂在成都。机木生长快，三年即可成材，尤其适宜在蜀地种植，诗人寄望机木早点结成大片阴凉，以便在此幽栖。北宋的苏轼在题为《送戴蒙赴成都玉局观将老焉》的诗中也写到了这种树："芋魁[3]径尺谁能尽，栯木三年已足烧。"

华草，不明其详。

滽水从这里发源，然后向西流，注入泑水。水中有很多紫色的石头和有纹理的石头。

1.芘石：或作"茈石"，即紫石；文石：有纹理的石头。两者皆为美石。
2.堑：绕城水沟。
3.芋魁：薯芋的块茎。

或以为文石，即玛瑙，有纹理、色彩绚丽的美石。

求如山

原　文

又北二百五十里，曰求如之山，其上多铜，其下多玉，无草木。

滑水出焉，而西流注于诸毗之水。其中多滑鱼，其状如鳝（shàn），赤背，其音如梧，食之已疣。其中多水马，其状如马，文臂[1]牛尾，其音如呼。

再往北二百五十里，是求如山。山上蕴藏有丰富的铜矿，山下则盛产玉石，无花草树木在这里生长。

滑水从这里发源，然后向西流，注入诸毗水。水中有很多滑鱼，状貌像鳝，却有红色的脊背。

鳝，即鳝鱼，似蛇而无鳞，黄色有黑斑，俗称黄鳝，肉味鲜美。

滑鱼发出的声音如“梧”。

梧，本义指梧桐树，因可制成棺，又称槥（chèn）树。

古人以梧桐为材制琴瑟，由此“梧”亦可代称琴瑟。《庄子·齐物论》有“惠子之据梧”，这里的“梧”，有注者认为是琴，琴瑟。[2]

如梧，是不是就是说滑鱼其音其声，如琴瑟之响呢？不是不可能。当然更是寄望如此，正如嵇康所言，“众器之中，琴德最优”（《琴赋》小序）。丝、桐合而为琴，发出一种高妙的太古音声：“泠泠七弦遍，万木澄幽阴。能使江月白，又令江水深。”

1.臂：这里指马的前腿。
2.当然，“梧”可理解为梧桐树，亦可训释为以梧桐木制成的用来倚靠的几器。例如唐代成玄英认为，检阅典籍，并无惠子善琴的记载，由此，“据梧者，止是以梧几而据之谈说”。

（唐·常建《江上琴兴》）

如此训释，由"梧"而"琴"，太过迂曲。

梧，枝梧，亦作"支吾"，指言语含混躲闪。

想象一下，鱼浮出水面时，发出咕哝咕哝的声响，像人在支支吾吾地说话，似更合乎前后文的意境，虽然这样少了期待中的讶异感。

食用滑鱼的肉，可以医治疣病。

疣，赘肉，赘瘤，人体之表的一种赘生物。

水中还生长有很多水马，模样与一般的马相似，但前腿上长有花纹，还拖着一条牛的尾巴，发出的声音如"呼"。

水马，在郭璞看来是"龙精"所化，又出自"水类"（《图赞》）。按《史记·乐书》记载，汉武帝时曾在敦煌渥洼水中得神马，被视为一种圣王受命的灵瑞。

呼，按郭璞注解，谓人在呼唤、呼叫。人的呼唤声，稍显宽泛。清代学者郝懿行认为，此"呼"应指马的叱咤之声。既然为水马，发出常见的马喷鼻子的声响，或嘶鸣之声，在文意表达上似更具体、更切近些。

唐代诗人卢纶在《送韦判官得雨中山》一诗中有言：

前峰后岭碧濛濛，草拥惊泉树带风。

人语马嘶听不得，更堪长路在云中。

今天读《山海经》，即如穿行在古今风雨中，峰岭高峻，晦暝茫然：人语？马嘶？

其实，两者皆可。

长路还在云中，我们继续策马前行，读书赶路。

带山

原 文

又北三百里，曰带山，其上多玉，其下多青碧。

有兽焉，其状如马，一角有错，其名曰臒（huān）疏，可以辟火。有鸟焉，其状如乌，五采而赤文，名曰鵸鵌，是自为牝牡，食之不疽[1]。

彭水出焉，而西流注于芘湖之水，其中多儵[2]（tiáo）鱼，其状如鸡而赤毛，三尾六足四首[3]，其音如鹊，食之可以已忧。

再往北三百里，是带山。山上盛产玉石，山下则盛产青碧。

山中有一种野兽，样子像马，却长有一只角而有"错"，名叫臒疏。

错，甲错，谓甲的表面粗糙不平。按郭璞注解，错，或作"厝"。厝，厉石，即《诗经·小雅·鹤鸣》中"他山之石，可以为厝"的"厝"，指可用来琢玉的石头。

角有错，谓角质粗硬不平，有如磨石一般。

人饲养了臒疏，可以抗御火灾。

古人称之为"厌（yā）火兽"。厌，有压制、驱避之义。

山中有一种禽鸟，样子像乌鸦，但浑身是五彩羽毛，且有赤红色的斑纹，名叫鵸鵌。这种鸟是雌雄同体的。食用它的肉，能使人不患毒疮。

彭水从这里发源，然后向西流，注入芘湖水。水中有很多儵鱼，样子像鸡，却长着红色的羽毛，还有三条尾巴、六只脚、四只眼睛，叫声很像喜鹊的鸣叫声。食用它的肉，能使人无忧无虑。

1.疽：局部皮肤肿胀坚硬的毒疮。
2.儵：通"鲦"，一种小鱼。
3.四首：或作"四目"。

《诗经·卫风·伯兮》中有："焉得谖草，言树之背。"[1]谖草，即萱草，别名忘忧草。何处能得到它呀？种植在北堂那里。这里的儵鱼可以"已忧"，让人长精神，谁又能抓到它呢？

谯明山

原文

又北四百里，曰谯明之山，谯水出焉，西流注于河。其中多何罗之鱼，一首而十身，其音如吠犬，食之已痈。

有兽焉，其状如貆[2]而赤毫，其音如榴榴，名曰孟槐，可以御凶。

是山也，无草木，多青雄黄[3]。

再往北四百里，是谯明山。谯水从这里发源，向西流，注入黄河。水中生活着很多何罗鱼，它长有一个脑袋、十个身子，发出的声音像狗叫。食用它的肉，可以医治痈肿病。

山中有一种野兽，状貌像豪猪，却长着赤红色的毫毛，叫声如同猫的叫声。这种野兽名叫孟槐。

榴榴，《西山经》的阴山中的怪兽天狗也发出这样的声音。还有学者提出，榴榴也是一种兽类，但拿不出什么证据，聊备一说。

饲养孟槐，可以抗御凶邪。

人心无不祈愿避祸就福。禽鸟野兽在营建自己的巢穴时，坐卧行止，同样本能地避凶从吉。与孟槐这样的兽类在一起，人类或可与之形成生存意义上的共同体，纵浪大化，行协同之道。

1.焉：何，何处；言：而，乃；树：种植；背：通"北"，指北面的屋子，即北堂。
2.貆：豪猪。
3.青雄黄：一作"青碧"。

这座山上没有花草树木，盛产青雄黄。

涿光山　原　文

又北三百五十里，曰涿光之山，嚣水出焉，而西流注于河。其中多鰼（xí）鰼之鱼，其状如鹊而十翼，鳞皆在羽端，其音如鹊，可以御火，食之不痹。

其上多松柏，其下多棕橿，其兽多麢羊，其鸟多蕃。

再往北三百五十里，是涿光山。嚣水从这里发源，然后向西流，注入黄河。

水中生长着很多鰼鰼鱼，样子像喜鹊，却长有十只翅膀，鳞甲全长在羽翅的尖端，发出的声音与喜鹊的叫声相似。

前文中的儵鱼和这里的鰼鰼鱼，发出的音声相似，都像喜鹊叫。本书的起点《南山首经》的第一座山，它的名字中就有"鹊"（䧿）。鹊，羽色黑褐，有紫色光泽，肩腹为白色，喙尖，尾长，叫声喳喳。民间以鹊叫为吉兆，故名喜鹊。

水里游的鱼，如何在状貌上"像"天上飞的、树上筑巢的喜鹊？这的确需要我们"构思"一下。有学者认为鰼鰼鱼即今天的泥鳅，泥鳅有口须五对，可对应经文中的"十翼"。以今天的"物"穿越时空去对应远古的"象"，并且是扭曲的，甚至是折叠后皱皱巴巴的意念之象，我们可以去尝试，但允当妥帖确实有难度，或许这就是异闻传说的魅力。

饲养鰼鰼鱼，可以抗御火灾。食用它的肉，能医治黄疸病。

山上到处是松树和柏树，而山下则到处是棕树和橿树。山中的野兽以羚羊居多，禽鸟则以蕃鸟为主。

蕃，不详为何鸟，按郭璞注解，很有可能指的是鸮，即猫头鹰。

虢山

又北三百八十里，曰虢（guó）山，其上多漆，其下多桐椐（jū）。其阳多玉，其阴多铁。

伊水出焉，西流注于河。其兽多橐驼，其鸟多寓[1]，状如鼠而鸟翼，其音如羊，可以御兵。

又北四百里，至于虢山之尾，其上多玉而无石。鱼水出焉，西流注于河，其中多文贝。

再往北三百八十里，是虢山。

山上多漆树，山下多桐树和椐树。山的南面多产玉石，山的北面盛产铁。

桐，树名，落叶乔木，叶大，开白色或紫色花，以之为木材可制作琴、船、箱等。《孟子·告子上》云："拱把之桐梓，人苟欲生之，皆知所以养之者。"把，一手可把之；拱，合两手把之。对还不算大的一两把粗的桐树或梓树，人若想让它成长起来，都是知道去培养它的。从孟子的比喻来看，桐树、梓树都属先民尤其珍爱的树种。

椐，树名，即灵寿树，树干多生长肿节，古人用来制马鞭及拐杖。

伊水从这里发源，向西流，注入黄河。

山中的野兽以骆驼居多，而禽鸟则大多是寓鸟。这种鸟的样子与一般的老鼠相似，却长着鸟的翅膀，发出的声音像羊叫。饲养它，可以抗御兵器的伤害。

再往北四百里，便到了虢山的尾端，山上到处是美玉，却没有石头。

鱼水从这里发源，向西流，注入黄河。水中有很多花纹斑斓的贝类。

1.寓：当为蝙蝠之类。

丹熏山

原 文

又北二百里，曰丹熏之山，其上多樗柏，其草多韭䪥（xiè），多丹雘。熏水出焉，而西流注于棠水。

有兽焉，其状如鼠，而菟[1]首麋身[2]，其音如嗥犬，以其尾飞，名曰耳鼠，食之不脬[3]（cǎi），又可以御百[4]毒。

再往北二百里，是丹熏山，山上多是臭椿树和柏树，长的草则多是野韭菜和野薤菜。这里还盛产丹雘。

韭，韭菜，在前文中已作为喻体，比喻说明招摇山的祝余草、石脆山的条草："其状如韭。"韭的形状可谓"见字如面"。韭，篆文作𜐤，上面像韭菜的茎和叶，下面的一横像地，全据韭菜之外形造字。注意"韭"的读音，"一种而久者，故谓之韭"（《说文》）。一旦种下，就可长久地生长，人们方才可以一茬一茬地割韭菜，真是"一畦春雨足，翠发剪还生"（宋·刘子翚《园蔬十咏·韭》）。

䪥，同"薤"，即藠头，多年生草本植物，叶子细长中空，类葱，花紫色，地下有狭卵形鳞茎，类蒜，鳞茎和嫩叶可食用。薤，似韭，但不甚荤，古人有"脂用葱，膏用薤"之说。膏，犬、豕之属；脂，羊、牛、麋鹿之类。物各有所宜，不可胡乱搭配，如果以薤和牛羊肉搭配起来食用，则会得腹中结块的病。

这里的韭和薤，郭璞注解特意提醒了，皆为山菜，即野生的、长在山上的。

熏水从这里发源，然后向西流，注入棠水。

山中有一种野兽，样子像老鼠，却长着兔子的脑袋、麋鹿的耳朵，发出的声音如同狗的嗥叫。这种野兽用尾巴来飞行，名叫耳鼠。

兔子并不难见到，有野兔，还有家养的兔子。《诗经·小雅·巧言》把爱进谗言的人比作上蹿下跳的狡兔："跃跃毚[5]兔，遇犬获之。"跳着走、腾跃跑的狡猾的兔子遇到了

1.菟：通"兔"。

2.麋身：应作"麋耳"。

3.脬：鼓胀，大肚子病。

4.百：这里表示多的意思，非实指。

5.毚（chán）：狡兔。

更厉害的狗，一定会被抓住。如此，坏话也就不再毁伤他人。

尾飞，或作"髯飞"。髯，两颊的胡须。

兽用腿足在地上行走，鸟用羽翅在天上飞翔。耳鼠的飞行姿态，或是翘起尾巴，或是仰起脸颊的髯，用郭璞在《图赞》中的话说就是：奇哉耳鼠！

人们食用了耳鼠的肉，可不生大肚子病，还可抗御百毒侵害。

石者山　原 文

又北二百八十里，曰石者之山，其上无草木，多瑶碧。泚水出焉，西流注于河。有兽焉，其状如豹，而文题白身，名曰孟极，是善伏[1]，其鸣自呼。

再往北二百八十里，是石者山，山上无花草树木，却多瑶、碧之类的美玉。泚水从这里发源，向西流，最后注入黄河。

这里有一种野兽，状貌像豹子。

"文题"中的"文"，通"纹"，这里指野兽的皮毛因颜色错杂而呈现出花纹斑点。"题"字，始见于篆文𩏼，从页，表与人的头部颜面相关；是，表音读。《说文》："题，额也。"本义为额头、前额。文题，即谓额头上有花纹。

这种野兽的额头上长有斑纹，而身子是白色的，名叫孟极。它善于伏身隐藏，叫声就像在呼叫自己的名字。

1.伏：伏身隐藏。

边春山

原文

又北百一十里，曰边春之山，多葱[1]、葵、韭、桃[2]、李。

杠水出焉，而西流注于泑泽。有兽焉，其状如禺而文身，善笑，见人则卧，名曰幽鴳[3]，其鸣自呼。

再往北一百一十里，是边春山，这里到处是野葱、葵菜、野韭菜、野桃树和李树。

李树，落叶小乔木。李树的果实称李子，长熟时呈黄色或紫红色，可食，果味酸甜。桃李不言，下自成蹊。果实好吃，人们自然愿意去亲近之。《西山经》的昆仑山中有沙棠，“味如李而无核”。看来，结撰《山经》的人，对李子的味道想必是品尝过的。

杠水从这里发源，然后向西流，注入泑泽。

山中有一种野兽，样子像猿猴，身上满是花纹，喜欢笑，一看见人就“卧”。

卧，汉时写作，会意字，以人之目低垂表休息之意。这里需要强调一下，字中的“臣”形，乃是目之象形，和君臣之臣无关。《说文》：“卧，休也。”

这里的“卧”，即如郭璞注所言，谓假装睡觉。这在今天看来是动物的一种生活习性、生存技能，但古人往往看不上，认为这是把愚昧、愚妄当成了智慧和谋略，即所谓的“好用小慧，终是婴系”[4]（《图赞》）。

这种野兽名叫幽鴳，它的叫声就像在呼叫自己的名字。

1.葱：山葱。
2.桃：山桃，又名榹（sī）桃、毛桃，一种野果木。
3.幽鴳：应作“幽頞”，或作“嬻（dú）獪（huì）”。
4.婴：通“缨”，拘系人的绳子；系：捆缚。

蔓联山

原　文

又北二百里，曰蔓（wàn）联之山，其上无草木。

有兽焉，其状如禺而有鬣，牛尾、文臂、马蹄，见人则呼，名曰足訾（zī），其鸣自呼。有鸟焉，群居而朋飞，其毛[1]如雌雉，名曰䴔，其鸣自呼，食之已风。

再往北二百里，是蔓联山，山上无花草树木生长。

这里有一种野兽，样貌像猿猴，却"有鬣"，还长着牛的尾巴、遍布花纹的双臂和马的蹄子，一见到人就呼叫。这种野兽名叫足訾。

鬣，从髟，巤声。巤，金文作 🔲🔲，战国楚简帛文写作 🔲，篆书作 🔲，很明显是一个象形字，兽头颈上有毛形，一般都很粗硬，直直的。凡软而下垂的，则不称之为鬣。

有鬣，即谓足訾的头颈处长有鬣毛。

足訾的鸣叫声就像在呼叫自己的名字。

这里还有一种禽鸟，它们成群地栖居，"朋飞"。

朋，按郭璞注解，犹辈也。朋辈，即意味着物以类聚，它们有自己"志同道合"的鸟友。"朋"之甲骨文作 🔲，金文作 🔲，像两串贝系挂在一起；战国秦简写作 🔲。本义为货币单位，五贝为一系，两系为一朋，或以五贝为一朋。这里引申为群、群聚之义。

这些鸟儿喜好呼朋唤友，结伴一起飞，"飞则笼日，集则蔽野"（《图赞》）。

这种鸟的尾巴与雌野鸡的尾巴很相似，名叫䴔。

雌雉，即雌性野鸡，相较雄雉而言，非但羽毛色泽逊了一筹，而且尾较短，不那么威风凛凛。

䴔鸟的鸣叫声就像在呼叫自己的名字。食用它的肉，能治好风痹。

1.毛：或当作"尾"。

单张山

又北百八十里，曰单张之山，其上无草木。

有兽焉，其状如豹而长尾，人首而牛耳，一目，名曰诸犍（jiān），善咤（zhà），行则衔其尾，居则蟠[1]其尾。有鸟焉，其状如雉，而文首、白翼、黄足，名曰白鵺（yè），食之已嗌[2]（yì）痛，可以已瘛[3]（chì）。

栎水出焉，而南流注于杠水。

再往北一百八十里，是单张山，山上无花草树木生长。

这里有一种野兽，样貌像豹子，却拖着一条长长的尾巴，长着人的脑袋、牛的耳朵，只有一只眼睛，名叫诸犍。

这种野兽有一个特点："善咤"。

善，易，喜好；咤，喷，这里谓在奔走时发出呼哧呼哧的声响。与此相类的，是前文求如山的水马——"其音如呼"。《穆天子传》卷五中记载有歌辞：

　　黄之池，其马歕沙，皇人威仪；
　　黄之泽，其马歕玉，皇人寿谷。[4]

黄池之上，众马喷气如沙、如玉，帝王亲族的人都威风凛凛，福寿绵长。这里的歕（pēn），同"喷"，喷射。《说文》："吒，喷也。"前后文联系起来，"呼""咤"都在表达兽类呼吸喘气时发出的声响。

诸犍在行走时用嘴衔着自己的尾巴，卧睡时则将尾巴盘蜷起来。

山中有一种禽鸟，样子像野鸡，却长着有花纹的脑袋、白色的翅膀和黄色的足爪，名叫白鵺。食用它的肉，可医治咽喉疼痛的病，还可以治疗疯癫病。

1.蟠：盘曲而伏。
2.嗌：咽喉。
3.瘛：痴病，痴呆，不慧。
4.黄之池、黄之泽：皆指黄池；威仪：庄重的仪容举止；谷：福，善。

枺水从这里发源，然后向南流，注入杠水。

灌题山

原文

又北三百二十里，曰灌题之山，其上多樗柘（zhè），其下多流沙，多砥。

有兽焉，其状如牛而白尾，其音如訆[1]（jiào），名曰那父。有鸟焉，其状如雌雉而人面，见人则跃，名曰竦（sǒng）斯，其鸣自呼也。

匠韩之水出焉，而西流注于泑泽，其中多磁石[2]。

再往北三百二十里，是灌题山。山上有很多臭椿树和柘树，山下则到处是流沙，还多产磨石。

这里的"流沙"，当是对沙漠的形象表述。《说文》："漠，北方流沙也。"沙漠之地，沙大多是流动的，风起则扬沙，尘埃弥漫，与中原及周边地区的大山大丘不同。《周易》的艮卦☶，卦名"艮"有静止之义，象山之安止不动。

山中有一种野兽，模样像牛，却拖着一条白色的尾巴，发出的声音如同人在高声呼唤，名叫那父。
山中还有一种禽鸟，形貌像一般的雌野鸡，却长着人的面孔。

雌雉，和雄雉相比，在体格上略小，尤其是尾巴短，给人以秃尾巴的感觉。
先民在歌咏起兴时，更偏爱雄性野鸡，例如《诗经》中即有名为《雄雉》的诗章作品："雄雉于飞，泄泄其羽。"雄雉拖曳着修长的尾巴，视觉上更具美感。

1.訆：大呼。
2.磁石：俗称吸铁石。

雌性野鸡，翅羽呈淡黄褐色，与雄性野鸡华丽的羽毛形成鲜明的差异。前文中的鹒鸟，"其毛（尾）如雌雉"，主要是说鹒鸟的羽色不华美鲜丽，或者尾巴短短的。

这种鸟一看见人就跳跃，名叫辣斯。它鸣叫的声音就像在呼叫自己的名字。

匠韩水从这里发源，然后向西流，注入泑泽。水中多产磁铁石。

儿时没有什么玩具，就用吸铁石在沙堆里"收集"铁屑，然后把铁屑放在一张白纸上，吸铁石置于纸下，慢慢晃动，就可以"指挥"铁屑把舞蹈跳起来。的确，磁石能吸铁，琥珀摩擦一下能拾取轻微之物，怎能不让人好奇，怎能不让人意外？古人的解释，今天看来不清不楚，只能归之于"气""数"，但也算是一种解释：

磁石吸铁，琥珀取芥。
气有潜通，数亦冥会。
物之相感，出乎意外。

——郭璞《图赞》

潘侯山

原　文

又北二百里，曰潘侯之山，其上多松柏，其下多榛楛，其阳多玉，其阴多铁。有兽焉，其状如牛，而四节[1]生毛，名曰旄牛。

边水出焉，而南流注于栎泽。

再往北二百里，是潘侯山。山上多是松树和柏树，山下多是榛树和楛树。山的南面多产玉石，山的北面则蕴藏着丰富的铁矿。

这里有一种野兽，样子像一般的牛，但四条腿的关节处都长有长长的毛，名叫旄牛。

1.四节：谓四肢的关节处。

旄牛，即牦牛，按郭璞注解，背膝及胡尾皆有长毛。牦牛不但能驮物，肉可供食用，身上的长毛还可装饰在军旗和战鼓上。正因其有大用，郭璞感慨说："匪（非）肉致灾，亦毛之招。"（《图赞》）

边水从这里发源，然后向南流，注入栎泽。

小咸山

原文

又北二百三十里，曰小咸之山，无草木，冬夏有雪。

再往北二百三十里，是小咸山。这里无花草树木生长，无论冬夏都有积雪。

冬夏皆有雪，说明此山的海拔已经相当可观，温度低，天气寒冷。

大咸山

原文

北二百八十里，曰大咸之山，无草木，其下多玉。

是山也，四方，不可以上。有蛇名曰长蛇，其毛如彘豪，其音如鼓[1]柝[2]（tuò）。

往北二百八十里，是大咸山，这里不生长花草树木，山下则盛产玉石。

这座山为四方形，山势很险峻，人不能攀缘而上。山中有一种蛇，名叫长蛇。

1.鼓：敲击。
2.柝：古时巡夜敲击的木梆子。

名为长蛇，必定以长度著称。按郭璞注解，有人认为此蛇长百寻。一寻为八尺，西汉时的一尺约为零点二三米，由此可大致估算出这种蛇的长度为两百米左右。想一下，这么长的大蛇，让人不寒而栗，又是谁前去丈量的呢？长蛇之长，当是恐惧之下的估算。

长蛇身上长有长毛，与猪的鬃毛相似。它发出的叫声好像人敲击木梆子的声音。

即使对蛇的长度打些折扣，对长蛇、怪蛇的畏惧心理，也一直都在。难怪郭璞把它想象为吞噬一切飞禽走兽的恶毒之物："极物之恶，尽毒之厉。"（《图赞》）

敦薨山

原　文

又北三百二十里，曰敦薨（hōng）之山，其上多棕枏，其下多茈草。

敦薨之水出焉，而西流注于泑泽。出于昆仑之东北隅，实惟河原[1]。其中多赤鲑（guī）。其兽多兕、旄牛[2]，其鸟多鸤（shī）鸠。

再往北三百二十里，是敦薨山。山上多棕树和楠树，山下则多紫草。

敦薨水从这里发源，然后向西流，注入泑泽。此水出自昆仑山的东北角，确实就是黄河的源头。

梳理古人对黄河之源的记载，河出昆仑，属整体性认知。敦薨水注入泑泽，泑泽又在昆仑之上，而敦薨山在昆仑之东，故而言向西流。水又西出昆仑的东北角，与黄河之水汇合，故而亦称黄河之源。

1.原：同"源"。
2.旄牛：或作"朴牛"，即大牛。

水中有很多红色的鲑鱼。

鲑鱼，按郭璞注解，今名鯸（hóu）鲐（tái），即河豚。

这里的野兽以㽄、牦牛为多，而禽鸟则大多是鸤鸠鸟。

鸤鸠，即尸鸠，布谷鸟。《诗经·曹风·鸤鸠》："鸤鸠在桑，其子七兮。"古人认为鸤鸠在喂养七子时，朝从上到下，暮则从下到上，讲求公平和平均，后世以之作为君以仁德待下的典实。

还有学者认为此鸟即以动物尸体为食的秃鹫。

少咸山

又北二百里，曰少咸之山，无草木，多青碧。有兽焉，其状如牛，而赤身、人面、马足，名曰窫窳，其音如婴儿，是食人。

敦水出焉，东流注于雁门之水，其中多鮨（bèi）鮨之鱼，食之杀人。

再往北二百里，是少咸山，山上无花草树木生长，而多青碧。

山中有一种野兽，样子像牛，却长着红色的身子、人的面孔和马的蹄子，名叫窫窳。

在后文的《海内南经》和《海内西经》中，还会出现窫窳，名称相同，但状貌各不相同。怪物的世界也讲求个性，各有各的"怪"。

窫窳发出的声音如同婴儿的啼哭声，它是能吃人的。

敦水从这里发源，向东流，注入雁门水。水中生长着很多鮨鮨鱼，人食用了它的肉，

就会中毒而死。

《说文》："鮼，鱼名，出乐浪潘国。"乐浪郡，汉武帝元封三年（前一〇八年）置，治所在今朝鲜平壤市南，潘国为治下地名。又，按明代的《本草纲目·鳞部》记载：

> 《北山经》名鮼鱼。……状如蝌蚪，大者尺余，背色青白，有黄缕文，无鳞无鳃无胆，腹下白而不光。……吴人言其血有毒，脂令舌麻，子令腹胀，眼令目花。

这里来看，鮼鮼鱼或即河豚。的确，有些鱼看着肥美，但并不能食用。例如《太平御览》引用魏武帝曹操的《四时食制》说，有一种鯫（zǎo）鱼，黑色，大小与百斤左右的猪差不多，其肉黄肥，却不可食。

这里讲的鯫鱼，与下面即将出场的"鯷鱼"不是一物。

狱法山 | 原 文

> 又北二百里，曰狱法之山。瀤（huái）泽之水出焉，而东北流注于泰泽。其中多鯷鱼，其状如鲤而鸡足，食之已疣。
>
> 有兽焉，其状如犬而人面，善投，见人则笑，其名山𤟤（huī），其行如风[1]，见则天下大风。

再往北二百里，是狱法山。

瀤泽水从这里发源，然后向东北流，注入泰泽。水中生长着很多鯷鱼，样子像一般的鲤鱼，却长着鸡的爪子。食用它的肉，可医治赘瘤病。

山中有一种野兽，模样像狗，却长着人的面孔，擅长投掷，看见人就笑。这种野兽名叫山𤟤。

1.如风：是说动作快，疾。

这里的山狷，和《西次三经》的崇吾山中的举父有几分相像。

山狷行走起来如风一样迅捷，它一出现，天下就会刮起大风。

山狷行走很快，郭璞在《图赞》中将其比方为射出的箭，是大风的征兆，由此称之为"气精"。

北岳山

原文

又北二百里，曰北岳之山，多枳棘、刚木。有兽焉，其状如牛，而四角、人目、彘耳，其名曰诸怀，其音如鸣雁，是食人。

诸怀之水出焉，而西流注于嚣水，其中多鮨（yì）鱼，鱼身而犬首，其音如婴儿，食之已狂[1]。

再往北二百里，是北岳山，这里多枳树、酸枣树，还有檀树、柘树之类的材质刚硬的树木。

这里有一种野兽，样子像牛，却长着四只角，还有人的眼睛、猪的耳朵，名叫诸怀。它发出的声音如同大雁的鸣叫声，是能吃人的。

《西山经》中的穷奇，声如狗叫，而这里的诸怀，则声如飞雁鸣啼。结撰者在以习见的近物，喻写在远方的怪异之物——两者皆可食人。

驴鸣、鸡叫、犬吠，这些是再寻常不过的乡居之声，有时甚至会让人觉得聒耳，心烦意乱。但这就是老百姓的生活，有此音声，则意味着相安无事，安居乐业。从老子的"鸡犬之声相闻"，到《孟子·公孙丑上》所言的"鸡鸣狗吠相闻，而达乎四境，而齐有其民矣"，都在以音声传递一种政治哲学。

1.狂：这里谓人神经错乱，精神失常。

大雁是候鸟，知时，守信，随阳而处，在秋风起时开始南征，其鸣叫声在不经意间即拨动了文人雅士的心弦："嗷嗷鸣雁鸣且飞，穷秋南去春北归。去寒就暖识所依，天长地阔栖息稀。风霜酸苦稻粱微，毛羽摧落身不肥。"（唐·韩愈《鸣雁》）

诸怀水从这里发源，然后向西流，注入嚣水。

水中有很多鮨鱼，长着鱼的身子、狗的脑袋，发出的声音如同婴儿的啼哭声。食用了它的肉，可医治疯癫病。

这里描述的鮨鱼，很像海狗。郭璞注解说："今海中有虎鹿鱼及海豨（xī），体皆如鱼而头似虎鹿猪，此其类也。"海狗或海豹的雄性外生殖器，传统中医称之为腽肭脐，咸，热，入肾经。据载，腽肭兽（海狗）可治疗惊狂痫疾。

浑夕山 | 原 文

> 又北百八十里，曰浑夕之山，无草木，多铜玉。嚣水出焉，而西北流注于海。有蛇，一首两身，名曰肥遗，见则其国大旱。

再往北一百八十里，是浑夕山，这里无花草树木生长，但多产铜和玉石。

嚣水从这里发源，然后向西北流，注入大海。

江河之水朝西北方向流淌，在中原地区看来，那是遥远的漠北以外的事。文人骚客笔下叙写的大都还是"去复去兮如长河，东流赴海无回波"（唐·白居易《浩歌行》）。

这里有一种蛇，长着一个脑袋、两个身子，名叫肥遗。它在哪个国家出现，那里就会发生大旱灾。

《管子·水地》篇记载："蟡（guǐ）者，一头而两身，其形若蛇，其长八尺，以其名呼之，可使取鱼鳖。"蝺，是"涸泽之精""涸川水之精"。涸泽涸水，意谓能使川泽之水干枯，如此自然就可以轻轻松松地抓到河泽中的鱼鳖了。

肥遗，与蝺相类。天不下雨，莫非就是这种能把水流摄伏住，使之干涸的精怪在发威？

前文《西山经》的英山中有鸟，其名曰肥遗。这属于一鸟一蛇的同名现象。

北单山　｜　原　文

> 又北五十里，曰北单之山，无草木，多葱韭。

再往北五十里，是北单山。这里不生长花草树木，却有很多野葱和野韭菜。

黑差山　｜　原　文

> 又北百里，曰黑差之山，无草木，多马。

再往北一百里，是黑差山。这里无花草树木，却有很多小个头的野马。

从地理范围来看，这种马当出自塞外，按郭璞注解，为野马，与一般的马相似，但形体略小。

北鲜山

原 文

又北百八十里，曰北鲜之山，是多马。鲜水出焉，而西北流注于涂吾之水。

再往北一百八十里，是北鲜山，这里有很多小个头的野马。

鲜水从这里发源，然后向西北流，注入涂吾水。

隄山

原 文

又北百七十里，曰隄（dī）山，多马。有兽焉，其状如豹而文首，名曰狕（yǎo）。隄水出焉，而东流注于泰泽，其中多龙龟[1]。

再往北一百七十里，是隄山，这里有许多小个头的野马。

山中有一种野兽，模样像豹子，脑袋上有花纹，名叫狕。

隄水从这座山发源，然后向东流，注入泰泽。水中有很多龙龟。

这里的"龙龟"，在形象上或与北方之神——玄武有关。玄武，其形为龟，或龟蛇合体，后为道教所信奉，称玄武大帝，其像披发、黑衣、仗剑，踏龟蛇，从者执黑旗。

1.龙龟：或以为龙、龟为二物，龙为河流湖泽中的大型动物，与龟有别；或以为龙龟是一物，是龙，而为龟身。

小结

原 文

凡北山经之首，自单狐之山至于隄山，凡二十五山，五千四百九十里。其神皆人面蛇身。其祠之，毛用一雄鸡彘瘗，吉玉用一珪，瘗而不糈。其山北人，皆生食不火之物。

总计北方第一列山系之首尾，自单狐山起到隄山为止，共二十五座山，途经五千四百九十里。

再次核算从头到尾的距离，当为五千六百八十里。

诸山的山神都是人的面孔、蛇的身子。祭祀山神的礼制是，把毛物中用作祭品的一只公鸡和一头猪埋入地下，祀神的吉玉用一块珪，只是埋入地下，而不用精米来祭祀。

住在诸山北面的人，都生吃未经炙烤烹煮的食物。

这里的记载很珍贵。从茹毛饮血到烹炸煎炒，从"不火之物"到人手一个保温杯，居今识古，回首往昔可勾勒出一条脉络来。洪荒远去，但不该被遗忘。

北次二经

管涔山

原 文

北次二经之首，在河之东，其首枕汾，其名曰管涔（cén）之山。其上无木而多草，其下多玉。汾水出焉，而西流注于河。

北方第二列山系的第一座山，坐落于黄河的东岸，山的首端枕着汾水，山名叫管涔山。

枕，本义为枕头，例如《诗经·陈风·泽陂》有："寤寐无为，辗转伏枕。"用作动词时，是以头枕物，引申为临近、靠近。以这个字眼叙述地域山川，化大为小，很具象，很贴切。

管涔山"枕"着汾水，也就是说此山临近大河，又不失其高。

既然是《山经》，叙写皆从山入手，这里悄然出现了变化：以黄河标示大体位置，以"枕"字描述与汾水相近。由"水"逐步过渡到绵延的大山，再到具体的山头。

山上没有树木，却到处是茂密的花草，山下则多产玉石。

汾水从这里发源，然后向西流，注入黄河。

少阳山 | 原 文

> 又西[1]二百五十里，曰少阳之山，其上多玉，其下多赤银。酸水出焉，而东流注于汾水，其中多美赭。

再往北二百五十里，是少阳山，山上盛产玉石，山下盛产赤银。

赤银，按郭璞注解，谓银之精也，也就是精纯的银子。这里指天然含银量很高的优质银矿石。

现在我们来梳理一下"赤"字的来龙去脉，以便更好地理解"赤银"可能的义涵。"赤"之甲骨文作 ♨ ♨，金文作 杢 杢，上从大，下从火，会意——以火大则其色赤红，战国秦简写作 夾，篆文作 夾，亦然。从隶书 赤 赤 到楷书，上"大"逐渐成为"土"，"火"不再像"火"字。《说文》："赤，南方色也，从大从火。"[2]赤，为盛阳之色。这里的"赤"，不仅表示一种颜色（色浅曰赤，色深曰朱），且散发着一种高纯度的光芒。例如《周礼·考工记·弓人》记载有："鹿胶青白，马胶赤白，牛胶火赤。"赤白，浅红色；火赤，正如孙诒让《正义》所言，"牛胶火赤者，谓纯赤如火也"。

清代学者郝懿行在"赤银"郭璞注后加了按语，进一步阐释：

> 《穆天子传》有"烛银"，郭注云："银有精光如烛。"疑即此。

关于烛银，初唐诗人杨炯在《和刘长史答十九兄》诗中亦有："宫徵谐鸣石，光辉掩烛银。"除了烛银，后世还把亮晶晶的银子表达为"精银""花银"等，精当地把握住了这种贵金属的光芒，表达出了目击者内心的激荡喜悦，形象且到位。

酸水从这里发源，然后向东流，注入汾水。水中有很多优质的赭石。

赭石，一种含铁矿物，由氧化铁或含氧化铁、氧化锰等矿物的黏土构成。古人总结经验，认为山上有赭石的话，其下则有铁。今天来看，美赭的主要化学成分为三氧化二铁（Fe_2O_3），的确与铁矿存在着共生关系。

1.西：应作"北"。
2.按传统的五行之说，南方属火，故而以赤为南方之色。

县雍山

原　文

又北五十里，曰县雍之山，其上多玉，其下多铜，其兽多闾（lú）麋[1]，其鸟多白翟[2]白鵺[3]（yǒu）。

晋水出焉，而东南流注于汾水。其中多鮆鱼，其状如儵而赤鳞[4]，其音如叱，食之不骄。

再往北五十里，是县雍山。山上有丰富的玉石，山下多产铜，山中的野兽大多是山驴和麋鹿。

闾，兽名，即羭，按郭璞注解，似驴而歧蹄，有像羚羊一样的角，又名山驴。山驴的一大特点是爱在山崖险峻之地跳跃前行。后文还会叙及。

这里的禽鸟以白色的野鸡和白翰鸟居多。

晋水从这里发源，然后向东南流，注入汾水。水中生长着很多鮆鱼，形貌像儵鱼，却长着红色的鳞甲，鸣叫的声音如同人的斥责之声。食用了它的肉，可使人体不再散发骚臭气味。

骄，按郭璞注解，或作"骚"，狐骚（臊）臭，腋下汗液有特殊臭味，传统中医认为由湿热郁结于腠理汗孔或遗传所致。

"微哉鮆鱼，食则不骄（骚）"（《图赞》），小鱼有此大用，究其根源在于先民相信物与物之间有感应感通的特质和能力。

1.麋：麋鹿。
2.白翟：白色的长尾山雉。
3.白鵺：按郭璞注解，即白鵫，白翰雉。
4.鳞：通"鳞"。

狐岐山

原 文

又北二百里，曰狐岐之山，无草木，多青碧。胜水出焉，而东北流注于汾水，其中多苍玉。

再往北二百里，是狐岐山。这里无花草树木生长，多产青碧。胜水从这里发源，然后向东北流，注入汾水。水中有很多青色的玉石。

白沙山

原 文

又北三百五十里，曰白沙山，广员三百里，尽沙也，无草木鸟兽。鲔（wěi）水出于其上，潜于其下，是多白玉。

再往北三百五十里，是白沙山，方圆三百里，全都是沙子，无花草树木和禽鸟野兽。鲔水从白沙山的山顶发源，然后潜流到山脚下。水中有很多白玉。

尔是山

原 文

又北四百里，曰尔是之山，无草木，无水。

再往北四百里，是尔是山。这里无花草树木，也无水流。

狂山 | 原 文

又北三百八十里，曰狂山，无草木。是山也，冬夏有雪。狂水出焉，而西流注于浮水，其中多美玉。

再往北三百八十里，是狂山。这里无花草树木。

这座山无论冬天还是夏天，都有积雪。狂水从这里发源，然后向西流，注入浮水。水中有很多优质的玉石。

诸余山 | 原 文

又北三百八十里，曰诸余之山，其上多铜玉，其下多松柏。诸余之水出焉，而东流注于旄水。

再往北三百八十里，是诸余山。山上有丰富的铜矿和玉石，山下多松树和柏树。诸余水从这里发源，然后向东流，注入旄水。

敦头山 | 原 文

又北三百五十里，曰敦头之山，其上多金玉，无草木。旄水出焉，而东流注于印泽[1]，其中多騂（bó）马，牛尾而白身，一角，其音如呼。

再往北三百五十里，是敦头山。山上有丰富的金属矿藏和玉石，无花草树木。

1.印泽：或当作"邛泽"。

㳅水从这里发源，然后向东流，注入邛泽。

山中有很多䟲马，长着牛的尾巴，身子是白色的，只有一只角，发出的声音如同人在呼唤。

郭璞在《江赋》中描述了这个异兽，"䟲马腾波以嘘蹀"[1]。文字很有画面感，䟲马在江水的波涛中奔腾，嘴里喷着水，脚踏水面而行。

钩吾山

原 文

又北三百五十里，曰钩吾之山，其上多玉，其下多铜。

有兽焉，其状如羊身人面，其目在腋下，虎齿人爪，其音如婴儿，名曰狍鸮，是食人。

再往北三百五十里，是钩吾山。山上多产玉石，山下盛产铜。

这里有一种野兽，长着羊的身子，却有着人的面孔，眼睛长在腋窝下，牙齿如老虎的牙齿，指爪像人的手，发出的声音如同婴儿的啼哭声。这种野兽名叫狍鸮，是能吃人的。

这里的狍鸮，即所谓的饕餮——传说中贪婪的恶兽。按郭璞注解，它食人未咽尽，又要伤及自己的身体，以贪残著称。对凶恶贪婪之人，亦称之为饕餮：

缙云氏有不才子，贪于饮食，冒于货贿，侵欲崇侈，不可盈厌，聚敛积实，不知纪极，不分孤寡，不恤穷匮，天下之民以比三凶，谓之饕餮。[2]（《左传·文公十八年》）

饕餮的头部形状被作为装饰图案，刻在钟鼎彝器之上。为何要把如此凶残的家伙铸刻

1.嘘：喷水；蹀（dié）：踏行。
2.不才子：谓此子没有才德；冒：贪图；侵欲：有侵吞贪求的欲望；纪极：限度；三凶：三个凶险顽劣之人，分别指帝鸿氏（黄帝）之子浑敦、少皞氏之子穷奇和颛顼氏之子梼杌。

在铜器之上呢？古人说把这些物象铸在鼎上，是为了让百姓认知何为神物，何为怪物，当再进入河泽山林时，就不会再遭逢不吉利的东西。[1]其实，青铜器物多为炊饮之具，在它们的腹部予以修饰装点，或许是在以令人生畏的异兽形象警示世人：若不节饮节食，贪婪无厌，必然"还害其身"。

北嚣山

原文

又北三百里，曰北嚣之山，无石，其阳多碧，其阴多玉。

有兽焉，其状如虎，而白身犬首，马尾彘鬣，名曰独狢（yù）。有鸟焉，其状如乌，人面，名曰鹐（pán）䳙（mào），宵飞而昼伏，食之已暍（yē）。

涔水出焉，而东流注于邛泽。

再往北三百里，是北嚣山，山上没有石头，山的南面盛产碧玉，山的北面多产玉石。

山中有一种野兽，形貌像一般的老虎，却长着白色的身子，还有狗的脑袋、马的尾巴和猪的鬃毛，名叫独狢。

这里还有一种禽鸟，样子像一般的乌鸦，却长着人的面孔，名叫鹐䳙。

按郭璞注解，此鸟属于䳙鹐一类，羽毛棕褐色，有横斑，尾巴黑褐色，腿部白色，捕食鼠、兔等。

它能在夜里飞行，而在白天蛰伏。

按《太平御览》卷九百二十七引《庄子》之文的描述：䳙鹐鸟是夜行侠，黑暗中可明察毫末，而白昼时却瞑目，不见丘山。鹐䳙天生即有阴阳颠倒的特质。

1.《左传·宣公三年》："铸鼎象物，百物而为之备，使民知神奸。"

食用了鹭鹊的肉，可治疗暑热病。

喝，中暑。《说文》："喝，伤暑也。"《伤寒论》："太阳中热者，喝是也。其人汗出、恶寒、身热而渴也。"中喝，属"阴寒之证"，当以补阳气为主，少佐以解暑，故而古人多用姜桂附子之类治疗。《汉书·武帝纪》记载：

> 夏，大旱，民多喝死。

大旱之下，中热而死，属天灾。万物贵在实用，此时鸾凤和鸿鹄都不如能调和水火的鹭鹊鸟。

浴水从这座山发源，然后向东流，注入邛泽。

梁渠山

原文

又北三百五十里，曰梁渠之山，无草木，多金玉。脩（xiū）水出焉，而东流注于雁门[1]。其兽多居暨，其状如彚[2]（huì）而赤毛，其音如豚。

有鸟焉，其状如夸父，四翼、一目、犬尾，名曰嚣，其音如鹊，食之已腹痛，可以止衕[3]（dòng）。

再往北三百五十里，是梁渠山。这里无花草树木，多产金属矿物和玉石。脩水从这里发源，然后向东流，注入雁门水。

山中的野兽多是居暨，形貌像猬鼠，却浑身长着赤红色的毛，发出的声音如同小猪在叫。

1.雁门：水名。
2.彚：按郭璞注解，像老鼠，有着赤红色的毛，像刺猬一样。
3.衕：洞下之症，腹泻。

这里有一种禽鸟，样子像夸父。

夸父，即《西山经》的崇吾山所言的举父。清代学者郝懿行认为，"夸""举"两字声相近，由此可以相通。

这种鸟长着四只翅膀、一只眼睛，还有狗的尾巴，名叫嚣。它发出的声音像喜鹊的鸣叫声。食用了它的肉，可以治疗腹痛病，还可以治疗腹泻。

姑灌山

原文

又北四百里，曰姑灌之山，无草木。是山也，冬夏有雪。

再往北四百里，是姑灌山，无花草树木在这里生长。
这座山，冬天夏天都有积雪。

湖灌山

原文

又北三百八十里，曰湖灌之山，其阳多玉，其阴多碧，多马。湖灌之水出焉，而东流注于海，其中多鳝[1]（shàn）。有木焉，其叶如柳而赤理。

再往北三百八十里，是湖灌山，山的南面多产玉石，山的北面盛产碧玉。这里还有很多野马。

1.鳝：同"鳝"，即鳝鱼。

湖灌水从这里发源，然后向东流，注入大海。水中有很多鳝鱼。

山中生长着一种树木，它的叶子像柳树的叶子，却有赤红色的纹理。

洹山 原 文

又北水行五百里，流沙三百里，至于洹（huán）山，其上多金玉。三桑生之，其树皆无枝，其高百仞，百果树生之。其下多怪蛇。

再往北行进五百里水路，然后经过三百里流沙，便到了洹山。山上有丰富的金属矿藏和玉石。

三桑树在这里生长，这种树没有任何枝条，树干可高达百仞。

这种树的高度，简单折算一下，有八百尺。树的高度，其实表明了蚕桑业在先民心中的崇高和神圣。三桑树，后面的《海外北经》还要写到它。

这里还生长有各种果树。山下则有很多怪蛇。

这里的怪蛇，根据古生物学和考古学的考察研究，很可能是生活在蒙古高原沼泽地带的中华鳄，似蛇，有脚，为凶猛的食肉动物，会对人畜发动攻击。

敦题山 原 文

又北三百里，曰敦题之山，无草木，多金玉。是錞于北海。

再往北三百里，是敦题山。这里无花草树木，却蕴藏有丰富的金属矿物和玉石。这座山坐落在北海的边上。

小结 | 原 文

凡北次二经之首，自管涔之山至于敦题之山，凡十七山，五千六百九十里。其神皆蛇身人面。其祠：毛用一雄鸡彘瘗，用一璧一珪，投而不糈。

总计北方第二列山系之首尾，从管涔山起到敦题山为止，共十七座山，途经五千六百九十里。

核对经文，山为十六座，距离为五千二百四十里。

诸山的山神都是蛇的身子、人的面孔。祭祀山神的礼制：将毛物中用作祭品的一只公鸡和一头猪一起埋入地下，祀神的玉器用一块玉璧和一块玉珪，一起投到山中以礼神，祭祀也不用精米。

北次三经

归山

原 文

北次三经之首曰太行之山。其首曰归山，其上有金玉，其下有碧。

有兽焉，其状如麢羊而四角，马尾而有距[1]，其名曰䮝（hún），善还（xuán），其名自訆。有鸟焉，其状如鹊，白身、赤尾、六足，其名曰䳄（bēn），是善惊，其鸣自詨[2]（xiào）。

北方第三列山系的第一座山，叫太行山。

太行山，古时又作"太形山"，又名"五行山"，号为天下之脊。

太行山的首端叫归山，山上有金属矿藏和玉石，山下则出产碧玉。

这里有一种野兽，形貌像羚羊，却有四只角，长着马的尾巴、鸡的爪子，名叫䮝。

䮝有一个特点："善还"。

善，喜好。还，按郭璞注解，当"旋"解，旋转，回旋，舞动。《庄子·庚桑楚》说寻常之沟，也就是小沟渠，"巨鱼无所还其体"，谓大鱼在这里连回转一下身子，舒展一下都不可能，小鱼却可以游来游去。

1.距：鸡的足爪。
2.詨：呼叫，呼唤。

驒喜欢回旋舞动自己的身子，它发出的叫声就像在呼叫自己的名字。

这里还有一种禽鸟，模样像喜鹊，却有着白色的身子、赤红色的尾巴，还长着六只脚，名叫鶨。这种鸟容易被惊吓，它的鸣叫声就像在呼唤自己的名字。

龙侯山

原文

又东北二百里，曰龙侯之山，无草木，多金玉。

决决[1]之水出焉，而东流注于河。其中多人鱼，其状如鯑鱼，四足，其音如婴儿，食之无痴[2]疾。

再往东北二百里，是龙侯山，这里无花草树木生长，却有丰富的金属矿藏和玉石。

决水从这里发源，然后向东流，注入黄河。水中有很多人鱼，状貌像鯑鱼，却长有四只脚，发出的声音像婴儿在啼哭。人吃了它的肉，便不会得疯傻痴呆的病。

人鱼，已见于前文《西山经》的竹山丹水。鯑鱼，即鲵鱼，俗称娃娃鱼，后文《中山经》中的少室山亦有叙及。

马成山

原文

又东北二百里，曰马成之山，其上多文石，其阴多金玉。

有兽焉，其状如白犬而黑头，见人则飞，其名曰天马，其鸣自訆。有鸟焉，其状如乌，首白而身青、足黄，是名曰鶌（qū）鶋（jū），其鸣自詨，食之不饥，可以已寓。

1.决：同"决"。
2.痴：不慧。

再往东北二百里，是马成山。山上盛产有纹理的石头，山的北面则有丰富的金属矿藏和玉石。

山中有一种野兽，样子像白狗，却长着黑色的脑袋，一看见人就腾空飞起，名叫天马。

天马究竟是如何"飞"起来的呢？经文里没有叙写。郭璞注解说，是"肉翅飞行自在"，即以肉为翅膀，腾飞而起。再来看郭璞《图赞》中的描述：

> 龙冯云游，腾蛇假雾。
> 未若天马，自然凌翥。
> 有理悬运，天机潜御。

冯（píng），乘，登；假，凭借。龙和蛇腾云驾雾，还是以云和雾为介质，而天马呢，自然而然地凌翥（zhù）。凌，凌空；翥，飞举。其中的道理让郭璞越说越"糊涂"——"理"在默默地发挥作用，"天机"在暗中运转着。其实，在那个时代，不腾云，不驾雾，不长翅膀，不像列御寇一样御风而行，还必须想象出一个更高妙的动力源，或者说着力点，让异兽们合情合理地飞起来，真不是一件容易的事。

它鸣叫的声音就像在呼叫自己的名字。

山中有一种禽鸟，样子像乌鸦，却长着白色的脑袋、青色的身子、黄色的足爪，名叫鶌鶋。它的鸣叫声就像在呼唤自己的名字。人吃了它的肉，就不会觉得饥饿。

郭璞在《图赞》中说，这样好，可以顺带着"辟谷"，不食五谷了，不用吃饭了，静居行气，说不定能长生不死呢。

前文《西次三经》的崒山中的丹木的果实，亦有"食之不饥"的功效，真是可以与鶌鶋肉搭配起来，荤素兼顾，挺好。

吃了鶌鶋的肉，还可以"已寓"。

寓，郭璞注解说，不明其详。按清代学者郝懿行之见，或即"误"字，以音近为义，指昏忘之病，大概类似于今天的老年健忘症或痴呆症；或认为当为"瘉"（yù）字的假借，瘊即疣病。

无妨以音、形考求字义语意，当暂不能实证确定时，铺列于此以供观瞻。

咸山

原 文

又东北七十里，日咸山，其上有玉，其下多铜，是多松柏，草多茈草。条菅之水出焉，而西南流注于长泽。其中多器酸，三岁一成，食之已疠。

再往东北七十里，是咸山，山上有玉石，山下盛产铜。这里到处是松树和柏树，生长的花草以紫草为多。

条菅水从这里发源，然后向西南流，注入长泽。水中有很多器酸。

器酸，不详为何物，大约为在静水中滋生的一种酸性食物，须经长时间的发酵方可食用。

它三年才能收获一次，食用它可治疗恶疾癫病。

天池山

原 文

又东北二百里，日天池之山，其上无草木，多文石。有兽焉，其状如兔而鼠首，以其背飞，其名日飞鼠。

渑水出焉，潜于其下，其中多黄垩。

再往东北二百里，是天池山，山上无花草树木生长，却多有带花纹的美石。

这里有一种野兽，形貌像兔子，却长着老鼠的脑袋，可以借助背上的毛飞行，名叫飞鼠。

飞鼠，亦有作"飞兔"的。这里的飞，有动力源和着力点——背。郭璞在注解中甚至设想到飞行的姿态：用其背上毛飞，飞则仰也。

《北山首经》中有丹熏山，那里的耳鼠是用尾巴来翱翔；《西次四经》中有上申山，那里的当扈则用须翼来飞行。这里的飞鼠鼓动背上的毛，自由地飞腾凌空。郭璞总结说，它们都是飞，但借助、依赖的却有所不同——"用无常所，惟神是冯[1]"（《图赞》）。

渑水从这里发源，然后潜流到山下。水中有很多黄垩。

黄垩，是垩土，有杂色，主色为黄色。

阳山

原　文

又东三百里，曰阳山，其上多玉，其下多金铜。

有兽焉，其状如牛而赤尾，其颈䏿[2]（shèn），其状如句（gōu）瞿（qú），其名曰领胡，其鸣自詨，食之已狂。有鸟焉，其状如雌雉，而五采以文，是自为牝牡，名曰象蛇，其鸣自詨。

留水出焉，而南流注于河。其中有鮯（xiàn）父之鱼，其状如鲋鱼，鱼首而彘身，食之已呕[3]。

再往东三百里，是阳山。山上多产玉石，山下多产金属矿物和铜。

山中有一种野兽，样子像牛，长着赤红色的尾巴，脖颈上有突起的肉瘤，形状如句

1.冯：依靠，依据。
2.䏿：肉瘤，脖颈处突出的肉。
3.呕：或当作"欧"。《说文》："欧，吐也。"

瞿。这种野兽名叫领胡。

句瞿，其义不详。按郭璞注解，谓斗。斗，本义为舀酒的勺子。"斗"的甲骨文作**ス**，金文作**ス**，战国时期秦简写作**ス**，像带把的舀酒的勺子形。从篆书**乡**到隶书**斗**，渐失其形。这里的斗当为量器之斗，十升为一斗，取其形，大约为圆柱体形，或为开口大，底子稍小的梯形立方体形。

即"领胡"二字而言，领，有颈项之义；胡，兽类颔下悬垂的肉。如此来看，名和实很般配。

领胡的叫声就像在呼叫自己的名字。人食用了它的肉，可以治疗癫狂症。

"狂"之甲骨文作**怅**，篆书作**椎**，字形皆为从犬，里（**半**）声，本义为狗发疯。《说文》："狂，狾（zhì）犬也。"狾，疯狂。史书有大旱年岁，犬多发疯而死的记载。

狂，这里指人的疯癫病，精神躁狂失常。按传统中医学的解释，人之发狂，多因七情过度，喜、怒、忧、思、恐等各种情志活动化为火证，痰蒙心窍，或热盛邪入心包所致。发作起来，人会变得刚暴，骂詈不避亲疏，甚者持刀持杖，登高而歌，弃衣而走，逾垣上屋，力大倍常；或多食，或卧不知饥，妄见妄闻，妄自尊大，妄走不止，日夜无休，等等。

山中有一种禽鸟，模样像雌野鸡，而羽毛夹杂有五彩斑斓的花纹。这种鸟一身兼有雌雄两体，名叫象蛇。它的鸣叫声就像在呼叫自己的名字。

留水从这里发源，然后向南流，注入黄河。水中生长有鲭父鱼，样子像一般的鲫鱼，长着鱼的脑袋和猪的身子。食用它的肉，可以治疗呕吐。

贲闻山

原文

又东三百五十里，曰贲闻之山，其上多苍玉，其下多黄垩，多涅石。

再往东三百五十里，是贲闻山。山上多产青玉，山下多产黄色垩土，还多产涅石。

涅石，即黑矾石，今天称之为矾土石或明矾石。《西山经》的女床山中有"石涅"，与此当有别。

王屋山

又北百里，曰王屋之山，是多石。㶒（lián）水出焉，而西北流于泰泽。

再往北一百里，是王屋山。这座山上到处都是石头。

王屋作为山名，曾出现在《尚书·禹贡》篇中，地处山西阳城、垣曲和河南济源间。黄河畅流入海，王屋山算是一个重要节点。山有三重，形状似屋，故名王屋。

王屋山今天有大名，与愚公移山故事的广泛传播分不开。山不在高，有"人"则名。

㶒水从这里发源，然后向西北流，注入泰泽。

㶒水，即沇（yǎn）水，济水的别称。泰泽，或作"秦泽"。

教山

又东北三百里，曰教山，其上多玉而无石。

教水出焉，西流注于河，是水冬干而夏流，实惟干河。其中有两山。是山也，广员三百步，其名曰发丸之山，其上有金玉。

再往东北三百里，是教山。山上有很多玉石，而没有石头。教水从这座山发源，向西流，最后注入黄河。这条河在冬季干枯，而在夏季流淌，确实可以说是干河。

干河，是说河道在某个时段会出现没有水流的情况，今天的术语是季节性河流。郭璞在注解中引用了他那个时代的见闻：

> 今河东闻喜县东北有干河口，因名干河里，但有故沟处，无复水，即是也。

后来这条河真的没水了，变成了干涸的沟，人们称之为干涧。

教水的河道中有两座小山，方圆各三百步，名叫发丸山，山上蕴藏有金属矿物和玉石。

方圆三百步，描述的显然是面积，它的大小是一个什么概念呢？关键是这个"步"。《孟子·梁惠王上》讲述了"五十步笑百步"的寓言，步是量词，举足两次为步。周以八尺，秦以六尺为一步。《荀子·劝学》篇中有"骐骥一跃，不能十步"，以此为参照，我们大致可估算出两座山不算大。

景山

原 文

又南三百里，曰景山，南望盐贩之泽[1]，北望少泽，其上多草、藷（shǔ）藇（yù），其草多秦椒，其阴多赭，其阳多玉。

有鸟焉，其状如蛇，而四翼、六目、三足，名曰酸与，其鸣自詨，见则其邑有恐。

再往南三百里，是景山。在山上向南远望，可以望见盐池；向北远望，可以望见

1.盐贩之泽：或作"盐之泽"，即盐池，在河东郡。

少泽。

山上有很多草丛，还生长着很多藷藇。

藷，同"薯"；藇，或作"蓣"，或作"芋"。藷藇，即薯蓣，山芋，俗称山药。按郭璞注解，根像羊蹄，可以食用。

这里的草以秦椒居多。

秦椒，子似椒而细叶的一种草，一名地椒。

山的北面盛产赭石，山的南面则盛产玉石。

这里有一种禽鸟，样子像蛇，却长有四只翅膀、六只眼睛、三只脚，名叫酸与。它的鸣叫声就像在呼叫自己的名字。它在哪个地方出现，那里就会有让人惊恐的事情发生。

恐，在后文中还会出现。恐，指的是什么呢？

"恐"之金文作 ，从心，工声，工兼表意——甲骨文之 或 ，金文之 ，像工尺，或以为是击捣夯实的工具；篆文作 ，改从心，从巩（坚固），本义为内心的畏惧和惊恐。

那什么会令人"恐"呢？古书里有不少场景描绘，今天读后也会产生"恐"的感觉：

> 天大雷电以风，禾尽偃，大木斯拔，邦人大恐。（《尚书·金縢》）
> 仲秋行春令，则秋雨不降，草木生荣，国乃有恐。（《礼记·月令》）
> 星队木鸣，国人皆恐。（《荀子·天论》）

时令、气候乃至天象分布在共有的广阔空间，人们必须一起面对。酸与的出现和到来，莫非能影响公共空间、时间秩序，引发集体意识的紧张恐惧？

酸与还有一个特殊的功能，按郭璞注解说，吃了它的肉，就不会醉酒了。赴酒宴之前，得先吃两口，免得胡言乱语、东倒西歪。

孟门山 ｜ 原 文

> 又东南三百二十里，曰孟门之山，其上多苍玉，多金，其
> 下多黄垩，多涅石。

再往东南三百二十里，是孟门山。

孟门山，在陕西宜川县东北、山西吉县西，绵亘黄河两岸。《水经注》："孟门，即龙门之上口也，实为河之巨阸[1]，兼孟门津之名矣。"孟门是一个山名，还与黄河水流的走向密切相关，其中还有传说中的"水利工程"。《尸子》有曰：

> 古者龙门未辟，吕梁未凿，河出于孟门之上，大溢逆流，无有丘陵高阜，灭之，
> 名曰洪水。

当"孟门"没有像门一样被疏通、被打开，黄河之水壅塞在此，逆流淹没大丘高山，留给先民的是关于"洪水"的记忆。

山上多产青色的玉石，还盛产金属矿物；山下则多产黄色垩土，还多有涅石。

平山 ｜ 原 文

> 又东南三百二十里，曰平山。平水出于其上，潜于其下，
> 是多美玉。

再往东南三百二十里，是平山。
平水从这座山的山顶发源，然后潜流到山下。水中有很多优质的玉石。

1.阸（è）：阻塞，阻隔。

京山

原 文

又东二百里，曰京山，有美玉，多漆木，多竹，其阳有赤铜，其阴有玄礵（sù）。高水出焉，南流注于河。

再往东二百里，是京山。这里出产优质的玉石，并且多漆树，多竹子。

山的南面出产赤铜，山的北面出产玄礵。

玄，黑色；礵，砥石。玄礵，即黑色的砥石。砥石的颜色不是只有一种，还有黄色的。

高水从这里发源，向南流，注入黄河。

虫尾山

原 文

又东二百里，曰虫尾之山，其上多金玉，其下多竹，多青碧。丹水出焉，南流注于河。薄水出焉，而东南流注于黄泽。

再往东二百里，是虫尾山。山上多产金属矿物和玉石，山下生长着很多竹子，还多产青碧。

丹水从这里发源，向南流，注入黄河。薄水也从这里发源，向东南流，注入黄泽。

黄泽，亦出现在别的古籍中，例如《穆天子传》中记载有"天子东游于黄泽"。

彭毗山

原 文

又东三百里，曰彭毗之山，其上无草木，多金玉，其下多水。蚩林之水出焉，东南流注于河。肥水出焉，而南流注于床水，其中多肥遗之蛇。

再往东三百里，是彭毗山。山上无花草树木，却有丰富的金属矿藏和玉石，山下则水流遍布。

蚩林水从这座山发源，向东南流，注入黄河。肥水也从这座山发源，然后向南流，注入床水，水中有很多肥遗蛇。

这里的叙述很明确，"肥遗"为蛇名。《西山经》的太华山有蛇名"肥蟥"，而英山则有名为"肥遗"的鸟；《北山经》的浑夕山亦有名为"肥遗"的蛇。

注意，与他山不同，这里的肥遗蛇是"多"，而不仅仅是"有"。或许是这里的山水环境比较适宜此蛇的繁衍生息吧。

小侯山

原 文

又东百八十里，曰小侯之山。明漳之水出焉，南流注于黄泽。有鸟焉，其状如乌而白文，名曰鸪（gū）鶒（xí），食之不灂（jiào）。

再往东一百八十里，是小侯山。明漳水从这里发源，向南流，注入黄泽。

这里有一种禽鸟，样貌像乌鸦，身上却有白色的斑纹，名叫鸪鶒。

"乌"之金文作![篆]，篆文作![篆]，像乌鸦之形，或为仰头欢叫的样子。之所以没有点画出眼睛，想必是因为乌鸦全身黑色，看不出它的眼睛？《诗经·邶风·北风》亦有：

莫赤匪狐，莫黑匪乌。

在先民心中，狐狸全身是赤色的，乌鸦全身是黑色的，一个是妖兽，一个意味着不祥，用它们来比当政者，那是再好不过了。

天下乌鸦一般黑，而经文叙述的这种鸟却有白色的斑纹。状如乌鸦，再加上有白色斑纹，相反相成，此为其特异之处。

食用了鸧鹮的肉，可使人的眼睛不昏花。

瞯，或作"瞷"，眼昏蒙。

泰头山

又东三百七十里，曰泰头之山。共（gōng）水出焉，南注于虖池。其上多金玉，其下多竹箭。

再往东三百七十里，是泰头山。共水从这里发源，然后向南注入虖池。

共水的源头在此山，尽头在虖池，中间并没有一个"流"字。

流，水之行，谓河水的移动流淌。也就是说，共水没有经过平地流淌的环节，而是自山石间冲出，径直注入虖池中。

山上有丰富的金属矿藏和玉石，山下则多是小竹丛。

轩辕山

原　文

又东北二百里，曰轩辕之山，其上多铜，其下多竹。有鸟焉，其状如枭而白首，其名曰黄鸟，其鸣自詨，食之不妒。

再往东北二百里，是轩辕山。山上盛产铜，山下则多生长竹子。

山中有一种禽鸟，状貌像猫头鹰，却长着白色的脑袋，名叫黄鸟。

有学者认为这里的黄鸟，当是古书记载的"皇鸟"，而不是一般的黄鸟。《诗经·周南·葛覃》有：

> 黄鸟于飞，集于灌木，其鸣喈喈。

这里的黄鸟，即黄雀，聚集在矮小丛生的树木上。喈（jiē）喈，摹写众鸟的和鸣声，远远就可以听闻到。

黄鸟有多种，属于典型的同名而异物现象。

黄鸟的鸣叫声就像在呼叫自己的名字。食用了它的肉，可使人不生嫉妒之心。

谒戾山

原　文

又北二百里，曰谒戾之山，其上多松柏，有金玉。沁水出焉，南流注于河。其东有林焉，名曰丹林。丹林之水出焉，南流注于河。婴侯之水出焉，北流注于氾水。

再往北二百里，是谒戾山。山上多松树和柏树，并且蕴藏有金属矿物和玉石。

沁水从这里发源，向南流，注入黄河。山的东面有树林，名叫丹林。

之所以叫丹林，是因为这里有绵延百里的柿子林。柿子成熟时，甜美果实挂满枝头，呈现那种饱满炸裂的橙红色，命名为丹林，恰如其分。

丹林水从这里发源，向南流，注入黄河。婴侯水也从这里发源，向北流，注入汜水。

沮洳山　　原文

东三百里，曰沮（jù）洳之山，无草木，有金玉。瀑（qí）水出焉，南流注于河。

往东三百里，是沮洳山。这里无花草树木生长，但蕴藏有金属矿物和玉石。

《诗经·魏风·汾沮洳》：

彼汾沮洳，言采其莫。

彼，代词，这里有加重语气的意味；汾，汾河；沮洳，水旁低洼湿地。言，语首助词，无实义；莫，野菜名，酸模，可用来佐食。人们在汾河的湿地里采摘野菜，很勤快。按郭璞注解，这座山的名字与这首诗有关联。

瀑水从这里发源，向南流，注入黄河。

瀑水，即淇水。

神囷山　　原　文

又北三百里，曰神囷（qūn）之山，其上有文石，其下有白蛇，有飞虫。黄水出焉，而东流注于洹。滏（fǔ）水出焉，而东流注于欧水。

再往北三百里，是神囷山。山上多是有花纹的美石，山下有白蛇，还有飞虫。

飞虫，蠛（miè）蠓（měng）之类的小飞虫，成群乱飞，遮天蔽日以成灾害。蠛蠓虽小于蚊虫，但在将雨之时，群飞以至于塞路。《史记》记载有"蠓鸿满野"。这里的"蠓鸿"，可不是什么天上飞的鸿雁，而是看似体小力弱，却靠惊人的数量蔽田满野，酿成灾祸的小飞虫。

之所以这样提醒，是因为在《诗经》的篇章中亦有"飞虫"。《大雅·桑柔》中有"如彼飞虫，时亦弋获"[1]，这里的"飞虫"指的是飞鸟。鸟儿在天空飞翔，是自由的，东西南北任我行。但飞鸟的个头大，人眼瞅得见，有时会成为猎人的目标。

黄水从这里发源，然后向东流，注入洹水。滏水也从这里发源，向东流，注入欧水。

发鸠山　　原　文

又北二百里，曰发鸠之山，其上多柘木。

有鸟焉，其状如乌，文首、白喙、赤足，名曰精卫，其鸣自詨，是炎帝[2]之少女名曰女娃，女娃游于东海，溺[3]而不返，故为精卫，常衔西山之木石，以堙[4]（yīn）于东海。

漳水出焉，东流注于河。

1.时：有时；弋：以绳系矢而射；弋获：谓射中抓住。
2.炎帝：神农氏，传说中的上古帝王。
3.溺：溺没。
4.堙：填，堵塞。

再往北二百里，是发鸠山，山上生长有很多柘树。

柘树，已出现在前文的灌题山中，为桑科之一种，叶可喂蚕，木质坚致，材可制弓。《周礼·考工记·弓人》："凡取干[1]之道七：柘为上。"树可提取黄色染料，而根皮皆可入药。柘树和桑树合在一起，是中国文学中经典的田园乡村意象之一，正所谓"一村桑柘一村烟"（唐·韩偓《醉著》），"小园烟草接邻家，桑柘阴阴一径斜"（宋·陆游《小园》）。

这里有一种禽鸟，形貌像乌鸦，却长着文采斑斓的脑袋，有着白色的嘴巴、赤红色的足爪，名叫精卫。它发出的鸣叫声就像在呼唤自己的名字。

精卫鸟原本是炎帝的小女儿，名叫女娃。女娃到东海游玩，淹没在波涛之中没有返回，于是变成了精卫鸟。它常常口衔西山的小树枝和小石子，想以之来填塞东海。

化身飞鸟的叙事，除了这里的炎帝之小女化为精卫，还有古蜀王杜宇之魂化为杜鹃。杜甫《杜鹃行》有"君不见昔日蜀天子，化作杜鹃似老乌"，两者皆如乌鸦，昭示的精神、象征的品格，却完全不一样。

杜鹃在春末夏初昼夜啼鸣，音声哀切至血出乃止；而精卫鸟不悲切，激起的是崇高的壮美。有志愿，只是力量微薄了些；身子小，却有不屈的求成之心。千古之下犹动人心魄，引人行向上之路。诚如文天祥在《自述》诗中所言："千年沧海上，精卫是吾魂。"

漳水从这里发源，向东流，注入黄河。

这里的漳水，特指浊漳水。

1.干（gàn）：弓之主干。

少山

原 文

又东北百二十里，曰少山，其上有金玉，其下有铜。清漳之水出焉，东流于浊漳之水。

再往东北一百二十里，是少山。山上出产金属矿物和玉石，山下出产铜。清漳水从这里发源，向东流，注入浊漳水。

锡山

原 文

又东北二百里，曰锡山，其上多玉，其下有砥。牛首之水出焉，而东流注于滏水。

再往东北二百里，是锡山。山上多玉石，山下出产磨刀石。牛首水从这里发源，然后向东流，注入滏水。

景山

原 文

又北二百里，曰景山，有美玉。景水出焉，东南流注于海泽。

再往北二百里，是景山，这里出产优质的玉石。景水从这里发源，向东南流，注入海泽。

题首山

原　文

又北百里，曰题首之山，有玉焉，多石，无水。

再往北一百里，是题首山。这里出产玉石，到处都是石头，但没有水流。

绣山

原　文

又北百里，曰绣山，其上有玉、青碧。其木多栒（xún），其草多芍药、芎藭。洧（wěi）水出焉，而东流注于河，其中有鳠（hù）、黾（měng）。

再往北一百里，是绣山，山上有玉石和青玉。山中的树木以栒树为多，而花草则以芍药、芎藭为主。

栒木，可制成杖，或锄具的柄。

这里的芍药，不是花如牡丹的芍药，而是草芍药。古时情人们在即将分离时互赠此物，以寄托离别相思之情。《诗经·郑风·溱洧》有："维士与女，伊其相谑，赠之以勺药。"[1]勺药，即芍药。

洧水从这里发源，然后向东流，注入黄河。水中有鳠鱼和黾蛙。

鳠，鱼名，似鲇鱼而略大。

黾，一种蛙。按郭璞注解，形体同蛤蟆相似而略小些，青色。黾，象形字，甲骨文作 𪚲，一眼就看出来这种动物的特点：大脑袋，圆滚滚的腹部，四足——全是蛙的模样。金文作 𪚲，篆文作 黾，皆据具体实象而造字，后慢慢有些抽象。

1.维：语气词，无实义；谑：调笑。

松山 | 原文

又北百二十里，曰松山，阳水出焉，东北流注于河。

再往北一百二十里，是松山。阳水从这里发源，向东北流，注入黄河。

敦与山 | 原文

又北百二十里，曰敦与之山，其上无草木，有金玉。
滦（suǒ）水出于其阳，而东流注于泰陆[1]之水；泜（zhī）水出于其阴，而东流注于彭水。槐水出焉，而东流注泜泽。

再往北一百二十里，是敦与山。山上无花草树木，却有金属矿藏和玉石。
滦水从敦与山的南面发源，然后向东流，注入泰陆水；泜水从敦与山的北面发源，然后向东流，注入彭水。槐水也从这里发源，然后向东流，注入泜泽。

柘山 | 原文

又北百七十里，曰柘山，其阳有金玉，其阴有铁。历聚之水出焉，而北流注于洧水。

再往北一百七十里，是柘山。

柘为山名，而经文的记录中却无柘木。那为何如此命名？真是不得究竟。

1.泰陆：水名，即大陆泽，巨鹿北的广阿泽。

山的南面出产金属矿物和玉石，山的北面出产铁。历聚水从这里发源，然后向北流，注入洧水。

维龙山 | 原　文

　　又北三百里，曰维龙之山，其上有碧玉，其阳有金，其阴有铁。肥水出焉，而东流注于皋泽，其中多礨（lěi）石。敞铁之水出焉，而北流注于大泽。

再往北三百里，是维龙山，山上出产碧玉，山的南面有金属矿藏，山的北面出产铁。肥水从这里发源，然后向东流，注入皋泽。水中有很多"礨石"。

礨石，郭璞注解时很谨慎，首先表达"未详也"的基本判断，实事求是，未明其详；接下来认为读音当为"雷"；又说"或作'垒'"，如此则礨有魁（kuǐ）垒之义，大石头的样子；最后又说"或曰石名"，礨石有可能是一种很特殊的石头的名字。

礨亦出现在《庄子·秋水》篇中：

　　计四海之在天地之间也，不似礨空之在大泽乎？

礨，突然而高；空，凹下去的样子。组合到一起，形成对比反差，成高下之势。计算一下四海在天地之间，不就像一块石头高出大泽之上？

经文中的"礨石"，无妨理解为河道中的大石头高出水面许多，显得很突兀。

敞铁水也从这里发源，然后向北流，注入大泽。

白马山

原　文

又北百八十里，曰白马之山，其阳多石玉，其阴多铁，多赤铜。木马之水出焉，而东北流注于虖沱。

再往北一百八十里，是白马山。山的南面有很多石头和玉石，山的北面盛产铁，还盛产赤铜。

木马水从这里发源，然后向东北流，注入虖沱水。

空桑山

原　文

又北二百里，曰空桑之山，无草木，冬夏有雪。空桑之水出焉，东流注于虖沱。

再往北二百里，是空桑山。

郭璞在此处有注解："上已有此山，疑同名也。"但我们回过来看今天的《山海经》，发现前文并无空桑山。也就是说，至此之前的文字中脱略了"空桑山"的内容。还记得《北次二经》中说是十七山，实际上却只有十六山，莫非脱略而去的就是空桑山？

后文《东次二经》之首，即空桑山。整部书中，名为"空桑"的山当有三处：

上文脱去之空桑，盖在莘、虢间，《吕氏春秋》《古史考》俱言尹产空桑是也。此经空桑盖在赵、代间，《归藏·启筮》言蚩尤出自羊水，以伐空桑是也。兖地亦有空桑，见《东山经》。（郝懿行《笺疏》）

经抽丝剥茧，大致"还原"出经文最初的样态，又把各家归置清楚，安排妥当，直如老吏断狱一般。

这里无花草树木，无论冬天还是夏天，都有积雪。空桑水从这里发源，向东流，注入滹沱水。

泰戏山

原　文

又北三百里，曰泰戏之山，无草木，多金玉。有兽焉，其状如羊，一角一目，目在耳后，其名曰辣（dōng）辣，其鸣自訆。

滹沱之水出焉，而东流注于娄水。液女之水出于其阳，南流注于沁水。

再往北三百里，是泰戏山，这里没有花草树木生长，多产金属矿物和玉石。

山中有一种野兽，状貌像羊，却只长着一只角、一只眼睛，而且眼睛在耳朵后面，名叫辣辣。它的鸣叫声就像在呼叫自己的名字。

滹沱水从这里发源，然后向东流，注入娄水。液女水从这座山的南面发源，向南流，注入沁水。

石山

原　文

又北三百里，曰石山，多藏金玉。濩濩之水出焉，而东流注于滹沱；鲜于之水出焉，而南流注于滹沱。

再往北三百里，是石山，这里蕴藏有丰富的金属矿物和玉石。

濩濩水从这里发源，然后向东流，注入滹沱水；鲜于水也从这里发源，然后向南流，注入滹沱水。

童戎山

原　文

又北二百里，曰童戎之山。皋涂之水出焉，而东流注于溇液水。

再往北二百里，是童戎山。皋涂水从这里发源，然后向东流，注入溇液水。

高是山

原　文

又北三百里，曰高是之山。滋水出焉，而南流注于虖沱。其木多棕，其草多条。滱（kòu）水出焉，东流注于河。

再往北三百里，是高是山。滋水从这里发源，然后向南流，注入虖沱水。山中的树木多是棕树，花草则以条草为多。

滱水从这里发源，然后向东流，注入黄河。

这里所言的河流走向大约为秦汉时期的情况，古今变化大，尤不可解。例如滱水在郭璞所处的西晋、东晋时，是过了博陵县南，又以东北流向注入易水。易水汇入南拒马河，又以东南流向注入大清河，与此处的"注于河"不能对应相合。

陆山

原　文

又北三百里，曰陆山，多美玉。郪（jiāng）水出焉，而东流注于河。

再往北三百里，是陆山，这里多产优质的玉石。郰水从这座山发源，然后向东流，注入黄河。

沂山 | 原文

又北二百里，曰沂（yí）山。般（pán）水出焉，而东流注于河。

再往北二百里，是沂山。般水从这座山发源，然后向东流，注入黄河。

燕山 | 原文

北百二十里，曰燕山，多婴石。燕水出焉，东流注于河。

往北一百二十里，是燕山，这里多产"婴石"。

婴石，即所谓的燕石，因产自燕山，美似玉，而有这个名称。按郭璞注解，石如玉，有"符彩婴带"。符彩（采），谓玉之纹理色彩，具体而言主要是横向的。婴，有环绕之义；婴带，蜿蜒曲折乃至呈环形带状的纹理色彩。但清代学者郝懿行提出了不同的意见，"婴疑燕声之转，未必取婴带为义"。"未必"这两个字用得好，没有完全否定，但提出了疑问，并有建设性的主张。但这个主张的说服力也不太足。

友人曾拿给我几块"破"石头，说让我掌掌眼，是从北京西北方向的张家口周边带回来的。第一眼没看上，石头像老旧的砖头块。用现代切割工具切出的那个横截面，也是灰头土脸的。友人很来劲，说好石头得在水里看。我沉默，没动窝。他用盆打来清水，下手清洗，抚弄，擦干。我再看：符采有了，婴带——具体而言是环形带状的纹理——不规

则，色彩从橙黄色到石榴红有过渡，层次感自然亲切。临走时，石上水已干，那石头又没了精神头。我没了心境，总不能一直把它们放在水里吧。或许这就是所谓的似玉而不是玉吧。

燕水从这里发源，向东流，注入黄河。

饶山 | 原 文

又北山行五百里，水行五百里，至于饶山。是无草木，多瑶碧，其兽多橐驼，其鸟多鹠。

历䝞之水出焉，而东流注于河。其中有师鱼，食之杀人。

再往北走五百里山路，然后走五百里水路，便到了饶山。这里没有花草树木生长，但到处是瑶、碧之类的美玉。山中的野兽大多是骆驼，而禽鸟则大多是鹠。

鹠，从鸟，留声，本义指禽鸟鹠离，或作"流离"。《说文》："鹠，鸟少美长丑为鹠离。"此鸟幼小时长得很漂亮，但长着长着，鸟大也"十八变"，变丑了，而且相传还有恶行——食其生母，由此有"不孝鸟"之称。

当然，这个"鹠"字，按郭璞注解是未明其详，但他又说或曰"鹠，鸺鹠也"。

鸺鹠，亦作"鸺留"，鸱鸮（俗称猫头鹰）之一种，与常见的猫头鹰很像，只是鸺鹠的头部没有标志性的角状羽毛。

此鸟能捕食鼠、兔子等，用今天的话来说，对农业生产还是有益的，不自觉地"维护"着自然生态的微妙平衡，是大大的益鸟。但整体而言，它在古书中的名声和鹠离一样很不好，常常被视为不祥之鸟。《梁书·侯景传》：

性猜忍，好杀戮……所居殿常有鸺鹠鸟鸣，景恶之，每使人穷山野讨捕焉。

历䝞水从这里发源，然后向东流，注入黄河。水中有"师鱼"，食用了它的肉，会中毒而死。

师鱼，按郭璞注解，未明其详，但他接下来又说，或作鲵，即前文叙写到的"人鱼"。清代学者郝懿行从训诂学的角度认为"鲵""师"两字乃一声之转，"鲵即人鱼也……《酉阳杂俎》云：'峡中人食鲵鱼，缚树上，鞭至白汁出如构汁，方可食，不尔有毒也。'正与此经合"（《笺疏》）。

乾山

又北四百里，曰乾（gān）山，无草木，其阳有金玉，其阴有铁而无水。有兽焉，其状如牛而三足，其名曰獂[1]，其鸣自詨。

再往北四百里，是乾山，这里无花草树木生长。

山的南面蕴藏有金属矿物和玉石，山的北面出产铁，但没有水流。

这里有一种野兽，模样像牛，却长着三只脚，名叫獂。它的鸣叫声就像在呼叫自己的名字。

伦山

又北五百里，曰伦山。伦水出焉，而东流注于河。有兽焉，其状如麋，其川在尾上，其名曰罴[2]。

再往北五百里，是伦山。伦水从这座山发源，然后向东流，注入黄河。

1.獂：或应作"獂"。
2.罴：当作"罴九"。

这里有一种野兽，形貌像麋鹿，"川"却长在尾巴上，名叫黑九。

按清代学者王引之的见解，因形近，这里的"川"或当为"州"。州，为窍。"州"之甲骨文作)))，金文作)))，窍之义涵很直接，很形象。郭璞亦把"川"字解释为窍，《图赞》中有言："窍生尾上，号曰黑九。"

窍，又分上下。按《黄帝内经·素问·阴阳应象大论》之论："清阳出上窍"，上窍指眼、耳、口、鼻；"浊阴出下窍"，下窍指前阴尿道口与后阴肛门。这里当指肛门。也就是说，黑九的肛门长在了尾巴上。

碣石山 | 原 文

> 又北五百里，曰碣石之山。绳水出焉，而东流注于河，其中多蒲夷之鱼。其上有玉，其下多青碧。

再往北五百里，是碣石山。

以"碣石"为名的山，古书记载有多处。一提到碣石，我们可以想到大禹的黄河疏通工程，"导岍及岐，至于荆山……厎柱、析城至于王屋；太行、恒山至于碣石，入于海"[1]（《尚书·禹贡》）；秦皇汉武东巡至此，刻石观海；曹操亲征乌桓，留下千古佳作《观沧海》——"东临碣石，以观沧海"；秦始皇命太子扶苏与蒙恬筑长城，西起临洮，东至碣石；等等。

自汉末始，碣石山已逐渐沦于海水之中。按郭璞注解，要么在他那个时代的辽西临渝县南水中，要么在右北平骊城县海边山中。具体位置不能确定，但区域可大致推见。

唐代边塞诗人高适在《别冯判官》诗中有："碣石辽西地，渔阳蓟北天。"碣石，在后世不仅是地理坐标，还承载着历史沧桑，尤其对悄焉动容即可视通万里的诗人而言，它

1.导水先从山开始。从西北地势高的雍州内的岍、岐、荆三山起，一直向东经山西、河南、河北，到大海。碣石往东，再无大山，黄河经此畅流入海。

挺立在时空中，意象自带亘古以来的文化厚重感。

绳水从这里发源，然后向东流，注入黄河。水中有很多蒲夷鱼。

蒲夷鱼，按郭璞注解，未详。后世多有揣测，皆难以立论。

山上出产玉石，山下则有很多青色的玉石。

雁门山　　原　文

又北水行五百里，至于雁门之山，无草木。

再往北行五百里水路，就到了雁门山。这里无花草树木生长。

按郭璞注解，此山即"北陵西隃，雁之所出，因以名云。在高柳北"。今天的雁门山、雁门关，有草亦有木，与此处记载的还要水行五百里的雁门山，又有不同。

帝都山　　原　文

又北水行四百里，至于泰泽。其中有山焉，曰帝都之山，广员百里，无草木，有金玉。

再向北行进四百里水路，便到了泰泽。

泰泽中屹立着一座山，名叫帝都山，方圆一百里，这里无花草树木生长，却有金属矿藏和玉石。

镎于毋逢山

原　文

又北五百里，曰镎于毋逢之山，北望鸡号之山，其风如飂（lì）。西望幽都之山，浴水出焉。是有大蛇，赤首白身，其音如牛，见则其邑大旱。

再往北五百里，是镎于毋逢山。自山上向北望，可以望见鸡号山，那里吹的风如"飂"。

飂，按郭璞注解，是急风刮起来的样子，或云"飘风"。飘风，有两个义涵，一是旋风，一是暴风。《诗经·小雅·何人斯》："彼何人斯？其为飘风。"这里的飘风，是暴起之风，形容自己要与之绝交的那个人行踪诡秘。《诗经·大雅·卷阿》："有卷者阿，飘风自南。"这里的飘风，是回风，即旋风，兴发的是对快乐平易君子的颂赞。

本书涉及"风"的地方有多处，风雨之风最为常见，郭璞如此解读，亦在情理之中。

在语言的丛林中几经转折，我们大致可以肯定，这里的风很大，很急，很带劲。但如此理解的话，上下文意似有不妥，衔接不畅。望，望见的是远处的山，紧跟着叙写那里的风，风又如何呢？

晚清学者俞樾的解答很有创见，"风"训读为"分"，而"飂"为后起的俗写字，当为"荔"，有合并之义。顺此思路，可这样来疏通文意，大致为：向北望鸡号山，看似与镎于毋逢山是分开的，其实又是相连的，是可并在一起的。如此，"望"之视野下的内容是畅达的。

若还执意以风为迅猛的暴风，为拐弯的旋风，又怎可一望即见呢？

自山上向西望，可以望见幽都山，浴水从那里流出。

按后文《海内经》的记载，幽都山在北海中，那里天上飞的鸟，水里游或地上爬的蛇，地上跑的老虎、豹子，都是玄色的。这里的浴水，亦即黑水。

山中有一种大蛇，长着红色的脑袋、白色的身子，发出的声音如同牛叫。它在哪个地方出现，那里就会发生大旱灾。

因为这里距离幽都山不算太远，郭璞在《图赞》中把这种发出牛叫声的怪蛇与幽都山联系在了一起："幽都之山，大蛇牛呴[1]。"

小结 ｜ 原 文

　　凡北次三经之首，自太行之山以至于无逢[2]之山，凡四十六山，万二千三百五十里。

　　其神状皆马身而人面者廿[3]神。其祠之，皆用一藻茝[4]（chǎi）瘞之。其十四神状皆彘身而载[5]玉。其祠之，皆玉，不瘞。其十神状皆彘身而八足蛇尾。其祠之，皆用一璧瘞之。大凡四十四神，皆用稌糈米祠之。此皆不火食[6]。

总计北方第三列山系之首尾，自太行山起到无逢山为止，共四十六座山，途经一万二千三百五十里。

重新核算，山有四十七座，距离为一万二千四百四十里。

其中有二十座山的山神，形貌皆为马的身子、人的面孔。祭祀这些山神的礼制：把用作祭品的聚藻、茝之类的香草埋入地下。

另外十四座山的山神，形貌皆为猪的身子，佩戴有玉制饰品。祭祀这些山神的礼制：都用玉器祀神，但不埋入地下。

还有十座山的山神，形貌都是猪的身子，却长着八只脚，还有蛇一样的尾巴。祭祀这些山神的礼制：用一块玉璧祀神，然后埋入地下。

1.呴（hǒu）：同"吼"。
2.无逢：毋逢。
3.廿：二十。
4.藻茝：藻，聚藻，一种香草；茝，亦为一种香草，属于兰草之类。
5.载：通"戴"。
6.不火食：生食，食物不经火。

总共四十四位山神，都用精米来祭祀。参加祭祀活动的人，都生吃未经火炙烤烹煮的食物。

结语 ┃ **原 文**

右北经之山志，凡八十七山，二万三千二百三十里。

以上是《北山经》所记录的山，大大小小总共八十七座，绵延二万三千二百三十里。

核算现有经文，共八十八座山，距离为二万三千三百六十里。

以上《北山经》分三个次经，整体上可视为第三篇。

卷
四

东
山
经

| 东山首经

楸螽山 | 原 文

东山经之首，曰楸（sù）螽（zhū）之山，北临乾昧[1]。食水出焉，而东北流注于海。其中多鳙（yōng）鳙之鱼，其状如犁牛，其音如彘鸣。

东方山系，共四个系列，第一山系自北而南进行排列。

东方第一列山系的第一座山，名叫楸螽山，其北面与乾昧山相邻。

楸螽山，在先秦时期齐国都城临淄的近郊，又名黄山。

食水从这里发源，然后向东北流，注入大海。水中有很多鳙鳙鱼，形貌像犁牛。

犁牛，杂色牛，按郭璞注解，此牛的斑纹如老虎。这里的犁牛，即《南山经》中提到的留牛。以牛做喻，说明此鱼的个头不会太小。

这种鱼发出的声音也怪怪的，如同彘在叫。

彘，简而言之，就是猪。猪发出的声音？儿时最喜欢猪吃食的样儿。它把前腿扒在圈墙上急切地盼望着，然后吧嗒着嘴吃，忘我地发出欢腾响动，仿佛吞下的都是稀罕的美味。吃完吃饱幸福感十足，慵懒地躺下来哼哼。难道怪鱼发出的声响如此"家常"？

1.乾昧：山名。

彘，甲骨文作 ，像豕身上中了矢，矢亦声。这说明彘最初与家养猪有区别，当为野猪。金文作 ，篆书作 ，在演化过程中，彘与豕、猪无甚区别，还可指祭祀用的豕牲。

在审美的体验和想象中，我倒是希望鱐鱐鱼发出野猪一般的叫声，这毕竟是远古的呼唤、野性的嘶叫。

鱐鱐鱼，或即古书记载的禺禺鱼，皮上有毛，黄色的底色上有黑色斑纹。鱐鱐鱼，又或称牛鱼，身上皮毛很灵异，可与潮水起伏相应："东海中有牛鱼，其形如牛，剥其皮悬之，潮水至则毛起，潮去则伏。"（《艺文类聚》卷九引《博物志》）

蟲山 | 原 文

又南三百里，曰蟲（lěi）山，其上有玉，其下有金。湖水出焉，东流注于食水，其中多活师。

再往南三百里，是蟲山。山上出产玉石，山下则蕴藏有金属矿物。

湖水从这座山发源，向东流，注入食水。水中有很多"活师"。

活师，按郭璞注解，即所谓的蝌蚪，又称为"活东"。古人认为青蛙、蛤蟆等在呱呱的叫声中产子，聒噪之声盈耳，于是谓其下的子为"聒子"。这里的活师、聒子、蝌蚪以及活东，音声相近，皆可相转。

活东，还可指东海之滨的一种鱼，模样像蝌蚪，味极美，又名跳鱼。

枸状山

原文

又南三百里，曰枸状之山，其上多金玉，其下多青碧石。

有兽焉，其状如犬，六足，其名曰从从，其鸣自詨。有鸟焉，其状如鸡而鼠毛[1]，其名曰䖪（zī）鼠，见则其邑大旱。

汜（zhǐ）水出焉，而北流注于湖水。其中多箴鱼，其状如儵，其喙如箴，食之无疫疾。

再往南三百里，是枸状山。山上有丰富的金属矿物和玉石，山下则多青石碧玉。

这里有一种野兽，形貌像一般的狗，却长着六只脚，名叫从从。它发出的叫声就像在呼叫自己的名字。

这里还有一种禽鸟，样子像普通的鸡，却长着老鼠的尾巴，名叫䖪鼠。它在哪个地方出现，那里就会有大旱灾。

汜水从这座山发源，然后向北流，注入湖水。水中有很多箴鱼，样子像儵鱼，嘴巴像竹针。

箴鱼之名，当来自如"箴"一样的细细的长嘴巴。按古人的记载，东南滨海皆有。

古人最初以竹为针，用来连缀缝制衣服，故字从竹旁。还有一种医用工具，先民用来扎刺穴位以攻疾、防患、治病，似针，亦称为"箴"；制成此物的石材，即后文将要叙及的"箴石"。后世以金属制成针，"箴"字方写作"鍼"（针）。

人食用了箴鱼的肉，就不会染上瘟疫病。

勃垐山

原文

又南三百里，曰勃垐[2]（qí）之山，无草木，无水。

1.鼠毛：或当作"鼠尾"。
2.垐：古文"齐"字。

再往南三百里，是勃垒山。这里无花草树木生长，也无水流。

番条山　| 原 文

又南三百里，曰番条之山，无草木，多沙。减水出焉，北流注于海，其中多鳡（gǎn）鱼。

再往南三百里，是番条山。这里无花草树木生长，到处是沙子。

减水从这座山发源，然后向北流，注入大海。水中有很多鳡鱼。

鳡鱼，又名黄颊鱼，尖吻，大口，小眼，肉鲜美，性凶猛，能捕食其他鱼类。鳡，音训为"敢"，即敢作敢为，是天生的"独行侠"，古人又称之为"鳏"。我们常言的鳏寡孤独的鳏，最初即指此鱼。

姑儿山　| 原 文

又南四百里，曰姑儿之山，其上多漆，其下多桑柘。姑儿之水出焉，北流注于海，其中多鳡鱼。

再往南四百里，是姑儿山，山上生长有茂密的漆树。

漆树，在《五藏山经》中都有记载。《诗经》中亦有"山有漆""阪有漆"的吟咏，那时山上、斜坡上都有漆树的身影。庄子曾为漆园吏，有一种说法即认为庄子在蒙邑为吏，督管的就是漆事。

漆树为落叶乔木，树皮里会滋生出乳白色的汁液，经收集过滤，去掉杂质而得生漆，可制成涂料涂刷在器物表面。生漆在空气中干燥后，结成暗褐色的硬膜，坚韧耐久，防腐蚀。《诗经·鄘风·定之方中》：

　　　　树之榛栗，椅桐梓漆，爰伐琴瑟。

　　树，种植。榛、栗两种树，果实味美，可供祭祀。另外四种树，椅（山桐子）、梧桐、梓木和漆树都是制作琴瑟的材料，都属上好的树木，当然也要提倡种植。

　　山下生长有茂密的桑树和柘树。
　　姑儿水从这座山发源，向北流，注入大海。水中有很多鳙鱼。

高氏山　| 原　文

　　又南四百里，曰高氏之山，其上多玉，其下多箴石。诸绳之水出焉，东流注于泽，其中多金玉。

　　再往南四百里，是高氏山。山上盛产玉石，山下盛产箴石。

　　箴石，亦称砭石，一种楔形石块，称得上最古老的医疗工具，约起源于新石器时代，用以砭刺患部，排脓放血，治疗各种疼痛。
　　箴石，也指可磨制成砭针的石头。古时以砭石为针，故而只言砭石。砭石，还指称古老的外治之法，具体而言又有三个名：针石，砭石，镵石。统而言之，又是一回事。按《黄帝内经·素问》篇所言："东方之域……其病皆为痈疡，其治宜砭石。"
　　箴石，可称嘉美之石。此山乃嘉美之山。

　　诸绳水从这座山发源，向东流，注入湖泽。水中多有金属矿物和玉石。

岳山 | 原文

又南三百里，曰岳山，其上多桑，其下多樗。泺（luò）水出焉，东流注于泽，其中多金玉。

再往南三百里，是岳山。山上多是桑树，山下则多是臭椿树。

泺水从这座山发源，向东流，注入湖泽。水中有许多金属矿物和玉石。

犲山 | 原文

又南三百里，曰犲[1]（chái）山，其上无草木，其下多水，其中多堪㐨（xù）之鱼。有兽焉，其状如夸父而彘毛，其音如呼，见则天下大水。

再往南三百里，是犲山。山上无花草树木，山下水流遍布，水中有很多堪㐨鱼。

堪㐨鱼，未明其详，或以为即池沼中常见的鲢鱼，吞食浮游植物。这尚属揣测，还非定论。

这里有一种野兽，模样像夸父，却长着一身的猪毛。

夸父，这里是兽名。《西山经》中的崇吾山，有名为"举父"的兽类。夸、举音相近，举父即夸父。《北山经》中的梁渠山亦有叙及。夸父，样貌如同猿猴。

这种野兽发出的声音如同人的呼叫之声。它一出现，天下就会发生大水灾。

1.犲：同"豺"。

独山　原文

　　又南三百里，曰独山，其上多金玉，其下多美石。

　　末涂之水出焉，而东南流注于沔，其中多儵（tiáo）蟰（yóng），其状如黄蛇，鱼翼，出入有光，见则其邑大旱。

　　再往南三百里，是独山。山上多有金属矿物和玉石，山下则盛产美石。

　　末涂水从这座山发源，然后向东南流，注入沔水。水中有很多儵蟰，模样与黄蛇相似，却长有鱼的鳍，出水入水时会闪闪发光。

　　郭璞结撰《江赋》时写到了这种长着鱼鳍的水中异物。山海神怪，穿过时空来到东晋的大江大河，"儵蟰拂翼而掣耀"，自江水中振翼而起，迅疾闪耀出光芒。川渎之美，又有灵异之光，如此图景让人惊叹。

　　儵蟰在哪个地方出现，那里就会发生大旱灾。

　　郭璞在《图赞》中总结儵蟰道："见则岁旱，是维火祥。"干旱，火热，儵蟰自然又成了火灾的预兆。

泰山　原文

　　又南三百里，曰泰山，其上多玉，其下多金。有兽焉，其状如豚而有珠，名曰狪（tóng）狪，其鸣自訆。

　　环水出焉，东流注于江[1]，其中多水玉。

　　《诗经·鲁颂·閟（bì）宫》：

1.江：一作"海"；或当作"汶"，汶水。

泰山岩岩，鲁邦所詹。[1]

再往南三百里，是泰山。

泰山，即东岳泰山，居五岳之首，为诸山所宗，故又称岱宗。杜甫《望岳》诗有"岱宗夫如何，齐鲁青未了"，歌咏的就是这里的泰山。

泰山海拔只有一千五百多米，但山峰突兀峻拔，雄伟壮丽，古代帝王常在此举行封禅大典。

古时没有海拔的说法，很多传世文献中记载了泰山从山脚下到山顶的距离。郭璞在注解中说有四十八里三百步。还有说四十八里二百步的，还有大致估算是四十里的。数字准确与否，另当别论，认认真真把这些数字记录在册，说明此山在世人心中的地位。本书中的其他大山小山，很少有这种"待遇"。

山上多产"玉"，山下则蕴藏有金属矿物。

这里的"玉"，或当作"石"。非但其他古书古注引用这段经文时"玉"作"石"字，而且紫、白两种石英俱生于泰山，这在诸多古籍中明文有载。再揆诸今天的现实和认知，最起码泰山不以产玉著称，更遑论"多玉"了。

这里有一种野兽，形貌与猪相似，但是体内有珠子，名叫狪狪。

有珠，即如河蚌一样体内孕育珍珠。郭璞在《图赞》中发问："蚌则含珠，兽胡不可？"有珍珠在蚌，人们就破蚌壳而取其珠。那么，这种长得像小猪，不怎么起眼的狪狪兽呢？

狪狪如豚，被褐怀祸。
患难无由，招之自我。

1.岩岩：高峻险要的样子；詹：通"瞻"，瞻望。

被褐，是说穿着粗布短袄，谓狪狪外表"低调"，但怀中之物却在晃人的眼，动人的心，这必然会招来祸患。时至今日，试问狪狪，患难中无恙否？

狪狪发出的叫声就像在呼叫自己的名字。

环水从这座山发源，向东流，注入汶水。水中有很多水晶石。

竹山　原文

又南三百里，曰竹山，锦于江[1]，无草木，多瑶碧。激水出焉，而东南流注于娶檀之水，其中多茝蠃[2]。

再往南三百里，是竹山，这座山坐落在汶水边上。

竹山，独立于水波正中心，故而又作"蜀山"。蜀，有独、单一之义。

这里不生长花草树木，到处是瑶、碧之类的玉石。

激水从这里发源，然后向东南流，注入娶檀水。水中有很多紫色的螺。

小结　原文

凡东山经之首，自㯂蟲之山以至于竹山，凡十二山，三千六百里。其神状皆人身龙首。祠：毛用一犬祈，聊（ěr）用鱼。

1.江：一作"淮"，或当作"汶"。
2.蠃：当作"蠃"。

总计东方第一列山系之首尾，自橾蠢山起到竹山为止，共十二座山，途经三千六百里。

据现有经文核算，距离为三千五百里。

诸山山神的形貌都是人身而龙头。祭祀山神：在毛物中用一只狗作为祭品来祭祀，"聏"时用鱼。

祈，向神明求福。

聏，根据郭璞的注解，谓以血涂祭，音乃"钓饵"之"饵"。若按照这一理解方向，"聏"当作"衈"。古时祭祀前，杀牲取血用作衅礼。《榖梁传·僖公十九年》："'用之'者，叩其鼻以衈社也。"这里的衈，意谓取鼻血以衅祭社器。衈，宽泛一点理解，又是一个祭名，杀牲禽以血祭。衅礼，牲毛之物称刉，而羽者为衈。

以血祀神，向神祈福，用到鱼。

若按"聏"字的本义，则如《玉篇》所言："以牲告神，欲神听之曰聏。"

祭祀祈福，让神明听见心声，亦通。

东次二经

空桑山

原文

东次二经之首，曰空桑之山，北临食水，东望沮吴，南望沙陵，西望㴲（mǐn）泽。

有兽焉，其状如牛而虎文，其音如钦[1]，其名曰軨（líng）軨，其鸣自叫，见则天下大水。

东方第二列山系，自北而南进行排列。

东方第二列山系的第一座山，名叫空桑山，北面临近食水，东面可望见沮吴山，南面可望见沙陵，西面可望见㴲泽。

山以"空桑"为名的，单在《山海经》一书中即不止一处。《北山经》的空桑山，无草木，且冬夏皆有雪，属高纬度、高海拔。

按郭璞等人的注解，这里的空桑山出善木，可为琴瑟。

制作上好的琴，得有绝佳的材料，当然不只有桐木："琴虽用桐，然须多年木性都尽，声始发越……琴材欲轻、松、脆、滑，谓之四善。木坚如石可以制琴，亦所未谕也。"[2]

《周礼·春官·大司乐》有"空桑之琴瑟，《咸池》[3]之舞"，空桑和琴瑟乃至音乐都紧密地联系在一起。空桑七弦分，弹奏出的音声可使万物安和，是至乐，是至声。

但此处的空桑山，并没有描述出产何种树木或其他什么材料。

1.钦：或作"吟"。
2.按沈括《梦溪笔谈》卷五记载，有琴微碧，木料来自南溟岛上，纹如银屑，坚硬如石。
3.咸池：古乐曲名，传为黄帝之乐，尧增修并沿用。

这里有一种野兽，样子像牛，但全身皮毛斑纹似老虎，发出的声音如人在呻吟。这种野兽名叫轹轹，它的叫声就像在呼叫自己的名字。它一出现，天下就会发生大水灾。

曹夕山   原文

又南六百里，曰曹夕之山，其下多榖而无水，多鸟兽。

再往南六百里，是曹夕山。山下多构树，无水流，多飞鸟野兽。

峄皋山   原文

又西南四百里，曰峄（yì）皋之山，其上多金玉，其下多白堊。峄皋之水出焉，东流注于激女[1]之水，其中多蜃珧（yáo）。

再往西南四百里，是峄皋山。山上有丰富的金属矿藏和玉石，山下则多产白堊。

白堊，石灰岩的一种，质软而轻，用来粉饰墙面，亦可入药，又名白善土，俗称白土子。白堊可涂饰房舍，工匠们经常会接触到。由此，《庄子》才会讲楚国的郢人把白堊土涂抹到鼻尖上，薄薄的一层，让匠石挥舞斧头去劈除之。

峄皋水从这里发源，向东流，注入激女水。水中有很多蛤蚌。

1.激女：或作"激汝"。

按郭璞注解，蜃，为蚌；珧，玉珧，亦属蚌之类。蛤蚌的壳，颜泽纹理皆美善，可装饰刀鞘及各类器物。

葛山 ｜ 原 文

又南水行五百里，流沙三百里，至于葛山之尾，无草木，多砥砺。又南三百八十里，曰葛山之首，无草木。

澧水出焉，东流注于余泽，其中多珠蟞[1]（biē）鱼，其状如肺[2]而有目[3]，六足有珠，其味酸甘，食之无疠。

再往南行五百里水路，经过三百里流沙，就到了葛山的尾端。这里无花草树木，遍地是粗细不一的磨石。

再往南三百八十里，就到了葛山的首端，这里无花草树木。

澧水从这里发源，向东流，注入余泽。水中有很多珠蟞鱼，样子像动物的肺器官，却有四只眼睛、六只脚，体内含珠。它的肉味道酸中带甜，吃了就不会染上时疫。

无疠，按郭璞注解，是不感染"时气"病。时气，即时疫，流行一时的传染病。苏轼撰有《圣散子叙》一文，以亲身经历叙写圣散子的神效："若时疫流行，平旦于大釜中煮之，不问老少良贱，各服一大盏，即时气不入其门。平居无疾，能空腹一服，则饮食倍常，百疾不生。真济世之具，卫家之宝也。"时疫流行，因中"气"而死于非命的人和事，翻阅史籍，记载得并不少。唯愿这种"水产品"能有此效。

珠蟞鱼，按古今学人的猜测推论，可能是乌贼。郭璞引《吕氏春秋·本味》曰："澧水之鱼，名曰朱蟞，六足有珠，鱼之美也。"珠蟞味道鲜美，珠则出自足上。

1.蟞：通"鳖"。
2.肺：同"肺"。
3.有目：当作"四目"。

余峨山

原　文

又南三百八十里，曰余峨之山，其上多梓枏，其下多荆芑[1]（qǐ）。杂余之水出焉，东流注于黄水。

有兽焉，其状如菟而鸟喙，鸱目蛇尾，见人则眠，名曰犰（qiú）狳（yú），其鸣自詨，见则螽（zhōng）蝗为败。

再往南三百八十里，是余峨山，山上多梓树和楠树，山下则多是黄荆和枸杞。杂余水从这里发源，向东流，注入黄水。

山中有一种野兽，样子像兔子，却长着鸟的嘴、鸱鹰的眼睛、蛇的尾巴，一看见人就"眠"。

眠，或当作"瞑"，佯装死去，算是一种高妙的生存技能和逃生策略。

这种野兽名叫犰狳，它发出的叫声就像在呼叫自己的名字。它一出现，就会发生蝗灾。

螽，虫名，种类多，为蝗类的总称。按《春秋·桓公五年》记载："大雩，螽。"前七〇七年，这一年的秋天，为求雨而举行大雩祭。飞蝗数量太多，最后成灾，故而特意书写以入史书。

蝗虫种类繁多，身体呈绿色或黄褐色，俗称蚂蚱。它们的口器是咀嚼式的，成群飞翔，伤败田苗，对农业生产有很大危害。

杜父山

原　文

又南三百里，曰杜父之山，无草木，多水。

1.芑：通"杞"，枸杞。

再往南三百里，是杜父山。这里无花草树木，遍布水流。

耿山

原 文

又南三百里，曰耿山，无草木，多水碧[1]，多大蛇。有兽焉，其状如狐而鱼翼[2]，其名曰朱獳（rú），其鸣自訆，见则其国有恐。

再往南三百里，是耿山。这里无花草树木，却有很多碧绿色的水晶石，还有很多大蛇。

这里有一种野兽，样子像狐狸，却长着鱼的鳍，名叫朱獳。它发出的叫声就像在呼叫自己的名字。它在哪个国家出现，那里就会有恐怖的事情发生。

卢其山

原 文

又南三百里，曰卢其之山，无草木，多沙石。沙水出焉，南流注于涔水，其中多鹭[3]（lí）鹕（hú），其状如鸳鸯而人足，共鸣自訆，见则其国多土功。

再往南三百里，是卢其山。这里无花草树木，遍地是沙砾石头。

沙水从这里发源，向南流，注入涔水。水中有很多鹭鹕，样子像鸳鸯，却长着人的脚。

1.水碧：水玉之类的美石。
2.鱼翼：鱼身体两边长的鳍。
3.鹭：或作"鹈"。

鵁鶄，亦作鹈鹕。《诗经·曹风·候人》：

> 维鹈在梁，不濡其翼。[1]

鹈，即鹈鹕。诗人说鹈鹕鸟待在打鱼时筑起的梁坝上，却没有沾湿自己的翅膀。《三国志·魏志·文帝纪》记载有：

> 夏五月，有鹈鹕鸟集灵芝池，诏曰："此诗人所谓污泽也。"

鹈鹕鸟喜群居群飞，时沉入水中以捕食鱼类，故亦名"污泽"。

鹈鹕，还称"塘鹅"，是一种大型水鸟，体长可达两米，而此处经文所言的"状如鸳鸯"，体格似乎小了点。清代学者汪绂指出，其状当如雁。

鹈鹕鸟的趾间有全蹼，即如郭璞注解所说，它的足很像人脚的形状。想必郭璞看到"鵁鶄"两字时，脑海中浮现的是鹈鹕鸟的模样，进行古今形象的比对。

鹈鹕嘴长，尖端弯曲，颔下有一皮质的囊，捕到鱼后，就存放在皮囊中。《庄子·外物》篇记载说，"鱼不畏网而畏鹈鹕"。

这种鸟发出的鸣叫声就像在呼叫自己的名字。它在哪个国家出现，那里就会有水利土木工程的劳役。

姑射山　　原文

> 又南三百八十里，曰姑射（yè）之山，无草木，多水。

再往南三百八十里，是姑射山。

1.维：发语词；梁：捕鱼时筑起的水坝；濡：沾湿。

如果你喜欢庄子，喜欢庄子的文章，我相信，此山的名字一出现，你便会想起下面这段文字：

> 藐姑射之山，有神人居焉，肌肤若冰雪，绰约若处子；不食五谷，吸风饮露；乘云气，御飞龙，而游乎四海之外。其神凝，使物不疵疠而年谷熟。（《庄子·逍遥游》）

《逍遥游》是《庄子》内七篇的第一篇，而这一段文字又是《逍遥游》全篇之"主文"，且是庄子思想学说精义之所在。藐姑射神人无妨视为《逍遥游》一篇的"主人"。由此可见"藐姑射"在庄子心目中的位置。

一种说法，藐姑射，为山名。一说藐，言山之远；姑射，为山之名。庄子笔下的藐姑射山，在汾水的北面，他大概是借山名以寓意，不必求名下之实。神人做到了无己而神凝，逍遥自在，外物莫能伤，山之名以及在哪里，还重要吗？

庄子汪洋恣肆的文风，太绚烂，辉光所及，照亮了"躲"在此书此处的姑射之山。

后文的《海内北经》中，还有远在海中的列姑射山以及姑射国。

这里无花草树木，遍布水流。

北姑射山 | 原 文

又南水行三百里，流沙百里，曰北姑射之山，无草木，多石。

再往南行三百里水路，经过一百里流沙，便到了北姑射山。这里无花草树木，遍地是石头。

南姑射山

原　文

又南三百里，曰南姑射之山，无草木，多水。

再往南三百里，是南姑射山。这里无花草树木，遍地是水流。

以上是姑射山系列。

山算是有了，而水或多或少或无，花草树木则一概皆无，能摆出来的只是多石。如此的风物景象，敢问"肌肤若冰雪，绰约若处子"的神人还愿意待在这里吗？

碧山

原　文

又南三百里，曰碧山，无草木，多大蛇，多碧、水玉。

再往南三百里，是碧山。这里无花草树木，却有很多大蛇，还盛产碧玉、水晶石。

缑氏山

原　文

又南五百里，曰缑（gōu）氏之山[1]，无草木，多金玉。原水出焉，东流注于沙泽。

再往南五百里，是缑氏山。这里无花草树木，却有丰富的金属矿藏和玉石。原水从这里发源，向东流，注入沙泽。

1.缑氏之山：一名"侠氏之山"。

姑逢山

原　文

又南三百里，曰姑逢之山，无草木，多金玉。有兽焉，其状如狐而有翼，其音如鸿雁，其名曰獙（bì）獙，见则天下大旱。

再往南三百里，是姑逢山。这里无花草树木生长，多产金属矿物和玉石。

山中有一种野兽，样貌像狐狸，却长有翅膀，发出的声音如同鸿雁的鸣叫声。

音如鸿雁，在这里标明的或许只是一种声音。

而《诗经》中的《鸿雁》篇，传统诗学认为这首诗赞美周宣王在万民离散不安其居之时，能安之集之，甚至使鳏寡者都能各得其所。鸿雁哀鸣，早成灾乱之民流离失所的代称：

> 鸿雁于飞，
> 哀鸣嗷嗷。
> 维此哲人，
> 谓我劬劳。

秋夜，秋雨，羁旅在外的游子尤其不堪在愁绪中再听闻鸿雁的哀鸣之声。

鸿雁声起，而人却不眠。

诗学中的音声意境，大可安放现实人生的愁肠纠结。

这种野兽名叫獙獙，它一出现，天下就会发生大旱灾。

凫丽山

原　文

又南五百里，曰凫丽之山，其上多金玉，其下多箴石。有兽焉，其状如狐，而九尾、九首、虎爪，名曰蠪（lóng）姪[1]，其音如婴儿，是食人。

再往南五百里，是凫丽山，山上有丰富的金属矿藏和玉石，山下多产箴石。

前文叙及出产箴石的是高氏山。

这里有一种野兽，样貌像狐狸，却有九条尾巴、九个脑袋，还长着老虎的爪子，名叫蠪姪，它发出的声音如同婴儿的啼哭声。这种野兽是吃人的。

九尾的兽类在本书中并不少见，例如《南山经》的基山中的㺍訑（九尾四耳），青丘山中的野兽（状如狐而九尾）；《海外东经》的青丘国，其狐四足九尾；《大荒东经》的青丘国，有狐九尾；甚至《西山经》中的陆吾神，亦是虎身而九尾。

这里的异兽蠪姪很特殊，非但九尾，且九首，还吃人，古人视之为怪物、恶兽。

硾山

原　文

又南五百里，曰硾（zhēn）山，南临硾水，东望湖泽。

有兽焉，其状如马，而羊目、四角、牛尾，其音如嗥狗，其名曰㹯（yóu）㹯，见则其国多狡客。有鸟焉，其状如凫而鼠尾，善登木，其名曰絜（xié）钩，见则其国多疫。

再往南五百里，是硾山。这座山南面临近硾水，在山上向东眺望，则可望见湖泽。

这里有一种野兽，形貌像马，却长着羊的眼睛、牛的尾巴，还有四只角，发出的声音

1.蠪姪：当作"蠪蛭"。

如同狗在大声吼叫。这种野兽名叫狡狡，它在哪个国家出现，那里就会有很多"狡客"。

狡，郭璞注为"狡猾"。狡猾者，必多诈。狡客，立刻会让人联想到战国时期的纵横之士，"一怒而诸侯惧，安居而天下熄"的说客。记得有个出自《左传》的成语：狡焉思启。有些人怀贪诈之心，无时不在盘算如何逞其阴谋，侵伐他国。这是多么危险！

其实，就"狡"字本身而言，并没有那么不堪，而是一个中性字，甚至在某些时候还是很讨人喜欢的。狡，始见于战国文字 狡，篆文作 狡，从犬，交声。《说文》："狡，少狗也。"少而壮的狗，想想就有让人要抱一抱和逗一逗的感觉。狡，还指匈奴特有的一种大狗，巨口而黑身，有的说是赤身，很是凶猛。

狡的一个意象是健壮，甚至是美好。比如《吕氏春秋·仲夏纪》记载有"小暑至……食菽与鸡。其器高以粗。养壮狡"，壮狡，健壮的小狗。在描写女子失恋的《诗经·郑风·狡童》诗中有：

> 彼狡童兮，不与我言兮。
> 维子之故，使我不能餐兮。

狡童，指姣好的美少年，他不与主人公言谈，气得人家连饭都吃不下去了。

回到经文中的"狡客"，大都认为是奸人，例如郭璞在《图赞》中有言："治在得贤，亡由失人。狡狡之来，乃致狡宾。"本国的贤人都四散奔亡了，招徕的不就都是奸臣嘛！

当然，也有学者认为"狡客"有褒奖之意在。

其实回到《山海经》结撰的时代，最起码彼时还没有能让四处游说的客卿扎根生长的社会土壤。"狡"，除了有后世的诡诈狡黠之义，还有与之相对的义涵——姣好，虽然怪兽现身，一般都不会有什么好事发生。让字词的内涵丰满充盈起来，只会让想象的翅膀更坚实，让思绪飞得更远，进入"读书得间"的境界。

山中还有一种禽鸟，样子像野鸭，却长着老鼠的尾巴，擅长攀缘树木以登高，名叫絜钩。它在哪个国家出现，那里就会经常发生瘟疫。

郭璞在《图赞》中曰：

獙獙如狐，有翼不飞。
九尾虎爪，号曰蠪蚳[1]。
絜钩似凫，见则民悲。

小结

原文

凡东次二经之首，自空桑之山至于䃌山，凡十七山，六千六百四十里。其神状皆兽身人面载觡（gé）。其祠：毛用一鸡祈，婴用一璧瘗。

总计东方第二列山系之首尾，自空桑山起到䃌山为止，共十七座山，途经六千六百四十里。

诸山山神的形貌都是野兽的身子、人的面孔，而且头上戴着“觡”。

觡，特指麋鹿有分叉的角。麋鹿头顶的角，骨质与角质合而为一，内外无间，古人称之为骨角，即觡。而牛和羊的角，其中有骨，区分曰角。又，麋角有枝曰觡，无枝曰角。或许因为这些物什就是古人生活的一部分，所以分得清楚精细。今天的语言，讲求的是经济又实惠，把它们都简化处理了。

祭祀山神：在毛物中用一只鸡取血涂祭，祀神的玉器用一块玉璧，献祭后埋入地下。

1.蠪蚳（chí）：经文作“蠪蛭”。

┃ 东次三经

尸胡山

原文

又[1]东次三经之首，曰尸胡之山，北望𦎧山，其上多金玉，其下多棘。有兽焉，其状如麋而鱼目，名曰妴（wǎn）胡，其鸣自訆。

此山系包含九座山，大都不可指实。按《史记·封禅书》记载："自威、宣、燕昭使人入海求蓬莱、方丈、瀛洲。"齐威王、齐宣王和燕昭王时，始遣派人手到海上去寻找蓬莱、方丈、瀛洲，即所谓的"三神山"。《东次三经》的内容，有学者认为可能是入海求神山的探勘记录。

东方第三列山系的第一座山，名叫尸胡山。在这座山上向北望，可以望见𦎧山。山上有丰富的金属矿藏和玉石，山下到处是棘。

棘，落叶灌木，丛生，茎上有刺，果实为酸枣。"棘"之金文作 𣏗，二"朿"相并，而"朿"之形 𣏃，像荆棘的芒刺之形，字形突出棘木上有刺，本义为低矮丛生的酸枣树，可泛指带刺的草木。这里指丛生的小酸枣树。

这里有一种野兽，样子像麋鹿，却长着鱼一样的眼睛，名叫妴胡。它发出的叫声就像在呼叫自己的名字。

1.又：此处的"又"字或为衍文。

岐山 | 原 文

又南水行八百里，曰岐山，其木多桃李，其兽多虎。

再往南行八百里水路，是岐山。山中的树木大多是桃树和李树，野兽以老虎居多。

此处已是东山，再水行八百里，想必已在大海之东。

诸钩山 | 原 文

又南水行五百里，曰诸钩之山，无草木，多沙石。是山也，广员百里，多寐鱼。

再往南行五百里水路，是诸钩山。这里无花草树木生长，到处是沙砾石头。这座山，方圆有一百里，多产"寐鱼"。

寐鱼，按郭璞注解，即鲱（wèi）鱼，因味道鲜美，又叫嘉鱼。

中父山 | 原 文

又南水行七百里，曰中父之山，无草木，多沙。

再往南行七百里水路，是中父山。这里无花草树木生长，到处是沙砾。

胡射山 | 原 文

又东水行千里，曰胡射之山，无草木，多沙石。

再往东行一千里水路，是胡射山。这里无花草树木生长，到处是沙砾石头。

孟子山 | 原 文

又南水行七百里，曰孟子之山，其木多梓桐，多桃李，其草多菌蒲，其兽多麋鹿。是山也，广员百里。其上有水出焉，名曰碧阳，其中多鳣鲔。

这个山名撞入眼帘时，很激动，难道此山与"我善养吾浩然之气"的孟夫子有关？当然没有关系。以扎实的文献为基石，我们的激动和惊喜才不至于落空。

孟子山，亦作"孟于山"。

再往南行七百里水路，是孟子山。山中的树木大多是梓树和桐树，还生长着茂密的桃树和李树；山中的花草则大多是菌蒲。

菌蒲，按郭璞注解，未明其详，后世学者推论，大概是紫菜、石花、牛毛、海带、海苔之类。

山中的野兽大多是麋、鹿。

这座山，方圆有一百里。有水从山上流出，水聚成河，名叫碧阳。其中生长着很多鳣鱼和鲔鱼。

鳣，鱼名，即鲟鳇鱼。郭璞注《尔雅·释鱼》中的"鳣"有言："大鱼，似鲟而短鼻，口在颔下，体有邪行甲，无鳞，肉黄。大者长二三丈。今江东呼为黄鱼。"贾谊在

《吊屈原赋》中提到过，"横江湖之鳣鲸兮，固将制于蝼蚁"。它与鲸鱼并称，可见不是小鱼，而是大鱼。江河湖泊中的大家伙——古人记载说可达千余斤，进入小沟渠，就会被蝼蛄、蚂蚁等微小之物欺负。

鲔，鱼名，按郭璞注解，似鳣而长鼻，体无鳞甲，大致属鲟、鳇之类。这种鱼的个头稍小些，最大的不过七八尺。

这两种鱼并称，一起出现在先民的歌咏中。《诗经·卫风·硕人》有："河水洋洋，北流活活。施罛濊濊，鳣鲔发发。"[1]黄河水势盛大，北流入海水声哗哗，撒开渔网霍霍有声，鳣鱼、鲔鱼尾巴甩动起来，声响也不小。

跂踵山

原 文

又南水行五百里，曰流沙，行五百里，有山焉，曰跂（qǐ）踵之山，广员二百里，无草木，有大蛇，其上多玉。

有水焉，广员四十里皆涌，其名曰深泽，其中多蠵（xī）龟。有鱼焉，其状如鲤，而六足鸟尾，名曰鲐（gé）鲐之鱼，其鸣自叫。

再往南行五百里水路，经过五百里流沙，有一座山，名叫跂踵山。这座山，方圆有二百里，无花草树木生长，却有大蛇出没，山上多玉石。

这里有一大片水潭，方圆四十里都在喷涌泉水。这水潭的名字叫深泽。

当现象很难描述清楚时，无妨讲一个与之相仿的、平行的事例。郭璞注解说：

今河东闻喜县有瀵水，源在地底，瀵[2]沸涌出，其深无限，即此类也。

1.河：黄河；洋洋：水势盛大的样子；北流：古黄河在齐国的西面、卫国的东面向北流入海；活（guō）活：水流声；罛：大渔网；濊（huò）濊：渔网撒入水之声；发发：或作"泼泼"，拟声词，鱼掉转尾巴发出的声响。
2.瀵：同"喷"。

瀿，谓水自地下深处的源头处喷涌而出，又洒散开来。再反观深泽以及其名中"深"字的含义，似更能明白。

深深的水中有很多蠵龟。

蠵龟，一种大龟。按郭璞注解，龟甲有文采，像玳瑁[1]而略薄些。《尔雅》列出十种龟，第二个就是这种龟。

在郭璞那个时代，涪陵郡出产此种大龟，其龟甲可用来占卜，故称之为"灵龟"。这种龟能发出鸣叫声。东汉的许慎解释说，这种大龟"以胃鸣"，即用胃那个部位发出鸣叫声。

水中还生长着一种鱼，样貌像一般的鲤鱼，却有六只脚，还长着鸟的尾巴，名叫鮯鮯鱼。它发出的叫声就像在呼叫自己的名字。

蚲隅山

又南水行九百里，曰蚲（mǔ）隅之山，其上多草木，多金玉，多赭。有兽焉，其状如牛而马尾，名曰精精，其鸣自叫。

再往南行九百里水路，是蚲隅山。山上多花草树木，有丰富的金属矿藏和玉石，还有许多赭石。

这里有一种野兽，模样像一般的牛，却长着马的尾巴，名叫精精。

以上面的描述言，这种野兽让人感觉太普通了，除了一个很别致的名字——精精。想

1.玳瑁在古书中多有提及，形似龟，甲壳黄褐色，有黑斑，光泽绚丽。魏晋诗人张华在《轻薄篇》中有："横簪刻玳瑁，长鞭错象牙。"

想也是，牛身子，马尾巴，两者组合，更像小朋友们充满童真的画作。

好像不甘心，于是有人更愿意相信此兽在平凡的身段、常见的面孔下藏着神异和灵光：难道不就是辟邪吗？辟邪，传说中的神兽，似鹿而长尾，有两角。精精和辟邪两者的长相，还是有些差距的。

精精发出的叫声，就像在呼叫自己的名字。

无皋山 | **原 文**

> 又南水行五百里，流沙三百里，至于无皋之山，南望幼海，东望榑木，无草木，多风。是山也，广员百里。

再往南行五百里水路，经过三百里流沙，便到了无皋山。

站在山上向南望，可以望见幼海；向东望，可以望见榑木。这里没有花草树木生长，多大风。

幼海，不是大海。按郭璞注解，幼海，即少海。《淮南子·地形训》中有"东方曰大渚，曰少海"。东方多水，水中可居住的地方称为渚。这里的幼海、少海是大泽之名，大泽之中有大渚。按《韩非子·外储说左上》记载，齐景公曾游历至少海。

榑木，按郭璞注解，两字当发"扶桑"之音。扶桑，太阳出于扶桑之下，拂其树梢而升，越来越高，然后照耀四方。"逍遥芜皋[1]上，杳然望扶木"（陶渊明《读〈山海经〉十三首（其六）》），诗人歌咏的就是这里叙写的场景。

这座无皋山，方圆有一百里。

1.芜：通"无"；芜皋：无皋。

小结

原文

凡东次三经之首，自尸胡之山至于无皋之山，凡九山，六千九百里。其神状皆人身而羊角。其祠：用一牡羊，米用黍[1]。是神也，见则风雨水为败。

总计东方第三列山系之首尾，自尸胡山起到无皋山为止，一共九座山，途经六千九百里。

再次核算，数字稍有误差，应当为六千四百里。

诸山山神的状貌都是人的身子，并且长着羊角。祭祀山神：在毛物中用一只公羊做祭品，祀神的米用黄米。

这些山神一出现，就会刮大风、下大雨、发大水。

"败"之甲骨文作🦌或🦌，从攴，从鼎或贝。攴，像手持一物扑击，而鼎和贝皆为珍贵器物。击钟鼎食，说明鼎在生活中是吃饭的家什；尝鼎一脔，鼎里煮的肉味汤羹……鼎要是被敲破了，被毁坏了，那不就是在与美好的日子为敌！贝壳在古时曾为货币，抄家伙"打"钱贝，那就真的是和钱过不去了。

败的本义，无疑是毁坏、败坏，指向的对象当然是人们打心眼里热爱的、珍惜的、舍不得的东西。

山神是神明，有超自然的力量，会对人世间的一切产生影响。

山神引发的风、雨、水，败毁的无外乎是我们的亲人朋友、屋舍家园、花草树木、庄稼田禾……

祭祀，虔诚，那是因为有深深的畏惧。

1.黍：这里指黍籽实，通称黄米。

东次四经

北号山

原 文

又东次四经之首，曰北号之山，临于北海。

有木焉，其状如杨，赤华，其实如枣而无核，其味酸甘，食之不疟。食水出焉，而东北流注于海。

有兽焉，其状如狼，赤首鼠目，其音如豚，名曰猲狙[1]，是食人。有鸟焉，其状如鸡而白首，鼠足而虎爪，其名曰鬿（qí）雀，亦食人。

东方第四列山系的第一座山，名叫北号山，屹立在北海边上。

这里有一种树木，样子像杨树，开红色的花朵，结出的果实与枣相似，但没有核，味道酸中带甜，吃了能让人不患疟疾病。

无核的枣，也算稀罕，古书亦有记载，称之为皙枣，但并没说有此神效。疟疾是以间歇性寒战、高热、出汗为特征的一种传染病，多发于夏秋季节。传统中医认为，多因风寒暑湿之邪客于营卫所致。

或许是因为疟疾太折磨人了，学者们看到"神仙一把抓"的药，急切地想类比说明：

《（神农）本草经·腐婢》陶注云："今海边有小树，状如厄子，茎条多曲，气作腐臭，士人呼为腐婢，用疗疟有效。"即此。（郝懿行《笺疏》）

腐婢，又名凉粉柴、山膏药、六月冻，为马鞭草科植物豆腐木的根或茎、叶，清热解

1.猲狙：当为"獙狙"。

毒，消肿，确然可治疟疾、腹泻、痢疾等疾病，须煎服方可。这些其实与经文记载的像枣一样的果实并无多少关联。

食水从这里发源，然后向东北流，注入大海。

注意，前文中亦有"食水"，发源于楸蟫山——此山又北临乾昧，故这里的北号山莫非就是乾昧山？如此推论，有些勉强。还有一种可能，这里的食水别为一条河，与前面的食水只是同名，并无关涉。

这里有一种野兽，样子像狼，却长着红色的脑袋、老鼠的眼睛，发出的声音如同小猪在叫。这种野兽名叫獙狙，是能吃人的。

这里还有一种禽鸟，样子像普通的鸡，却长着白色的脑袋、老鼠的脚、老虎的爪子。这种鸟名叫蚔雀，也是能吃人的。

旄山 | 原 文

又南三百里，曰旄山，无草木。苍体之水出焉，而西流注于展水。其中多鱃（qiū）鱼，其状如鲤而大首，食者不疣。

再往南三百里，是旄山，这里无花草树木生长。

苍体水从这里发源，然后向西流，注入展水。水中生长着很多鱃鱼，模样像鲤鱼，但头很大。

鱃鱼，按郭璞注解，谓虾鳛，即泥鳅；或以为是鳙鱼，黑鲢、花鲢，俗称胖头鱼。

食用了鱃鱼的肉，可使人的皮肤上不生疣子。

东始山

原 文

又南三百二十里，曰东始之山，上多苍玉。有木焉，其状如杨而赤理，其汁如血，不实，其名曰芑，可以服马。

泚水出焉，而东北流注于海，其中多美贝，多茈鱼，其状如鲋，一首而十身，其臭如蘪芜[1]，食之不糟（pì）。

再往南三百二十里，是东始山，山上盛产青色的玉石。

山中有一种树木，样子像杨树，却有赤红色的纹理，树干中的液汁像人的血液，不结果实。这种树木名叫芑。

《诗经·小雅》中有诗篇名为《采芑》，其中的"芑"，似苦菜，人可生食，马亦可食，行军打仗常常采集。

这里的"芑"，是树木，不是野菜，或以为即杞柳。

把这种树的液汁涂在马身上，可以把马调教得很好。

服马，从字面上理解是驯服马性。在易学中，乾☰为马，阳刚健行。马四肢强健，善奔跑，性情整体上温驯，但也是有脾气有个性的，不易驯服，尤其是烈马。按郭璞注解，以芑木的液汁涂抹到马身上，马就乖乖听话了，"不劳孙阳，自然闲习"（《图赞》）。孙阳，即伯乐，善相马、治马、驭马。让伯乐闲下来没活干的，不是他的同行，而是遥远的山上的一种树。这种关于跨界竞争的叙事，在今天看来也是够玄幻的。

泚水从这里发源，然后向东北流，注入大海。水中生长着很多有绚丽斑纹的贝类，还有很多茈鱼，样子像鲋鱼，长着一个脑袋、十个身子。

鲋鱼，即鲫鱼，体侧扁，头小，背脊隆起，尾部较窄，背面青褐色，腹面银灰色。

茈鱼发出的气味像蘪芜草的气味。食用了它，即可"不糟"。

1.蘪芜：同"蘼芜"。

糠，同"屁"，下出气，也就是放屁。人自肛门泄出臭气，当属正常的生理现象。放出屁来，反倒有通泰之感，是身体机能康健的表现。在老百姓看来，即便是仙人，那也得放屁——只不过是"不同凡响"而已。不糠，当然不能理解为不放屁。按郭璞注解，谓止失气，即让气不至于下泄散失得太厉害。

女烝山　原文

又东南三百里，曰女烝（zhēng）之山，其上无草木。石膏水出焉，而西注于鬲（gé）水，其中多薄鱼，其状如鳣鱼而一目，其音如欧[1]，见则天下大旱。

再往东南三百里，是女烝山，山上无花草树木。

石膏水从这里发源，然后向西流，注入鬲水。水中有很多薄鱼，样子像鳣鱼，却只长了一只眼睛，发出的声音如同人在呕吐。

薄鱼一出现，天下就会发生大旱灾。

钦山　原文

又东南二百里，曰钦山，多金玉而无石。师水出焉，而北流注于皋泽，其中多鳛鱼，多文贝。有兽焉，其状如豚而有牙，其名曰当康，其鸣自叫，见则天下大穰。

1.欧：同"呕"，人之呕吐声。

再往东南二百里，是钦山，山中多产金属矿物和玉石，却没有石头。

师水从这里发源，然后向北流，注入皋泽。水中有很多鳝鱼，还有很多色彩斑斓的贝类。

这里有一种野兽，样子像小猪，却长有"牙"，名叫当康。

"牙"之金文作 𐤍 或 𐤌 ，像人的牙齿上下咬合之形。《说文》："牙，牡齿[1]也，象上下相错之形。"这是说，齿之大者称为牙。统而言之，牙、齿无别。这里的"牙"，不是一般的牙齿，而是指尖锐锋利且露出嘴外的大牙齿。

当康兽发出的叫声就像在呼叫自己的名字。它一出现，天下就会大获丰收。

穰，意谓庄稼丰收。

历来岁有凶穰，谷有贵贱。春秋后期曾出现"六岁穰，六岁旱"的说法：太阴（木星）每十二年绕天空运行一周，运行至酉，称岁在金，为"穰"，为大丰年；又六年运行至卯，乃岁在木，为"康"，为小丰年。运行至子，是岁在水，为"毁"，为大荒年；又六年运行至午，称岁在火，为旱年。如此循环，形成六年一穰，六年一旱，或十二年一大饥。农业生产的丰歉，与天象天时之间存在着某种隐秘的关联，先民们希望利用这一内在的关系，或者说规律，积极地趋利避害。

若当康兽踏着节点而来，说明它明察日月运行，揆度岁星顺逆，在"理"上便能说通了。

子桐山

原文

又东南二百里，曰子桐之山。子桐之水出焉，而西流注于余如之泽。其中多鲭鱼，其状如鱼而鸟翼，出入有光，其音如鸳鸯，见则天下大旱。

1.牡齿：按清代段玉裁注解，应作"壮齿"。

再往东南二百里，是子桐山。

子桐水从这里发源，然后向西流，注入余如泽。水中有很多鲭鱼，形貌与鱼相似，却长着飞鸟的翅膀，出入水面时闪闪发光，发出的声音如同鸳鸯的鸣叫声。

鸳鸯在这部书中真的是很"忙碌"，它在以自己的声音和形貌彰显其他诸物的存在。

鲭鱼一出现，天下就会发生大旱灾。

出入有光，音如鸳鸯，看似靓丽，实则为灾厄的象征。与前面如豚的当康相较，确实存在着反差。

作为表象的鸟兽，它们的容貌和价值，相信在先民心中一定自有一杆秤，孰好孰坏，多年岁月的信息累积，转识成智，他们是不会被"蒙蔽"的。

剹山　原文

又东北二百里，曰剹山，多金玉。

有兽焉，其状如彘而人面，黄身而赤尾，其名曰合窳，其音如婴儿。是兽也，食人，亦食虫蛇，见则天下大水。

再往东北二百里，是剹山，这里有丰富的金属矿藏和玉石。

山中有一种野兽，状貌像猪，却长着人的面孔，还有黄色的身子、赤红色的尾巴，名叫合窳。它发出的声音如同婴儿的啼哭声。

合窳兽会以人为食，也吃虫和蛇。它一出现，天下就会发生大水灾。

从易学的角度来看，坎☵为豕，坎又主水渎，而豕处污湿，由此状如彘的合窳和大水关联在一起，无妨认为是合乎天道易理的。

食人，又食虫，还吃蛇，彰显的则是合窳兽的贪婪和残忍。

太山

又东二百里，曰太山，上多金玉、桢木。有兽焉，其状如牛而白首，一目而蛇尾，其名曰蜚，行水则竭，行草则死，见则天下大疫。

钩水出焉，而北流注于劳水，其中多鳝鱼。

再往东二百里，是太山。山上多金属矿物、玉石和女贞树。

桢，树名，即女贞，常绿灌木或乔木，叶经冬青翠不凋落。

女贞之树，一名冬生，负霜葱翠，振柯凌风。（《艺文类聚》卷八十九引晋苏彦《女贞颂》）

桢木，生性刚坚，果实可入药，称"女贞子"。

山中有一种野兽，样貌像一般的牛，却长着白色的脑袋，只有一只眼睛，还有蛇的尾巴。这种野兽名叫蜚。

"蜚"之篆文作𧒒或𧒓，本义是一种发出恶臭气的蝗类昆虫，吞食稻花，危害庄稼，又名负蠜（fán）。这里的蜚为兽，按郭璞注解，体内蕴含有灾气，造成的危害尤其剧烈。

蜚行经有水的地方，水就干涸；行经有草的地方，草就枯死。它一出现，天下就会发生大瘟疫。

蜚是一个不折不扣的大灾兽！诚如郭璞的铭文所言，"万物攸惧，思尔遐逝"。万物都畏惧它，都躲得远远的。

钩水从这里发源，然后向北流，注入劳水。水中有很多鳝鱼。

小结 ┃ 原 文

　　凡东次四经之首，自北号之山至于太山，凡八山，一千七百二十里。

　　总计东方第四列山系之首尾，自北号山起到太山为止，共八座山，途经一千七百二十里。

　　这里不言神明，不叙神明之形状，不写祀神之礼器规制，想必是经文在此处有缺失脱略。

结语 ┃ 原 文

　　右东经之山志，凡四十六山，万八千八百六十里。

　　以上为《东山经》所记录的山，共四十六座山，途经一万八千八百六十里。

　　核算数字，小有误差，实际当为一万八千二百六十里。

　　山志，即志山。志，记载。这里记载的是山。

　　山往往都很大，或生草长树，或有矿藏，或产玉石，或涌泉成河，飞鸟、走兽、游鱼等等，都包容在了大山之中。

　　当然，山中或有"怪"，也记载下来。而有的人，有的书，则是专门志怪的，比如《庄子·逍遥游》有"齐谐者，志怪者也"。这个"齐谐"，或为人之姓名，或为书名，总而言之是记录怪异之事的。山志，记录了一座座大山小山，也就把以上种种都囊括在内了。

　　以上《东山经》分四个次经，整体上可视为第四篇。

卷五

中山经

｜ 中山首经

　　中央第一列山系为薄山山系，共有十五座山。从甘枣山到吴林山的十座山，从西向东排列；从吴林山到阴山，方向转为从南向北排列；从阴山到鼓镫山，方向又转为东北方向。

甘枣山

原　文

　　中山经薄山之首，曰甘枣之山。共水出焉，而西流注于河。其上多枸木。其下有草焉，葵本而杏叶[1]，黄华而荚[2]实，名曰箨（tuò），可以已瞢[3]（méng）。

　　有兽焉，其状如䶄（dú）鼠而文题，其名曰难（nuó），食之已瘿。

　　中央第一列山系是薄山山系，它的第一座山，名叫甘枣山。共水从这里发源，然后向西流，注入黄河。山上多枸树。

　　山下有一种草，有着像葵菜一样的"本"。

　　本，金文作 ，战国文字作 ，像草木的根，本义为树根。《说文》："木下曰本。"同时，亦可指茎干。葵，分秋葵和冬葵，嫩梢、嫩叶皆可做蔬菜，茎叶皆可入药。

1.杏叶：或作"楛叶"。楛，丛生植物，茎可制箭。
2.荚：豆类植物的果实。《说文》："荚，艸实。"
3.瞢：目不明。

葵及其根茎有个性，在传统文化中独具内涵。

《左传·成公十七年》记载有孔子评价鲍庄子的话："鲍庄子之知不如葵，葵犹能卫其足。"鲍庄子，即鲍牵，春秋时齐灵公的大夫，因参与宫廷内争而受刖刑，双脚被砍掉了。古时称冬葵为"百菜之主"，先民以葵为蔬菜，不待其长老即掐去嫩梢、嫩叶，不伤根茎，即可再长出嫩叶。古人还认为葵叶向阳生长，能防阳光直射根茎以"卫其足"，引申为人当谨言慎行，明哲以保身。古歌辞亦有：采葵莫伤根，伤根葵不生。经文的结撰者在以"葵本"为喻体时，或许一并能想起葵菜的嫩叶、嫩梢：日常的吃食，平淡而亲切。

回到经文中的草。

这种草的叶子像杏树的叶子，开黄色的花朵，结带荚的果实，名叫箨。人食用它，可治疗眼睛昏花的病。

山中还有一种野兽，样子像犰鼠。

犰鼠，郭璞注解说，未详。《尔雅》所列"十三鼠"，犰鼠不在其中。犰，或作"尯"。

这种野兽还有一个特点："文题"。

文，通"纹"；题，额头，谓额头有斑纹。

这种野兽名叫貈。

"貈"字不常见，按郭璞注解，读音为"那"，或作"熊"。

食用了貈的肉，可治疗脖子长赘瘤的病。

历儿山　原　文

又东二十里，曰历儿之山，其上多櫔，多櫔（lì）木，是木也，方茎而员叶，黄华而毛，其实如楝[1]（liàn），服之不忘。

再往东二十里，是历儿山。

山上多木质坚硬的櫔树，还有茂密的櫔树，这种树木的茎干是方形的，而叶子是圆形的，开黄色的花朵，花瓣上有茸毛，结的果实像楝树的果实，人食用了可以增强记忆力而不忘事。

楝树，又名苦楝，落叶乔木，羽状复叶，春夏之际开淡紫色小花，果实球形或长圆形，褐色，成熟时则为黄色，种子、树皮皆可入药。楝实，又名金铃子，味苦寒，有理气止痛、杀虫疗癣的功效。

依据文句的气脉，櫔木之实和楝实在"形"上有相似之处。按清代学者汪绂之见，"楝木似槐子，如指头，色白而粘，可捣以浣衣，服之益肾"，结合经文上下，"此服之不忘，谓令人健记，盖亦楝类也"（《山海经存》）。这个推论合适否？

再读大医家李时珍《本草纲目》的记载："楝实导小肠、膀胱之热，因引心包相火下行，故心腹痛及疝气为要药。"由此，汪绂疏解文意，太贴近经文，而没有顾及真实世界之然否，他的话今天可不必太当真，我们还是该谨遵"医"嘱。

渠猪山　原　文

又东十五里，曰渠猪之山，其上多竹。渠猪之水出焉，而南流注于河。其中是多豪鱼，状如鲔，赤喙尾赤羽[2]，可以已白癣[3]。

1.楝：应作"楝"。
2.羽：这里指鱼的尾鳍。
3.癣：癣疥。

再往东十五里，是渠猪山，山上生长着很多竹子。

渠猪水从这里发源，然后向南流，注入黄河。水中有很多豪鱼，样子像一般的鲔。

鲔，按郭璞注解，似鳣，即鲟鳇鱼，体呈梭形。

豪鱼长着赤红色的嘴巴和赤红色的尾巴，尾鳍也是赤红色的，食用它的肉可治疗白癣病。

葱聋山

原　文

又东三十五里，曰葱聋之山，其中多大谷，是多白垩，黑、青、黄垩。

再往东三十五里，是葱聋山。山中有许多深且长的大峡谷，到处是白垩。

前文《东次二经》的峄皋山，亦多产白垩。

除了白垩，这里还产杂色的垩土——黑垩、青垩和黄垩。

溾山

原　文

又东十五里，曰溾（wō）山，其上多赤铜，其阴多铁。

再往东十五里，是溾山。山上多赤铜矿，山的北面多铁矿。

脱扈山

原 文

又东七十里，曰脱扈之山。有草焉，其状如葵叶而赤华，荚实，实如棕荚，名曰植楮，可以已瘑（shǔ），食之不眯。

再往东七十里，是脱扈山。

山中有一种草，样子像葵菜的叶子，开赤红色的花朵，结带荚的果实，果实像棕树的果实。这种草名叫植楮。

棕荚，按字面意思讲，即为棕榈树的果实。郭璞注解说，为棕木之荚，似皂荚。

植楮，或即荎（chí）藸（chú），即五味子，入药可敛肺滋肾，生津止汗，涩精止泻，安神。

植楮可以医治"瘑"病，食用它，还能使人不做噩梦。

瘑，一般理解为瘰疬，古人描述为颈部生疮，脓水如漏，又称鼠瘘；今天则视之为颈腋部淋巴结结核。鼠瘘病的根源在脏器，但表象却在颈腋之间。之所以称鼠瘘，取鼠性善窜，串通人体经络。

还有一种说法，瘑指心头病，忧郁而成疾，例如《诗经·小雅·正月》有"哀我小心，瘑忧以痒"[1]，哀叹我担惊受怕，忧虑郁闷而心有伤痕。

细捋上下文的脉络，这里的"可以已瘑"，与下文的"食之不眯"，似有并列对比之意。一外用，一内服，不重复，不搅扰，文意显豁明白。

也就是说，植楮用于外敷，可治疗瘰疬病。

1.小心：言多有畏惧和忌惮；痒：疡也，受到创伤。

金星山

原　文

又东二十里，曰金星之山，多天婴，其状如龙骨，可以已痤（cuó）。

再往东二十里，是金星山。山中有很多"天婴"，样子与龙骨相似，可以用来医治痤疮。

天婴，不详为何物。

龙骨，又名花龙骨，入中药，可治溃疡久不收口等病症。以今天的视野来看，龙骨是古脊椎动物的骨骼化石，其中大多数是第三纪后期和第四纪的哺乳动物，如象、犀牛、马、鹿、骆驼、羚羊等的骨骼化石。当然，这里的"龙骨"作为一种喻体，理当为较常见的古生物骨骼化石。

如此来看，天婴大概亦当为一种生物化石。

痤，痤疮，俗称粉刺；另有说法是更重、更痛的一种——热疖。大如酸枣，小如黄豆，皮色赤红，内有脓血，古人有"弹痤者痛，饮药者苦"[1]的说法。

泰威山

原　文

又东七十里，曰泰威之山，其中有谷曰枭谷，其中多铁。

再往东七十里，是泰威山。山中有一道峡谷，名叫枭谷。这里多产铁。

《诗经·陈风·墓门》有：

墓门有梅[2]，有鸮萃止。

1.出自《韩非子·六反》篇。弹，谓用石针割刺。
2.梅：应作"棘"。

墓门，墓道之门，为凶僻之地，多生荆棘。墓道门有酸枣树，有猫头鹰栖息聚集在那里。

枭谷，按郭璞注解，或无"谷"字。或许这个山谷中聚集有大量猫头鹰，因此有这样的名号。猫头鹰的模样和叫声都挺瘆人。儿时见过猫头鹰的样子，死了的，连孩子王都只用一根竹竿挑着，身子离它远远的，也算是高举示众。虽然此物已死，但不祥的气场足够大，以至于我小心翼翼地看它，一直觉得它在瞪着我。猫头鹰的叫声也领教过，大都是在半夜里。它一叫，大人便会厉声责骂，让它赶快走。如此隔空干一架，一家人的心里梦里都会安生些。

柜谷山 原文

又东十五里，曰柜谷之山，其中多赤铜。

再往东十五里，是柜谷山，山中多产赤铜。

柜谷，或作"檀谷"。

吴林山 原文

又东百二十里，曰吴林之山，其中多葌（jiān）草。

再往东一百二十里，是吴林山，山中长着很多葌草。

葌，按郭璞注解，亦作"菅"。这里的"葌草"，为先民生产生活中的亲近之物——

菅茅。它叶子细长，根茎坚韧，可编织成草鞋，还可用于盖房子，做炊帚、刷子、绳索等。

另，"荔"或当作"蕳"字解，通"蘭"（兰）。例如《诗经·郑风·溱洧》有：

　　　　士与女，方秉蕳兮。

溱水、洧水在三月的春光中流淌，踏青的男男女女手执香草，以祓除不祥。蕳，即兰草，古时有名的香草，多年生草本植物，春季开花，味芳香。

在后文的洞庭山中，亦叙及荔草，与蘼芜、芍药、芎劳等一众香草并列在一起。根据文例，这里的荔草，当解为香草，更妥。

牛首山

原　文

　　又北三十里，曰牛首之山。有草焉，名曰鬼草，其叶如葵而赤茎，其秀如禾，服之不忧。

　　劳水出焉，而西流注于潏水。是多飞鱼，其状如鲋鱼，食之已痔衕。

再往北三十里，是牛首山。

这里生长着一种草，名叫鬼草，它的叶子像葵菜的叶子，有红色的茎干，"其秀如禾"。

秀，篆文作 秀，从禾，从乃，会禾吐华之意，本义谓谷类植物抽穗开花。

秀，有两个解释方向。其一，不荣而实曰秀。不开花却能结出果实，叫秀。例如《诗经·大雅·生民》有"实发实秀，实坚实好，实颖实栗"[1]。诗句叙写后稷种植五谷，禾

1.发：禾茎发舒拔节；坚：谷粒灌浆饱满；好：谷粒均匀，颜色美好；颖：禾穗，这里指禾穗饱满下垂；栗：犹言栗栗，谓众多，有成就。

苗的茎干发舒拔节，生穗结实；谷粒长得很饱满，大小均匀，色泽美好；禾穗下垂，必将收获多多。

其二，开花谓之秀。例如《论语·子罕》有"苗而不秀者有矣夫！秀而不实者有矣夫"，谓长苗而不开花的情况是有的吧，开了花而不结实的情况也是有的吧。

鬼草的"其秀如禾"，是说它开出的花像禾苗吐的穗子。

吃了这种草，可使人无忧无虑。

劳水从这里发源，然后向西流，注入滱水。水中有很多飞鱼，样子像鲋鱼。

鲋鱼，即鲫鱼。虽名为"飞鱼"，但经文并没有叙及鱼的"翅膀"，大概如学者们推测的，此鱼好超越水面，好像在飞的样子。古人理解的"飞"，更逍遥浪漫：既可游于水波间，又能登临云端。

食用了飞鱼的肉，能治疗痔和衕。

痔，痔疮，泛指肛门部位的疾病；衕，中医谓之"洞下"，指腹泻。

霍山　　原文

又北四十里，曰霍山，其木多榖。有兽焉，其状如狸，而白尾有鬣，名曰朏（fěi）朏，养之可以已忧。

再往北四十里，是霍山，山上的树木多是构树。

山中有一种野兽，形貌像狸，却长着白色的尾巴，脖颈处有又长又硬的鬣毛，名叫朏朏。

《诗经·豳风·七月》："取彼狐狸，为公子裘。"狐是狐，狸是狸。狸，亦称狸猫、山猫、豹猫，俗称野猫，似狐狸而小一些，身肥胖而短一点。取狐与狸的皮毛，为公

子做成裘衣。冬裘，夏葛，在古时算是美服。

《北山首经》的蔓联山中的足訾亦"有鼞"。

人畜养𪃆𪃆，可以消除忧愁。

合谷山

原 文

又北五十二里，曰合谷[1]之山，是多薝（zhān）棘。

再往北五十二里，是合谷山，这里到处都是"薝棘"。

薝棘，郭璞注解说，未详。或当作"颠棘"，即天门冬，多年生攀缘草本植物，叶退化为鳞片状，主茎上的鳞片状叶常变为下弯的短刺，故而言"颠"。

阴山

原 文

又北三十五里，曰阴山[2]，多砺石、文石。少水出焉。其中多雕棠，其叶如榆叶而方，其实如赤菽[3]，食之已聋。

再往北三十五里，是阴山，这里多产砺石和色彩斑斓的石头。少水从这座山发源。

砺，又可作"厉"，质地粗糙坚硬的磨石。《诗经·大雅·公刘》：

1.合谷：一作"金谷"。
2.阴山：一作"险山"。
3.菽：豆类的总称。

笃公刘，于豳斯馆，涉渭为乱[1]，取厉取锻。

忠厚实诚的先祖公刘，在豳地筑好宫馆，驾舟横渡渭水，取求砺石和锻石，为的是锻造斧斤，磨砺之，使工具更加锋利。

这种粗石还可制成石磨，用来把谷粒磨碎成粉状。

这里生长着很多雕棠树，叶子像榆树的叶子，却呈四方形，结的果实像红小豆，食用它能治疗耳聋病。

鼓镫山

原 文

又东北四百里，曰鼓镫之山，多赤铜。有草焉，名曰荣草，其叶如柳，其本[2]如鸡卵[3]，食之已风。

再往东北四百里，是鼓镫山，这里有丰富的赤铜矿。

山中有一种草，名叫荣草，它的叶子与柳树的叶子相似，根茎与鸡蛋相似，食用它能医治"风"之类的病。

按传统中医学的观点，风，亦称风气，为病因"六淫"（风、寒、暑、湿、燥、火）之一。《素问·风论》："风者百病之长也，至其变化乃为他病也，无常方，然致有风气也。"症状有恶风寒、发热，且具有游走性、多变性的特点。风，亦可是病症，具有动摇、震颤、挛急或眩晕旋转等特点。

1.乱：横流而渡。
2.本：根柢。
3.鸡卵：鸡蛋。

小结

原　文

凡薄山之首，自甘枣之山至于鼓镫之山，凡十五山，六千六百七十里。

历儿，冢也。其祠礼：毛，太牢之具；县以吉玉[1]。其余十三山者，毛用一羊，县婴用桑封，瘗而不糈。

桑封者，桑主也，方其下而锐其上，而中穿之加金[2]。

总计薄山山系之首尾，自甘枣山起到鼓镫山为止，共十五座山，绵延六千六百七十里。

根据现存经文核算，此山系途经的距离为九百三十七里，与"六千六百七十里"这个数字相差甚远。

历儿山，为诸山之宗主。祭祀宗主之山的山神的礼制：在毛物中用猪、牛、羊齐全的三牲做祭品，再悬置美玉以献祭。

县，同"悬"，西周时期的金文作，战国时期的金文作，金文左边像树木，树上系一条绳，吊挂着一颗人头，并突出了睁大的眼睛。首系于木，画面有些残酷，传递出一种令人敬肃的仪式氛围。

县，本义为悬挂，在这里为祭山之名。《尔雅·释天》对祭山又有细分：

祭山曰庪县。

庪（guǐ）、县合在一起，即古时的祭山之礼。按郭璞注解，无论是"庪"还是"县"，都是置之于山。具体一点来说，把祭品埋在地下的叫庪；把牲或币（祭祀用的束帛）挂在山上的叫县。

这里悬挂的是吉玉——玉之美称，亦即彩色的玉。

1.县以吉玉：按袁珂校注，"县"后疑脱"婴"字。
2.加金：祭祀用的神玉，以金银饰之。

祭祀其余十三座山的山神，在毛物中用一只羊做祭品，再悬置环列玉器中的藻珪以献祭，礼毕将其埋入地下，不需要用米祀神。

"桑封者……而中穿之加金"这十九字，似为后世学者解释性的语句。祭祀土神、山神用的神主（牌位），按例当用石。桑封，当指的是藻珪，有彩色斑纹的玉石制成的玉器。桑主即藻玉。

所谓藻珪，即藻玉，下端呈长方形而上端有尖角，中间穿孔并加上金属饰物。

中次二经

辉诸山

原文

中次二经济山之首，曰辉诸之山，其上多桑，其兽多闾麋，其鸟多鹖（hé）。

中央第二列山系济山山系的第一座山，名叫辉诸山。山上多桑树，野兽多是山驴和麋鹿，禽鸟则多为鹖鸟。

中央第二列山系为济山山系。用"济山"总山系之名，大概与济水发源于这里有关系。

鹖，即鹖鸟，似野鸡而略大，羽毛青色，长有毛角，天性勇猛好斗，绝不退却，直到斗死为止。此鸟在本书中仅此一见。

古人以鹖鸟的羽毛插于武官的冠上，称之为鹖冠。明朝戚继光在《送叶山人归恒安》（其一）诗中有："古塞下秋色，清霜侵鹖冠。"以鹖羽为冠，激扬的正是一种英勇无畏、至死不却的战斗精神。

春秋时期，楚国一位隐者，不知姓氏，居深山，戴鹖羽之冠，人称"鹖冠子"。此人所撰之书，亦名《鹖冠子》，共十九篇。由此，"鹖冠"亦可代称隐者。例如唐代诗人李颀在《同张员外谞酬答之作》诗中写道："鹖冠葛屦无名位，博弈赋诗聊遣意。"[1]

1.葛屦（jù）：用葛草编成的鞋；博弈：这里指围棋之类的游戏。

发视山

原　文

又西南二百里，曰发视之山，其上多金玉，其下多砥砺。即鱼之水出焉，而西流注于伊水。

再往西南二百里，是发视山。山上有丰富的金属矿藏和玉石，山下则多粗细不一的磨石。

即鱼水从这里发源，然后向西流，注入伊水。

豪山

原　文

又西三百里，曰豪山，其上多金玉而无草木。

再往西三百里，是豪山。山上有丰富的金属矿藏和玉石，却不生长花草树木。

鲜山

原　文

又西三百里，曰鲜山，多金玉，无草木。鲜水出焉，而北流注于伊水。其中多鸣蛇，其状如蛇而四翼，其音如磬，见则其邑大旱。

再往西三百里，是鲜山。这里有丰富的金属矿藏和玉石，但不生长花草树木。

鲜水从这里发源，然后向北流，注入伊水。水中有很多鸣蛇，样子像一般的蛇，却长着四只翅膀，鸣叫声如同敲击磬的声音。它在哪个地方出现，那里就会发生大旱灾。

阳山

原文

又西三百里，曰阳山，多石，无草木。

阳水出焉，而北流注于伊水。其中多化蛇，其状如人面而豺身，鸟翼而蛇行[1]，其音如叱呼[2]，见则其邑大水。

再往西三百里，是阳山。这里到处是石头，无花草树木。

阳水从这里发源，然后向北流，注入伊水。水中有很多化蛇，长着人的面孔，却有豺一样的身子；还长着鸟的翅膀，却像蛇一样爬行。化蛇发出的声音如同人在呼喝。它在哪个地方出现，那里就会发生大水灾。

经文以"豺"来比方化蛇。

豺，战国秦简写作𧰼，篆书作𧰼，从豸，才声，本义为一种犬科的凶猛动物，形似狼而略小，俗称豺狗。明代李时珍在《本草纲目》一书中有精彩的介绍，无妨录于此：

> 豺，处处山中有之，狼属也。俗名豺狗，其形似狗而颇白，前矮后高而长尾，其体细瘦而健猛，其毛黄褐色而鬈𩭣[3]，其牙如锥而噬物，群行虎亦畏之，又喜食羊。

先民对这种动物凶残的习性并不陌生。《诗经·小雅·巷伯》有"取彼谮（zèn）人，投畀豺虎"，谮人就是说他人坏话、爱诽谤的坏蛋，诗人说要把他们扔给豺和老虎吃。先民还拿豺来譬喻人，例如《左传·闵公元年》：

> 戎狄豺狼，不可厌也；诸夏亲昵，不可弃也。[4]

豺和狼在古人眼中是所谓的贪残之兽。戎狄有侵扰中原之心，若豺狼之兽，不可放纵，更不能满足，必须征伐之。

1.蛇行：像蛇一样蜿蜒伏地而行。
2.叱呼：犹呼喝。
3.鬈（zhēng）𩭣（níng）：毛发蓬乱。
4.厌：满足；诸夏：中原各诸侯国；昵：近。

昆吾山 ┃ **原 文**

又西二百里，曰昆吾之山，其上多赤铜。有兽焉，其状如
彘而有角，其音如号，名曰蠪蚳，食之不眯。

我有昆吾剑，求趋夫子庭。
白虹时切玉，紫气夜干星。[1]

——唐·李峤《剑》

再往西二百里，是昆吾山，山上蕴藏有丰富的赤铜矿。

《山海经》记载出产"赤铜"的山不算少，有十座，分布在《西山经》《北山经》和
《中山经》中。但昆吾山出产的赤铜却很独特，最著名。昆吾山产的铜，颜色如同赤火一
般，散发出红光紫气。以此铜制成的刀剑，锋利无比，用郭璞注解的话来说，就是"切玉
如割泥也"。

最初的刀剑杂以锡铜铸造，并非铁制。

山中有一种野兽，模样像猪，却长有角，发出的声音如同人在号哭。这种野兽名叫
蠪蚳。

这里的"蚳"，或当为"蛭"。按郭璞注解，"上已有此兽，疑同名"。这里的
"上"，指《东次二经》的凫丽山，其中有"蠪蛭"。但两者的状貌差异巨大，非同类，
仅属同名现象。

食用了蠪蚳的肉，可使人不做噩梦。

1.白虹：宝剑名，这里代指剑。紫气：这里指宝剑的光气，可上彻于天；另外，古时有名剑曰紫电。

蕃山

原　文

又西百二十里，曰蕃山。蕃水出焉，而北流注于伊水，其上多金玉，其下多青雄黄。有木焉，其状如棠而赤叶，名曰芒草，可以毒鱼。

再往西一百二十里，是蕃山。蕃水从这座山发源，然后向北流，注入伊水。山上多产金属矿物和玉石，山下则多产青雄黄。

山中有一种树木，样子像棠梨树，而叶子是红色的，名叫芒草，可以用来毒杀鱼。

芒草，又作"莽草"，亦可单称"芒"，有毒。经文虽言"木"，其实当属草。草和木，古人在行文中有时分得不那么清。《本草纲目》将其列入草类："茵草、芒草、鼠莽。此物有毒，食之能令人迷罔，故名。山人以毒鼠，谓之鼠莽。"

经文"可以毒鱼"中的"可以"，表达出两层意思：可，是说芒草有某种特质、特性——有毒；以，则把人为的因素加进来，取而得之，去做某件事——毒鱼。

独苏山

原　文

又西一百五十里，曰独苏之山，无草木而多水。

再往西一百五十里，是独苏山。这里无花草树木生长，却有很多水流。

蔓渠山

原　文

又西二百里，曰蔓渠之山，其上多金玉，其下多竹箭。伊水出焉，而东流注于洛。

有兽焉，其名曰马腹，其状如人面虎身，其音如婴儿，是食人。

再往西二百里，是蔓渠山。山上有丰富的金属矿藏和玉石，山下则多是竹丛。伊水从这里发源，然后向东流，注入洛水。

按郭璞注解，伊水发源于上洛卢氏县的熊耳山东北，至河南洛阳入洛水。

山中有一种野兽，名叫马腹，长着人的面孔、老虎的身子，发出的声音如同婴儿在啼哭。这种野兽是会吃人的。

这种野兽或即虎鼬，别名马艾虎。

小结

原文

凡济山之首，自辉诸之山至于蔓渠之山，凡九山，一千六百七十里。其神皆人面而鸟身。祠用毛[1]，用一吉玉，投而不糈。

总计济山山系之首尾，从辉诸山起到蔓渠山为止，共九座山，绵延一千六百七十里。

再次核算，此山系途经的距离当为一千七百七十里。

诸山山神皆为人的面孔、鸟的身子。祭祀山神，选择色泽好的牲畜作为祭品，再备吉玉一块，待祭祀结束后，把祭物投向山谷，不用精米来祀神。

1.用毛：按郭璞注解，谓择用毛色。

中次三经

敖岸山

原 文

中次三经萯（bèi）山之首，曰敖[1]岸之山，其阳多㻬琈之玉，其阴多赭、黄金。神熏池居之。

是常出美玉[2]。北望河林[3]，其状如蒨如举。

有兽焉，其状如白鹿而四角，名曰夫诸，见则其邑大水。

中央第三列山系为萯山山系。

此山系的第一座山，名叫敖岸山。山的南面盛产㻬琈玉，山的北面多产赭石、黄金。熏池神居处在这里。

熏池，传说中的神明，具体形貌不详。郭璞在《图赞》中亦有"熏池之神，厥[4]状不见"的说法。也就是说此神只留下了一个名字。

这座山常常出产大量美玉。从山上向北望，可以望见黄河岸边郁郁葱葱的丛林，看上去好像是遍野的蒨草和高大茂盛的榉柳。

蒨，或作"茜"，多年生攀缘草本植物，生长在山野草丛中；还有说法，认为是水青树，性喜湿地。

举，榉柳，落叶乔木，木质轻软，用途广泛，树皮可制绳索，种子可榨油。在山居

1.敖：或作"献"。
2.玉：或作"石"。
3.河林：黄河岸边的树林。
4.厥：其，代指熏池。

田园作品中，诗人经常会写到榉柳，例如唐代大诗人杜甫在《田舍》诗中有"榉柳枝枝弱，枇杷树树香"，南宋大诗人陆游在《园中》诗中有"霜凋榉柳枝无叶，风坼安榴[1]子满房"。田舍柴门，地僻人稀，榉柳树下，一派闲居景象。诗人或是自在自适，或是感伤残冬。

山中有一种野兽，状貌像白鹿，却长着四只角，名叫夫诸。它在哪个地方出现，那里就会发生大水灾。

青要山

原　文

又东十里，曰青要之山，实惟帝之密都。北望河曲，是多驾（jiā）鸟。南望墠（shàn）渚[2]，禹父之所化，是多仆累[3]、蒲卢[4]。魃武罗司之，其状人面而豹文，小要[5]而白齿，而穿耳以镰[6]（qú），其鸣如鸣玉。

是山也，宜女子。

畛水出焉，而北流注于河。其中有鸟焉，名曰鹧（yǎo），其状如凫，青身而朱目赤尾，食之宜子。有草焉，其状如葌，而方茎黄华赤实，其本如藁（gǎo）本，名曰荀草，服之美人色。

再往东十里，是青要山，这里是天帝的密都。

密都，按郭璞注解，为天帝"曲密之邑"。曲密，犹言隐秘深邃，是天帝静居之地。山，相比一般的城邑要大，更清幽，更僻静。天帝自然得居住在大一点、清静一点的

1.安榴：安石榴，石榴因产自古安息国，故有此别名。
2.渚：水中小块陆地。
3.仆累：蜗牛。
4.蒲卢：圆形贝壳的软体动物，属蛤、蚌之类。
5.要：同"腰"。
6.镰：金银制成的耳饰之类。

地方。

这里的天帝，大概指黄帝一系，包括尧帝、舜帝在内的古圣王。

自青要山上向北望，可以望见黄河的弯曲处，这里有许多野鹅。

河曲，按郭璞注解，黄河流经千里，必然是一曲一直。后世学者根据青要山的位置，推定黄河在函谷关处有一小曲处，或以为在三门峡处，可北望古黄河向东北流去。总之，唯有在河流迂曲的地方，水面舒缓平稳，方可目睹水鸟之群起群飞。

驾鸟，或为"鴐鸟"。鴐，鹅也，俗称野鹅。"鴐"字今天不常见，更不会在文学表达中用到，但在汉赋结撰中却是很有竞争力的质料，彰显的是学识才华。例如司马相如在《子虚赋》中即有"弋白鹄，连鴐鹅，双鸧下，玄鹤加"，张衡在《西京赋》中则有"鸟则鹔鹴鸹鸹，鴐鹅鸿鶤"。[1]赋体作品，重在铺陈，须得展现世人不大熟知的陌生世界，比如这里多姿多彩的鸟类，物类越细越好。

从青要山上向南望，可以望见墠渚，这里是大禹的父亲鲧化成黄熊的地方。这里有很多蜗牛、蒲卢。

《左传·昭公七年》记载，郑国的子产受命到晋国访问，此时的晋平公卧病不起，已有三个月。晋国内该祭祀的山川都前往祭祀过了，但晋平公的病情却更重了。如今晋平公又梦见黄熊进入寝门——它难道是更不吉利的厉鬼？子产回应说，君主英明，辅政者有为，哪里会有什么厉鬼？针对晋君的病情，子产称引了禹父化熊之事，分析说：

> 昔尧殛鲧于羽山，其神化为黄熊，以入于羽渊，实为夏郊[2]，三代祀之。晋为盟
> 主，其或者未之祀也乎？

黄熊虽为兽类，但既已为神，也是无妨入于羽渊中的。鲧因治水有功，在夏、商、周三代都在被祭祀的神明之列，晋国作为盟主可能把他给忽略了。按《左传》的叙述，晋国国卿韩宣子赶快安排祭祀了鲧，晋平公的病也就慢慢痊愈了。子产还得了两个方鼎的

1.鹄：天鹅；鸧（cāng）：大如鹤，苍青色。鹔鹴：雁的一种，长颈，绿羽；鸹：似雁略大，背上有黄褐色和黑色斑纹；鶤：似鹤，黄白色。
2.郊：祭祀名，古帝王在郊外祭祀天地。

赏赐。

回到大政治家子产传述的事情本身——鲧化黄熊，羽山、羽渊是见诸多部史书的"事发地"，它和青要山上目力所及的墠渚，两个地方的大体位置一个在山东，一个在河南，两种说法显然是存在矛盾的。

先看郭璞的解释："一已有变怪之性者，亦无往而不化也。"也就是说，鲧入于羽渊而变为黄熊，"神化"一旦开始，必然要继续变化下去——在墠渚再变化一次，亦不足为奇。

另有学者认为经文如此记载，不过是世人随处附会——传闻异辞，或许就是神话的存在形态。

还有从"化"字入手来化解这场叙事冲突的，可谓用心良苦，但力度似乎刚猛了些。[1]

其实，反倒是郭璞在直面神话本身，抓住了一个"神"字。既然是神话传说，为何不可以把逻辑自身也"化"掉？既然是陆上之兽入于水中，神而化之，叙事运思自然不在乎什么因果律，"它只是满足于接受单纯的现存之物"[2]。

墠渚，又作"禅渚"。或许，真正有魔力或者说神力的，当是"墠渚"这个词语自身。

> （禅渚）水上承陆浑县东禅渚，渚在原上，陂方十里，佳饶鱼苇，即《山海经》所谓南望禅渚，禹父之所化……世谓此泽为慎望陂。陂水南流注于涓水。涓水又东南注于伊水。（《水经注》卷十五）

禅渚在一片高地上，沼泽方圆十里，泽水南流，注入涓水，涓水又往东南流，后注入伊水。

当然，按传统之见，此书是大禹撰述，那就不应该出现"禹父之所化"之类的语句。今天，我们可以认为这类"混话"是后世窜乱或追述的结果，再或者说《山海经》这部书与大禹本身就没有多大的关系，托个名而已。

由此，郭璞注解说，魅，即"神"字，或者说发的是"神"这个音。这样的解释，直接有力，但问题是"魅"这个字在传世文献中很少见，一般都写作"神"字。郭璞没有说明为何用"魅"这个字形，而不用"神"。

1.俞樾《读山海经》有言："此化字，非变化之化。化者，治也……禹父之所化，犹言禹父之所治也。"
2.卡西尔：《语言与神话》，生活·读书·新知三联书店2017年版，第85页。

魃武罗掌管着这里。

武罗，是神名，关键是它前面的"魃"字如何理解。

"魃"之篆文作𩲏，从鬼，申声。《说文》："魃，神也。"按清代学者段玉裁的解释，魃指的是神鬼，即鬼怪之神。按古人的观念，天神曰神，人神曰鬼。神鬼，难道是跨越两个领域？《玉篇》的解释则增加了一个字，限定了一下，说"魃"是山神。既然是在《山经》中，把"魃"解释为山神，似更妥当。

这位山神有着人的面孔，却浑身长着豹子的斑纹，腰身细小，牙齿洁白，而且耳朵上穿挂着金银环，发出的声音像玉石在碰击鸣响。

细读以上文字，山神不就是身着时尚豹纹衣饰的"小蛮腰"嘛。吴文英《玉楼春·京市舞女》对南宋时期的都市舞女描写道：

　　茸茸狸帽遮梅额，金蝉罗翦胡衫窄。乘肩争看小腰身，倦态强随闲鼓笛。

女孩子们头戴毛茸茸的狸皮帽子，额角的梅花妆容半遮半掩，金色的薄如蝉翼的罗衫，窄窄的，挺合身。乘骑在大人的肩上，细小的腰身袅娜多姿。但她们太疲倦了，勉强随着鼓笛的节拍表演着。

不知天帝密都的管理者——神明武罗，是否会像舞女们一样有倦态？

这座山，适宜女子居住。

峂水从这里发源，然后向北流，注入黄河。河水流经之地有一种禽鸟，名叫鸐，样子像野鸭，有着青色的身子、浅红色的眼睛和深红色的尾巴。食用它的肉，可让女子能生能养。

这里还长着一种草，样子像兰草，茎干是四方形的，开黄色的花朵，结红色的果实，根像藁本的根，名叫荀草。

藁本，多年生草本植物，伞形科，茎直立中空，根茎可入药，又名野芹菜、山香菜。

服用荀草，可使人的气色更好。

苟草，按郭璞注解，或曰"苞草"。有如此神效，想必无论古今都会是抢手货，难怪郭璞在《图赞》中想到的是春秋时期著名的美人——夏姬：

> 妇人服之，练色易颜。
> 夏姬是艳，厥媚三还[1]。

妇女服食了苟草，即可拥有盛世美颜。像夏姬这样的大美女见了，也会因为她们娇媚的姿态而一步三回头的。

补充一下，夏姬，春秋时郑穆公之女，她曾以自己的女性魅力"搅和"多国政坛，使之动荡不安，完成了"杀三夫一君一子，亡一国两卿"的历史奇迹。暂且抛开道德层面的善恶判断，郭璞在这里提到夏姬，无疑在称奇强调她的美艳。

騩山 ｜ 原　文

> 又东十里，曰騩山，其上有美枣，其阴有琊琈之玉。
> 正回之水出焉，而北流注于河。其中多飞鱼，其状如豚而赤文，服之不畏雷，可以御兵。

再往东十里，是騩山，山上有能结出甜美枣子的枣树，山的北面出产琊琈玉。

正回水从这里发源，然后向北流，注入黄河。水中生长着许多飞鱼，状貌像小猪，通身长着红色的斑纹。食用了它的肉，能使人不怕雷霆之响，还可以抗御利刃之灾。

贯耳的雷响，其实惊到的是心，这是上天的威力；锋利的兵刃，让生命对伤痛和死亡充满了恐惧，这是人间的暴力。

山海间的飞鱼能克除消解这两者，它是经济学上的稀缺资源，更是精神现象学上的稀罕之物。

1.还：一作"迁"。

宜苏山

原 文

又东四十里，曰宜苏之山，其上多金玉，其下多蔓居之木。潏（yōng）潏之水出焉，而北流注于河，是多黄贝[1]。

再往东四十里，是宜苏山。山上多产金属矿物和玉石，山下则多有蔓荆。

蔓居，按郭璞注解，未详。或以为是"蔓荆"，音相近而转。蔓荆，马鞭草科落叶小灌木，有灰白色柔毛，果实入药，称"蔓荆子"，性微寒，味苦辛，有散风热、清头目之功效。

潏潏水从这里发源，然后向北流，注入黄河。水中有很多黄色贝类。

和山

原 文

又东二十里，曰和山，其上无草木而多瑶碧，实惟河之九都[2]。是山也五曲，九水出焉，合而北流注于河，其中多苍玉。

吉神[3]泰逢司之，其状如人而虎尾[4]，是好居于萯山之阳，出入有光。泰逢神动天地气也。

再往东二十里，是和山。山上无花草树木生长，却有很多瑶、碧之类的美玉。这里是黄河的九条水流汇聚的地方。

这座山迂回曲折，共有五重，有九条水流从这里发源，然后汇合起来向北流，注入黄

1.黄贝：呈现为黄色的贝类。
2.都：潴，水之汇聚。
3.吉神：对神的美称，美善之神。
4.虎尾：或作"雀尾"。

河。水中有很多青色的玉石。

吉祥之神泰逢主管着这座山，其形貌像人，却长着老虎的尾巴，喜欢住在䕫山向阳的那一面，出入时都有光芒闪耀。泰逢神，可以兴动天地间的风云之气。

按郭璞注解，泰逢神兴云致雨的能耐来自其所拥有的"灵爽"。据说这是一种精气，能感通天地。

凡是山巅刮起大风，云雾缭绕，大雨滂沱，古人皆认为这是自带主角光环的山神们在操纵。这种解释，今天看来不"科学"，但确实是有效的，甚至是美好的，有时还充满了人情味。即叙事而言，这就够了，最起码说圆了。

小结 | 原文

> 凡䕫山之首，自敖岸之山至于和山，凡五山，四百四十里。其祠：泰逢、熏池、武罗皆一牡羊副（pì），婴用吉玉。其二神用一雄鸡瘞之，糈用稌。

总计䕫山山系之首尾，自敖岸山起到和山为止，共五座山，途经四百四十里。

核算下来，此山系的实际绵延距离与这里叙述的差异较大，只有八十里。

祭祀诸山山神：泰逢、熏池、武罗三位神，都是把一只公羊劈开来祭祀，祀神的玉器用吉玉，环状陈列之。其余二位山神，则是用一只公鸡作为祭品，献祭后埋入地下。祀神的米用稻米。

"副"之籀文作▨，很形象，本义为判分剖开，一物为二。《说文》："副，判也。"这里指一种祭祀形式，按郭璞注解，即"破羊骨磔之以祭也"。剖开骨架，分裂牲体，以此来祭祀神明。

中次四经

中央第四列山系为厘山山系，共九座山。按经文的描述，方向从首座山开始，一路向西。书中所载之山，按名、按图索"骥"，它们实际的地理方位与书中的描述稍有不同：第七座山熊耳山在西偏南方向，自熊耳山至讙举山则转向西偏北。

鹿蹄山　　原　文

中次四经厘山之首，曰鹿蹄之山，其上多玉，其下多金。甘水出焉，而北流注于洛，其中多泠（líng）石。

中央第四列山系为厘山山系，它的第一座山，名叫鹿蹄山。山上多产玉石，山下则蕴藏有丰富的金属矿物。

甘水从这里发源，然后向北流，注入洛水。水中有很多泠石。

泠石，郭璞注解说"未闻也"，也就是说不知为何物，并认为"泠石"或作"涂石"。

这里的"泠石"，也有可能是《西山经》已经叙及的"泠石"。

一大堆"不确定"，或许正是以文字为载体的远古记忆的特点，得心平气和地接受这一事实。

扶猪山

原　文

西五十里，曰扶猪之山，其上多礝石。有兽焉，其状如貉而人目，其名曰𪒠[1]（yín）。虢水出焉，而北流注于洛，其中多瑀石。

往西五十里，是扶猪山，山上多产礝石。

礝，亦作"碝"或"瓀"，是次于玉的美石。按郭璞注解，雁门山中出礝石，白色礝石如冰一样明洁，亦有为红色的。

山中有一种野兽，模样像貉子，却长着人的眼睛，名叫𪒠。

貉，俗称貉子，外形似狐，体态较胖，尾毛蓬松，体色棕灰，皮毛珍贵，是远古时代重要的皮毛兽。古人常以"狐襟貉袖"指称皮毛制成的衣服。

虢水从这座山发源，然后向北流，注入洛水。水中有很多礝石。

厘山

原　文

又西一百二十里，曰厘山，其阳多玉，其阴多蒐（sōu）。有兽焉，其状如牛，苍身，其音如婴儿，是食人，其名曰犀渠。

滽滽之水出焉，而南流注于伊水。有兽焉，名曰颉，其状如𤟂（nòu）犬而有鳞，其毛如彘鬣。

1.𪒠：或作"麋"。

再往西一百二十里，是厘山，山的南面多产玉石，山的北面到处是蒝草。

蒝，按郭璞注解，是茅蒝，即今之茜草。

山中有一种野兽，状貌像牛，全身青黑色，发出的声音如同婴儿在啼哭，是能吃人的。这种野兽名叫犀渠。

犀渠，大概属犀牛之类。

滽滽水从这里发源，然后向南流，注入伊水。水中有一种野兽，名叫獭。

獭，郭璞《江赋》有"獱獭"，唐代李善为之注解时引用到这段经文，"獭"作"獭"。此兽或即江獭。

獭的状貌像"獳犬"，全身有鳞甲，身上的毛像猪鬃一样。

獳，犬发怒的样子，咧开嘴，龇着牙，凶巴巴的。
獳犬，或作"鳙"。鳙，状如鱼而人面，《南山经》的青丘山中有叙写。
李善在注解《江赋》时，引用的经文并无"而有鳞"三字。由此，"而有鳞"有可能为衍文。

箕尾山 ｜ 原 文

又西二百里，曰箕尾之山，多榖，多涂石，其上多㻬琈之玉。

再往西二百里，是箕尾山，这里有很多构树，且盛产涂石，山上还多产㻬琈玉。

这里的"涂石"，或即前文所言的"泠石"。

柄山　原文

又西二百五十里，曰柄山，其上多玉，其下多铜。滔雕之水出焉，而北流注于洛。其中多羬羊。

有木焉，其状如樗，其叶如桐而荚实，其名曰茇，可以毒鱼。

再往西二百五十里，是柄山。山上多产玉石，山下多产铜。

滔雕水从这里发源，然后向北流，注入洛水。山中有很多羬羊。

这里还有一种树木，样子像臭椿树，叶子像梧桐树的叶子，结带荚的果实。这种树名叫茇，可以用来毒杀鱼。

茇，或当为"芫"（yuán），芫花，一种落叶灌木，春季先开花，后生叶，花蕾可入药，根茎有毒性。《说文》："芫，鱼毒也。"打鱼之人以水煮之，然后投入水中，鱼中毒而死，会漂浮在水面。

白边山　原文

又西二百里，曰白边之山，其上多金玉，其下多青雄黄。

再往西二百里，是白边山，山上有丰富的金属矿藏和玉石，山下盛产青雄黄。

熊耳山　| 原　文

又西二百里，曰熊耳之山，其上多漆，其下多棕。浮濠之水出焉，而西流注于洛，其中多水玉，多人鱼。

有草焉，其状如苏而赤华，名曰葶苨（nìng），可以毒鱼。

再往西二百里，是熊耳山。山上多漆树，山下多棕树。

浮濠水从这里发源，然后向西流，注入洛水。水中有很多水晶石，还有很多人鱼。

山中有一种草，样子像苏草，开红色的花朵，名叫葶苨，可以用来毒杀鱼。

苏，即紫苏，一年生草本植物，茎方形，花紫红色，种子可榨油，嫩叶可以吃，叶、茎和种子均可入药。古人在食蟹中毒时，会把紫苏煮汁，或把紫苏子捣汁，饮之。

牡山　| 原　文

又西三百里，曰牡山，其上多文石，其下多竹箭竹镛。其兽多㸲牛、羬羊，鸟多赤鷩。

再往西三百里，是牡山。山上有很多色彩斑斓的美石，山下生长着很多箭竹、镛竹。这里的野兽以㸲牛、羬羊为多，而禽鸟则以赤鷩为多。

㸲牛，体格大、重量大的野牛，已见于《西山首经》的小华山。

讙举山

原　文

又西三百五十里，曰讙举之山。雒水[1]出焉，而东北流注于玄扈之水，其中多马肠之物。此二山[2]者，洛间也。

再往西三百五十里，是讙举山。洛水从这里发源，然后向东北流，注入玄扈水。洛水流经的水域有很多马肠这样的怪物。

马肠，即前文《中次二经》蔓渠山叙写的怪兽"马腹"，人面虎身，叫声如婴儿的啼哭声，且吃人。

讙举山和玄扈山，夹处在洛水流经的水域间。

小结

原　文

凡厘山之首，自鹿蹄之山至于玄扈之山，凡九山，千六百七十里。其神状皆人面兽身。其祠之，毛用一白鸡，祈而不糈，以采衣[3]之。

总计厘山山系之首尾，自鹿蹄山起到玄扈山为止，共九座山，途经一千六百七十里。诸山山神的形貌都是人的面孔、兽的身子。祭祀山神，在毛物中选用一只白鸡来取血涂抹祭器，祀神不用精米，用刺绣华美的丝织品把鸡打扮好。

1.雒水：洛水。
2.二山：讙举山和玄扈山。
3.衣：用作动词，谓装扮美饰。

中次五经

苟床山

中次五经薄山之首，曰苟床[1]之山，无草木，多怪石。

中央第五列山系为薄山山系，该山系的第一座山，名叫苟床山。

山系的"薄山"之名，与居于《中山经》之首的薄山山系相同。

这里的"薄山"，与本经居首的薄山山系，或为同一个起首。若此，这里的苟床山即可理解为前文《中山首经》的甘枣山。

这里无花草树木生长，到处是怪石。

请注意，这里的怪石，并非字面之义，不能望"文"生义。怪石，不仅怪异，按郭璞注解，似玉也。怪石，即碔砆，或称武夫，是一种似玉的美石。《尚书·禹贡》篇记载有"铅松怪石"。"铅松"放在一起理解，指铅（锡）金属矿藏在自然界的树状形态[2]；顺从文义脉络，则怪石指称的是石块状的铅。

1.苟床：或作"苟林"。
2.唐代孔颖达认为这里的"铅"其实是锡。

首山

东三百里，曰首山，其阴多榖柞，其草多茶（zhú）芫，其阳多𤣩琈之玉，木多槐。其阴有谷，曰机谷，多𫛭（dài）鸟，其状如枭而三目，有耳，其音如录，食之已垫。

往东三百里，是首山，山的北面多构树、柞树，花草则以茶、芫华居多。

茶，作"术"，山蓟，分苍术、白术两种，均可入药。白术，可做丸散用；苍术，可做煎用。

芫，芫华，即前文叙及的"芫花"，落叶灌木，开紫色小花，花蕾可入药，根可以毒鱼。在墨子"守城"的方略中，列有"取蔬"一项，须经常性地让边远各县预先种下芫华、芒草、乌喙、椒叶等，作为战备物资。与敌作战时，城外住宅的水沟、水井尽量填塞，不能填塞，就把这四种毒物投放于其中。

山的南面盛产𤣩琈玉，树木以槐树居多。

槐，在本书中多次出现，或为水名，或为山名，这里为树名。"槐"之篆文作𣏌，形声字，从木，鬼声。槐花之清香，沁人心脾，生可吃，拌上面粉上锅蒸，蘸香醋蒜汁香油吃，乃时令之美味。

槐树招人待见，古人喜植于庭院。相传周代宫廷外植三棵槐树，三公在朝见天子时，就面向三槐而立，后世即以"三槐"代指三公。汉代长安城内，有读书人相聚贸易之市，这里多槐，因而得名"槐市"，后来代指学宫。古书记载义士触槐而死，比如受命刺杀赵盾的鉏之弥。由此可推知槐树就出现在先民的生活场域中，它见证了这个民族的英勇精魂。

山的北面有一道峡谷，名叫机谷。谷中有很多𫛭鸟，样子像猫头鹰，却长有三只眼睛，还有耳朵，鸣叫的声音如同"录"的声音。

录，或为"鹿"之假借，音相近；或作"豕"字解，形相近。

食用鴥鸟的肉，可治疗"垫"的疾病。

垫，郭璞注解说，"未闻"，不知其然。后世学者尝试进行解答。垫，有"下"义。清代汪绂解释说，垫，即人体下湿之病。垫，或可指脚垫，足底皮肤增厚、顽硬的一种疾患。

县斸山

原文

又东三百里，曰县斸之山，无草木，多文石。

再往东三百里，是县斸山。这里无花草树木，到处是色彩斑斓的美石。

葱聋山

原文

又东三百里，曰葱聋之山，无草木，多𥖏（bàng）石。

再往东三百里，是葱聋山。

请注意，前文《中山首经》已有葱聋山。两山之间的关系，大致可以理解为大山连绵在一起的不同山峰，都名曰"葱聋"。

这里不生长花草树木，到处是𥖏石。

𥖏石，郭璞注解说，未明其详。后世学者推测，𥖏，当为"珌"，是一种次于玉的石头。《说文》："珌，石之次玉者，以为系璧。"此石可制作成小一点的璧，系在带上，作为佩饰悬在左右。

条谷山　原文

东北五百里，曰条谷之山，其木多槐桐，其草多芍药、蘴（mén）冬。

往东北五百里，是条谷山。这里的树木大多是槐树和桐树，而花草则大多是芍药、门冬草。

蘴冬，即"满冬"，亦作"门冬"。门冬分两种，一为麦门冬，一为天门冬，皆可入药。

超山　原文

又北十里，曰超山，其阴多苍玉，其阳有井，冬有水而夏竭。

再往北十里，是超山。山的北面多产青色的玉石，山的南面有一眼"井"。

"井"之甲骨文作 井，象形字，从甲骨文到金文直至楷书，都像井口四周的木围栏。有的在中间空处添加圆点作 丼，为装饰，或像汲水之瓶。井，取象于物，古人穿地取水，以瓶引汲，这就是井。也就是说，井是人工开挖的，泉是自然形成的。

本书记述的所有山，皆为自然事物。山上的这眼"井"，当不是人为的，而是天然形成的，指泉眼下陷而低于地面的水泉，形似水井，故称。

这眼泉井在冬天有水，到夏天就干枯了。

成侯山

原文

又东五百里，曰成侯之山，其上多櫄[1]（chūn）木，其草多芃。

再往东五百里，是成侯山。山上多椿树，花草则多"芃"。

芃，并不是草名，而只是形容草木茂盛或又长又大，还可以引申来比喻兽毛蓬松之状，例如《诗经·小雅·何草不黄》有"有芃者狐，率彼幽草"[2]。尾毛蓬松的狐狸，沿着深暗的草丛躲藏。

由此，"芃"当为"艽"或"茮"，读jiāo，因出产自秦中（今陕西中部平原地区），故称"秦艽"。多年生草本植物，叶宽而长，根入药，可祛风除湿，和血舒筋，退黄疸，清虚热。

朝歌山

原文

又东五百里，曰朝歌之山，谷多美垩。

再往东五百里，是朝歌山。

"朝歌"两个字一出现，我们便会想到殷纣王的都城——朝歌，想到姜子牙在未受周

---

1. 櫄：树名，或作"杶"，即椿树。
2. 有：形容词的词头，无实义；率：沿着；幽：深暗。

文王赏识时，曾屠牛于朝歌，卖饮于孟津。这里需要提醒一下：此朝歌，非纣王之都城朝歌。读书可以尽情地联想，但落实到实际地理位置时，万不可想当然。

朝歌山的山谷中盛产优质的垩土。

槐山 | 原 文

又东五百里，曰槐山，谷多金锡。

再往东五百里，是槐山。

槐山，或当为"稷山"。稷山，因周之先祖后稷曾在此地播种百谷而得名。《左传·宣公十五年》有记载：

壬午，晋侯治兵于稷。

宣公十五年（前五九四年），秦桓公在七月准备进攻晋国。这个月的壬午（二十七日），晋景公在国内的稷地——河东闻喜县西有稷山——进行武装演习，来抵御秦军。
春秋时的宋国有一地，亦名为"稷"，鲁和齐、陈、郑四国会盟于此，商议平定宋国华父督弑君引发的乱局。一个在晋，一个在宋，只是同名，不可搞混了。

槐山的山谷中有丰富的金属矿藏和锡矿。

历山 | 原 文

又东十里，曰历山，其木多槐，其阳多玉。

再往东十里，是历山。

历山，或即《中山首经》中的历儿山——舜躬耕之地。

这里的树木大多是槐树，山的南面盛产玉石。

尸山

原 文

又东十里，曰尸山，多苍玉，其兽多麖[1]（jīng）。尸水出焉，南流注于洛水，其中多美玉。

再往东十里，是尸山。这里多产青色的玉石，野兽则以马鹿居多。
尸水从这里发源，向南流，注入洛水。水中有很多优质的玉石。

良余山

原 文

又东十里，曰良余之山，其上多榖柞，无石。余水出于其阴，而北流注于河；乳水出于其阳，而东南流注于洛。

再往东十里，是良余山。山上有很多构树和柞树，却没有石头。
余水从山的北面流出，然后向北流，注入黄河；乳水从山的南面流出，然后向东南流，注入洛水。

1.麖：马鹿，或称水鹿，体形较大。

蛊尾山

原 文

又东南十里，曰蛊尾[1]之山，多砺石赤铜。龙余之水出焉，而东南流注于洛。

再往东南十里，是蛊尾山，这里多产砺石和赤铜。

龙余水从这里发源，然后向东南流，注入洛水。

升山

原 文

又东北二十里，曰升山，其木多穀柞棘，其草多藷藇、蕙，多寇脱。黄酸之水出焉，而北流注于河，其中多璇玉。

再往东北二十里，是升山。这里的树木以构树、柞树、酸枣树居多，而草以山药、蕙草为多。

蕙，香草名，又名薰草，古人用来佩带或做香焚。屈原在《离骚》篇中有：

> 余既滋兰之九畹兮，又树蕙之百亩。[2]

我栽下九畹的兰草，又种植百亩的蕙草。志洁行廉的屈原，早上饮木兰之坠露，晚上食秋菊之落英，身上所佩的必是馨香的草木。

山中还有很多寇脱草。

寇脱，亦名"通脱木"。按郭璞注解，寇脱草生南方，高丈许，似荷叶而茎中有瓤，

1.蛊尾：一作"虫尾"。
2.滋：栽，栽种；畹：面积单位，十二亩或三十亩为一畹。

正白，零陵、桂阳两郡的人种植，每天浇灌，当成树来养。通脱木的茎髓可入药，入肺、胃、膀胱经。

黄酸水从这里发源，然后向北流，注入黄河。水中有很多璇玉。

璇，质料成色比玉次一等的玉石，或即玛瑙。

阳虚山 | 原 文

又东二十里，曰阳虚之山，多金，临于玄扈之水。

再往东二十里，是阳虚山。这座山有丰富的金属矿藏，临近玄扈水。

阳虚山在陕西洛南，亦称玄扈山。玄扈水径直流过阳虚山下，后注入洛水。按郭璞注解所引的《河图》记载，仓颉向南巡狩时，曾经登阳虚之山，临于玄扈水和洛水，传说中的灵龟负文而出，献给仓颉。

小结

原文

　　凡薄山之首，自苟林之山至于阳虚之山，凡十六山，二千九百八十二里。

　　升山冢也，其祠礼：太牢，婴用吉玉。首山䰠也，其祠用稌、黑牺太牢之具、蘖[1]（niè）酿；干[2]儛[3]（wǔ），置鼓[4]；婴用一璧。

　　尸水，合天也，肥牲祠之，用一黑犬于上，用一雌鸡于下，刉一牝羊，献血。婴用吉玉，采之，飨之[5]。

　　总计薄山山系之首尾，自苟林山起到阳虚山为止，共十六座山，途经二千九百八十二里。

　　核查经文，山只有十五座，经行的距离为二千九百九十里。

　　升山是诸山的宗主，祭祀升山山神的礼制是：在毛物中用猪、牛、羊齐全的三牲作为祭品，祀神的玉器用吉玉，环状陈列之。

　　首山䰠也。䰠，神怪、神灵，谓首山是神灵显应的大山。

　　祭祀首山的山神，要用稻米和皮毛为黑色的猪、牛、羊，以及用酒曲酿制的甜酒；还要用武舞——手持盾和斧起舞，旁边设鼓，击鼓以节乐；祀神的玉器用一块玉璧。

　　乐舞出现在祭祀山神的仪式中。《诗经·邶风·简兮》描写了一位女子观看"万舞"表演的情形，可作为解读"干儛，置鼓"的参考：

　　　简兮简兮，方将万舞。

1.蘖：酿酒用的酒曲，以之发酵可造出醴酒，即甜酒。
2.干：盾牌。
3.儛：同"舞"。干儛，即武舞，或称万舞。
4.置鼓：植鼓，犹言把鼓树立起来，击鼓起舞。
5.飨之：劝强之，犹言请神享用。

日之方中，在前上处。

简，鼓声，按闻一多对此的解读，"乐奏舞前，必先鸣鼓以警众"。方将，将要，即将。万舞，周天子宗庙舞名，规模大，分文舞、武舞两部分：武舞用干戚（盾牌和斧钺），文舞则用羽龠[1]（雉羽和乐器龠）。正午太阳当空，这位女子的心上人处在舞蹈者的前列，应该是一位领队吧。

尸水，向上可通达天神那里，要用肥壮的牲畜做祭品献祭；再用一只黑狗作为祭品供奉在上面，用一只母鸡作为祭品供奉在下面，杀一只母羊，取血献祭。祀神的玉器要用吉玉，环状陈列之。祭品以彩色丝织品包裹装饰，隆重地敦请诸神享用。

1.龠（yuè）：古代乐器，形状像箫。

| 中次六经

中央第六列山系为缟羝山山系，这一山系的排列方向是一路从东向西。

平逢山 | 原　文

中次六经缟羝（dī）山之首，曰平逢之山，南望伊洛，东望谷城之山，无草木，无水，多沙石。

有神焉，其状如人而二首，名曰骄虫，是为螫虫，实惟蜂蜜[1]之庐。其祠之：用一雄鸡，禳而勿杀。

中央第六列山系为缟羝山山系，该山系的第一座山，名叫平逢山。在山上向南望，可以望见伊水和洛水；向东望，可以望见谷城山。这里无花草树木，无水流，到处是沙砾石头。

山中有一神，状貌像人，却长有两个脑袋，名叫骄虫。此神是"螫虫"。

"螫"之篆文作𧏚，从虫，赦声，本义为毒虫或毒蛇的咬刺。《说文》："螫，虫行毒也。"古人对蜂、蝎子等有毒腺的虫子的毒刺并不陌生，它只是动物发动"攻击"的武器之一："凡有血气之虫，含牙带角，前爪后距，有角者触，有齿者噬，有毒者螫，有蹄者趹。"[2]（《淮南子·兵略训》）

1.蜜：按郭璞注解，为赤蜂之名。
2.距：鸡、雉的腿后面突出像脚趾的部分；触：用角顶撞；噬：咬；趹（guì）：马、骡等用后腿踢。

螫虫，按郭璞注解，意谓螫虫之长。这里的"虫"，泛指一切动物。这个神怪身上长有毒刺，是能伤人的动物的首领。

"庐"之金文作𠪋，从广，表房舍，卢声，本义为田间小屋，在田中耕作之际用来临时居住的房子。例如《诗经·小雅·信南山》有"中田有庐，疆场有瓜"[1]，田中有农人造的小房舍，划定好的田界内种有瓜。

这里的"庐"字用来指群蜂聚集的房舍，很形象，即蜂巢。

这里的确是各种蜂聚集做巢的地方。

祭祀此山神，用一只公鸡做祭品，禳而不杀。

禳，祈祷神灵禳除恶气，消除灾害，这里指让蜂不螫人，不伤害人；勿杀，把鸡放了，不杀死。

明代徐光启在《农政全书》中记载有以鸡助养蜜蜂的方法，列于此，聊做参考：

> ……冬至春……若雨水少，花木稀，其蜜必少。或蜜不敷蜜蜂食用，宜以草鸡或一只或二只，退毛不用肚肠，悬挂窠内，其蜂自然食之。又力倍常。至春来二月间，开其封，止存鸡骨而已。……冬月割蜜过多，则蜂饥。饥时，可将嫩鸡白煮，置房侧，令食之。

这里叙述的祭祀以鸡，或非漫然为之，当是先民生产经验的积淀。

缟羝山 ｜ 原 文

西十里，曰缟羝之山，无草木，多金玉。

往西十里，是缟羝山。这里无花草树木生长，但有丰富的金属矿藏和玉石。

1.中田：犹田中；疆：划定的大田界；场（yì）：小的田界。

厜山

又西十里，曰厜（guī）山，多琈珸之玉。其阴有谷焉，名曰雚谷，其木多柳楮。其中有鸟焉，状如山鸡而长尾，赤如丹火而青喙，名曰鸰（líng）鹞（yào），其鸣自呼，服之不眯。

交觞[1]（shāng）之水出于其阳，而南流注于洛；俞随之水出于其阴，而北流注于谷水。

再往西十里，是厜山，这里盛产琈珸玉。山的北面有一道峡谷，名叫雚谷，谷中的树木多是柳树和构树。山中有一种禽鸟，样子像野鸡，却拖着一条长长的尾巴，身体通红如丹火，嘴巴是青色的。这种鸟名叫鸰鹞。

鸰鹞，或即鹡（jí）鸰鸟。《诗经·小雅·常棣》有"脊令在原，兄弟急难"，脊令，即鹡鸰，水鸟，飞则鸣，行则摇，有抢救患难之意，言兄弟相救。

鸰鹞发出的鸣叫声就像在呼叫自己的名字，食用它的肉可使人不做噩梦，使人神志开通明了。

交觞水从此山的南麓流出，然后向南流，注入洛水；俞随水从此山的北麓流出，然后向北流，注入谷水。

谷水，或即渑河。

1.交觞：一作"交触"。

瞻诸山

原 文

又西三十里，曰瞻诸之山，其阳多金，其阴多文石。渫（xiè）水出焉，而东南流注于洛；少水出其阴[1]，而东流注于谷水。

再往西三十里，是瞻诸山。山的南面多产金属矿物，山的北面盛产带有花纹的美石。渫水从此山发源，然后向东南流，注入洛水；少水从此山的北麓流出，然后向东流，注入谷水。

少水，按郭璞注解，即时人所谓的慈涧，又称之为涧水。

娄涿山

原 文

又西三十里，曰娄涿之山，无草木，多金玉。瞻水出于其阳，而东流注于洛；陂（bēi）水出于其阴，而北流注于谷水，其中多茈石、文石。

再往西三十里，是娄涿山。这里无花草树木，却有丰富的金属矿藏和玉石。瞻水从山的南麓流出，然后向东流，注入洛水；陂水从山的北麓流出，然后向北流，注入谷水，水中有很多紫色的石头和带有花纹的美石。

陂水，按郭璞注解，当世称之为百答水，又称百答河。

1.出其阴：当为"出于其阴"。

白石山

原　文

又西四十里，曰白石之山。惠水出于其阳，而南流注于洛，其中多水玉。涧水出于其阴，西北流注于谷水，其中多麋石、栌（lú）丹。

再往西四十里，是白石山。

惠水从山的南麓发源，然后向南流，注入洛水，水中有很多水晶石。涧水从山的北麓发源，然后向西北流，注入谷水，水中有很多麋石和栌丹。

麋石、栌丹，郭璞注解说，"皆未闻"，没有听说过，不知道是什么稀罕物。后世学者推究，麋、眉古字相通，麋石或即画眉石，又称石炭，或乌金石；栌、卢相通，栌丹或为黑色丹砂。还有人认为栌丹，或即红栌，即今天所说的黄栌树。

谷山

原　文

又西五十里，曰谷山，其上多穀，其下多桑。爽水出焉，而西北流注于谷水，其中多碧绿。

再往西五十里，是谷山。山上多构树，山下则有茂密的桑树。

爽水从这里发源，然后向西北流，注入谷水。水中多产碧绿。

碧绿，石绿之类的石料，色彩艳丽，可做颜料或制成装饰品，俗称孔雀石。

爽水，按郭璞注解，当世称之为纻麻涧。

密山

原文

又西七十二里，曰密山，其阳多玉，其阴多铁。豪水出焉，而南流注于洛，其中多旋龟，其状鸟首而鳖尾，其音如判木。无草木。

再往西七十二里，是密山。山的南面盛产玉石，山的北面盛产铁。

豪水从这里发源，然后向南流，注入洛水。水中有很多旋龟，长着鸟的脑袋、鳖的尾巴，发出的叫声像劈开木头的声音。

旋龟及其独特的叫声，前文《南山经》的杻阳山中已有叙写。

这里无花草树木生长。

长石山

原文

又西百里，曰长石之山，无草木，多金玉。其西有谷焉，名曰共谷，多竹。共水出焉，西南流注于洛，其中多鸣石。

再往西一百里，是长石山。这里无花草树木，却有丰富的金属矿藏和玉石。山的西面有一道峡谷，名叫共谷，有很多竹子生长在谷中。

共水从这里发源，向西南流，注入洛水。水中有很多鸣石。

鸣石，从字面上解读并不难。这种石头，在被撞击或敲打后，能发出声响，且传得甚远。音声谐美，好听。但古人并不这么想。按郭璞注解的指引，我们在《晋书·五行志》中可以看到这样的记载：

永康元年，襄阳郡上言，得鸣石，撞之，声闻七八里。

　　结合《晋书·五行志》的上下文，可知此"鸣石"和预兆天灾异象的"陨石"（天上掉石头）以及种种"大石自立""石生地中""大石浮湖"等都是联系在一起的。这些异象在古人眼中都算不得好事情。郭璞具体描绘了襄阳郡的"鸣石"：似玉，色青。他认为长石山的"鸣石"，即此类也。

　　既然此山"多鸣石"，我倒是希望它们个个都是普普通通的，一敲一击，发出乐音，声不要那么大，传得别那么远，不至于陷入天人灾变的纠葛中，就那么安安静静地待在那里，多好。现代有学者指出，鸣石，大概即磬石之类的石头。于此，吾心方释然。

傅山　原文

　　又西一百四十里，曰傅山，无草木，多瑶碧。厌染之水出于其阳，而南流注于洛，其中多人鱼。其西有林焉，名曰墦（fán）冢。谷水出焉，而东流注于洛，其中多珚[1]（yān）玉。

　　再往西一百四十里，是傅山。这里无花草树木生长，却有很多瑶、碧之类的美玉。

　　厌染水从山的南麓流出，然后向南流，注入洛水。水中有很多人鱼。

　　山的西面有一片树林，名叫墦冢。谷水从这里流出，然后向东流，注入洛水。水中有大量的珚玉。

橐山　原文

　　又西五十里，曰橐山，其木多樗，多楒（bèi）木，其阳多金玉，其阴多铁，多萧。橐水出焉，而北流注于河。其中多脩辟之鱼，状如黽而白喙，其音如鸱，食之已白癣。

1.珚：玉名，或作"瑶"。

再往西五十里，是橐山。山中的树木大多是臭椿树，还有很多楮树。

楮木，又被称为盐肤木。按郭璞注解，蜀中有这种树，它在七八月间吐穗，穗成熟后，似有盐粉沾在上面，可调配制成羹。另，此树的叶子上往往有倍蚜虫寄生，形成的虫瘿被称为"五倍子"，入药，可敛肺、涩肠、止血、解毒。

山的南面有丰富的金属矿藏和玉石，山的北面多产铁，还生长有茂密的萧草。

萧，蒿之类的植物。《诗经·王风·采葛》中有：

> 彼采萧兮，一日不见，如三秋兮。

诗中的"萧"，是荻蒿，即艾蒿，一种带有特殊香味的草本植物，古人以之做烛，祭奠时点燃，馨香之气四溢。

橐水从这里发源，然后向北流，注入黄河。水中有很多脩辟鱼，形貌像鼋。

鼋，在前文《北山经》的绣山中已有叙及。

脩辟鱼长着白色的嘴巴，发出的声音如同鸱鹰在鸣叫，食用它的肉可治疗白癣病。

白癣，或即干癣病，生于皮肤的一种慢性顽固性疾患——皮枯瘙痒，搔之则有白屑出。

常烝山

又西九十里，曰常烝之山，无草木，多垩。漻（qiáo）水出焉，而东北流注于河，其中多苍玉。菑（zī）水出焉，而北流注于河。

再往西九十里，是常烝山，这里无花草树木生长，多产垩土。

漻水从这里发源，然后向东北流，注入黄河。水中有很多青色的玉石。菑水也从这里发源，然后向北流，注入黄河。

夸父山

又西九十里，曰夸父之山，其木多棕枏，多竹箭，其兽多柞牛羬羊，其鸟多鷩，其阳多玉，其阴多铁。

其北有林焉，名曰桃林，是广员三百里，其中多马。湖水出焉，而北流注于河，其中多珚玉。

再往西九十里，是夸父山。

夸父，在这里是山名，而在《东山经》的犲山中是兽名，在《海外北经》中则是神人之名。

山中的树木以棕树和楠树为多，还生长着很多小竹丛，野兽以柞牛、羬羊居多，而禽鸟则以锦鸡为多。

山的南面盛产玉石，山的北面盛产铁。山的北面有一大片树林，名叫桃林，方圆有三百里，林中有很多马匹。

桃林在哪里呢？在传世文献中，桃林是著名的古地名，又名桃林塞或桃原。按《尚

书·武成》篇记载，周武王灭商后：

乃偃武修文，归马于华山之阳，放牛于桃林之野，示天下弗服。

华山之阳，谓华山之南；桃林，华山以东的地区。这两个地方，其实都不是固有的养牛养马之地。周武王如此做，是打算让这些牛马在那里自生自灭，以昭示天下，自己不再动用它们进行战争准备了。牛和马可是那个时代输送聚积物资的主要劳动力。

湖水从夸父山发源，然后向北流，注入黄河。水中多产珚玉。

阳华山

原　文

又西九十里，曰阳华之山，其阳多金玉，其阴多青雄黄，其草多藷藇，多苦辛[1]，其状如楸（qiū），其实如瓜，其味酸甘，食之已疟。

杨水出焉，而西南流注于洛，其中多人鱼。门水出焉，而东北流注于河，其中多玄𥓙。

结（jí）姑之水出于其阴，而东流注于门水，其上多铜。门水出[2]于河，七百九十里入雒水。

再往西九十里，是阳华山。

山的南面有丰富的金属矿藏和玉石，山的北面盛产青雄黄。山中的花草以山药为多，还有很多苦辛草，样子像楸树，结的果实像瓜，味道酸中带甜，人食用了可治疗疟疾。

1.苦辛：草名，或作"苦莘"。
2.出：或作"至"。

楸，同"楸"，落叶乔木，树干端直，树形高大，高可达三十米，屈原在《楚辞·九章·哀郢》中称之为"长楸"：

望长楸而太息兮，涕淫淫其若霰。[1]

望着故国那高大的楸木，长声叹息啊，涕泪如雪珠一样在流淌。又，楸木质地细密，耐湿，可用来造船、制作器具。

楸木的特点是湿时脆，干则坚，古时常用以制成棋盘。唐代诗人杜牧《送国棋王逢》一诗有"玉子纹楸一路饶，最宜檐雨竹萧萧"[2]。围棋子分黑白，或以玉石为材质制成，以玉子称之，有颂美之意；楸木有精美的纹理，纹楸则是对棋盘的美称。

杨水从这座山发源，然后向西南流，注入洛水。水中有很多人鱼。

门水也从这座山发源，然后向东北流，注入黄河。水中多产黑色的磨石。

緒姑水从阳华山的北麓流出，然后向东流，注入门水。緒姑水流经的两岸山上盛产铜。

从门水到黄河，流经七百九十里，然后又注入洛水。

小结 原文

凡缟羝山之首，自平逢之山至于阳华之山，凡十四山，七百九十里。岳在其中，以六月[3]祭之，如诸岳之祠法，则天下安宁。

总计缟羝山山系之首尾，自平逢山起到阳华山为止，共十四座山，途经七百九十里。

1.淫淫：谓泪水流而不止；霰：小雪珠。
2.路：指围棋中的一步棋；饶：让。
3.六月：时岁之中。

核查现有经文，途经距离为八百零二里。

有"岳"在这一山系中，在每年六月祭祀之，其礼制一如祭祀其他山岳，那么天下就会太平安宁。

这里的"岳"，从字面意义上理解，可指高峻的大山。例如《诗经·大雅·崧高》有"崧高维岳，骏极于天"。崧，嵩山，古称泰（太）室或大室。由此，这里的"岳"，泛指高大险峻之山。西汉的《诗经》学家则把"岳"训解为"四岳"，即五岳中的其他四个：东岳岱、南岳衡、西岳华和北岳恒。

结合此段文字中的"阳华之山"，再考虑到这一山系大致的地域范围，经文"岳在其中"的"岳"，当指此山系最著名的大山或最高峰，即华山。

古有"望祭"之说，本经的中山系列山脉，居处天下之中，君王又在时岁之中遥望而祭，则东南西北四方的诸名山大山，亦在其中。

中次七经

本经叙述的山脉的大方向是自西向东，主要围绕着中岳山脉进行，其间又在南北方位上有分述。

休与山

原 文

中次七经苦山之首，曰休与之山。其上有石焉，名曰帝台之棋，五色而文，其状如鹑卵。帝台之石，所以祷百神者也，服之不蛊。

有草焉，其状如蓍（shī），赤叶而本丛生，名曰夙条，可以为簳[1]（gǎn）。

中央第七列山系苦山山系的第一座山，名叫休与山。山上有一种石子，名为"帝台之棋"。

按郭璞注解，帝台，神人之名；棋，博戏的棋具。循名责实，也就是说，休与山上的石头，有可能是神人帝台进行棋类游戏时的棋盘、棋子的材料。

接下来看看这种石头的形质如何。

这种石子五颜六色，且有绚丽的花纹，形状与鹌鹑蛋相似。

1.簳：箭杆。

鹑，鸟名，俗称鹌鹑，头小尾短，羽毛赤褐色，杂有暗黄色条纹，雄性好斗。《诗经·鄘风·鹑之奔奔》有"鹑之奔奔"的诗句，叙写鹌鹑在跳行中进行争斗。鹌鹑的卵俗称鹌鹑蛋，可食。

无论是博戏还是围棋，所用的棋具，棋盘必须是平面铺开的，棋子是要分出黑白或深浅两色的，这里的像鹌鹑蛋一样的彩色石头显然是不合适的。

由此，这里的"棋"——当如清末学者俞樾指出的——当做"琪"字解，美玉之名。如此理解，经文气脉则贯通顺畅。

神人帝台的石子，是用来祷祀百神的，人佩带它，就不会受邪毒之气侵染。

这里还有一种草，样子像蓍草，叶子是红色的，根茎丛生在一起，名叫凤条。

蓍，蓍草，又叫锯齿草、蚰蜒草，多年生直立草本植物，夏秋间开白色花，一本多茎，茎有棱，茎老则中空。古人取蓍茎进行占筮。

蓍草是丛生的，古人常以"丛蓍"称之。例如南朝梁元帝在《金楼子序》中有："虚宇辽旷，玩鱼鸟而拂丛蓍。爱静之心，彰乎此矣。"玩鱼鸟，是心归自然；抚弄蓍草，则是与天地宇宙对话。心静，则山海可读。

凤条可用来做箭杆。

鼓钟山

原　文

东三百里，曰鼓钟之山，帝台之所以觞百神也。有草焉，方茎而黄华，员叶而三成[1]，其名曰焉酸，可以为[2]毒。其上多砺，其下多砥。

1.三成：谓叶子有三重。

2.为：治，消除。

我有嘉宾，中心贶之。钟鼓既设，一朝飨之。[1]（《诗经·小雅·彤弓》）

君子有酒，嘉宾式燕以乐。[2]（《诗经·小雅·南有嘉鱼》）

我们颂美丰盛的酒肴，热情的招待。上天的神明世界，亦须有酒相伴。有酒有宴，须有乐舞相伴。由此，接下来这座山的名字——鼓钟山，颇得人心之想：

举觞燕会，则于此山，因名为鼓钟也。（郭璞注）

帝台觞百神，宴饮会聚之所，郭璞认为在洛阳的伊阙山[3]西南。说得有鼻子有眼，或许吧，但愿吧。

往东三百里，是鼓钟山。帝台正是在这里演奏钟鼓之乐，宴会诸位天神的。

西周、东周时期的"觞"（觴）之金文作 𤭖 ，从爵，易声；战国时改从角，易声，作 𧢲 。爵，甲骨文作 𤔲 ，象形，饮酒器皿，杯身下有三足，后有尖尾；角，亦为盛酒器，有盖。觞之本义为酒器中盛满酒。向人敬酒，或是自饮，皆可称之为觞。"觞"在这里指设酒宴招待。

前文《中次六经》中有麃山，从这座山的南侧流淌出一条河流，名曰交觞。交觞，从字面上理解，即相互敬酒。

这里有一种草，茎干是方形的，开黄色的花朵，叶子是圆形的，重叠为三层。这种草名叫焉酸，可以用来解毒。

山上多产粗磨石，山下则多产细磨石。

1.贶（kuàng）：通"况"，喜；一朝：犹终朝，整个上午；飨：招待宾客的隆重盛大的宴会。
2.式：语气助词；燕：通"宴"，宴饮；以：而且。
3.伊阙山：又名龙门山，在河南洛阳市南。两山相对如阙门，伊水流经其间，故名。春秋时期，伊阙山上有关，亦称之为阙塞。

姑媱山

原 文

又东二百里，曰姑媱（yáo）之山[1]。帝女死焉，其名曰女尸，化为䔄（yáo）草，其叶胥[2]（xū）成，其华黄，其实如菟丘，服之媚于人。

再往东二百里，是姑媱山。天帝的女儿就死在这里，她的名字叫女尸，死后化成了䔄草。

䔄草，亦作"瑶草"。天帝此女，亦称"瑶姬"，据说是她的精魂化为了瑶草。

䔄草的叶子是一层一层的，花是黄色的，果实与菟丝子的果实相似。

菟丘，犹菟丝，亦称"菟丝子"，一年生缠绕寄生草本植物，茎细柔，呈丝状，黄色，夏秋开花，花细小，白色，果实为扁球形。菟丝子其实并不讨人"喜欢"，因为它生命力太强，关键是具有破坏性——随处生出吸盘，附着在寄生之主如豆科、菊科和藜科等植物上。它在中国这个农耕生态地域分布广，危害大。

这个物象若转化至男女的有情世界呢？其义涵又会发生怎样的偏转，生发怎样的力量呢？

女子服用了䔄草，就能招人喜欢，讨人宠爱。

媚，这个字在今天的价值体系中会让人觉得有些负面：谄媚，佞媚，媚谀，惑媚，狐媚子……《尚书·冏命》篇有："无以巧言令色，便（pián）辟侧媚，其惟吉士。"不该任用花言巧语、假装和善的人。便辟，谄媚逢迎；侧媚，以邪媚姿态去讨好取悦别人。类似这样的人，也不该任用。吉士，贤良之人，方值得选用。

反过来想，媚，难道不是一把"利器"吗？看在眼里，听在耳畔，却直接扎进了人的心窝，上演一幕幕轰轰烈烈、曲曲折折、是是非非的人间悲喜剧。

东汉的繁钦在《定情诗》中有言：

1.姑媱之山：或作"姑媱"，无"之山"二字。
2.胥：这里谓草的叶子相重叠。

我既媚君姿，君亦悦我颜。

"媚"之甲骨文作 🐦🐦，金文作 🐦，像女子长着大大的眼睛、修长的眉毛，好看，令人喜欢。篆文作 🐦，改从女，从眉；眉，兼表声。女性之美，全集中在心灵的窗户——眼睛上。由此，先民们造字时，在女性的头部加上大眼睛，睫毛、眉毛一并刻画。"媚"之本义为爱，爱悦，并没有后世演化的那么邪行。例如《诗经·大雅·思齐》有"思媚周姜"[1]，颂美的是周姜（古公亶父之妻）的德行；《诗经·大雅·下武》有"媚兹一人"，一人指周武王，他能继承先王德业，故而言喜爱这个人。

苦山

原文

又东二十里，曰苦山。有兽焉，名曰山膏，其状如逐，赤若丹火，善詈[2]。

其上有木焉，名曰黄棘，黄华而员叶，其实如兰，服之不字。有草焉，员叶而无茎，赤华而不实，名曰无条，服之不瘿。

再往东二十里，是苦山。

这里有一种野兽，名叫山膏，样子像"逐"，通身赤红如同丹火，喜好骂人。

先来看"逐"字。《西山经》中有"逐水"，《海外北经》中的夸父"与日逐走"。这里的"逐"，与它们有别，同"豚"，豕之小者，即小猪。

阳货，鲁国季氏的家臣，他想见孔子，孔子不见他。他呢，为了让孔子来见自己，要了一个小伎俩：趁孔子不在家时，"归[3]孔子豚"，赠送了孔子一只小猪——当然是蒸熟的。阳货是鲁国正卿的主管，可称大夫；孔子在野，则为士。按照礼制，大夫对士有所赏赐，如果士不在家，不能拜谢，得亲自到大夫家去答谢。作为"礼物"的豚，那时的人们

1.思：发语词，无实义；媚：德行美好。

2.詈：骂，责骂。

3.归：通"馈"，赠。

当是很熟悉的。

山上有一种树木，名叫黄棘，开黄色的花，叶子是圆圆的，结的果实与兰草的果实相似。

这种树木有什么神奇的功效呢？服之不字。

"字"之金文作 🈂，有两个解读方向：其一认为从宀，表示在屋室内生养孩子；从子，声符，注明音读，兼表意，妇女生子，当居屋室之内。其二，🄰像产妇下体双腿形，从子，像妇女产子时的情形。《说文》："字，乳也。"[1] "字"之本义为妇女怀孕和生养。由此，"不字"谓不能怀孕生育。

山中有一种草，只有圆圆的叶子，而没有茎干，开红色的花，却不结果实，名叫无条。

服用了无条，即可让人的脖子不长出肉瘤。

至此，本书《山经》共有四处涉及"瘿"病，其他处皆为"已瘿"，谓能治好瘿病。这里的"不瘿"，谓不生瘿瘤，含义上有差异。

《西山经》的皋涂山亦有名为"无条"的草，与此处的无条草差异甚大，属于典型的同名异物现象。

堵山 　原 文

又东二十七里，曰堵山，神天愚居之，是多怪风雨。其上有木焉，名曰天楄（pián），方茎而葵状，服者不噎[2]（yè）。

1.按清代段玉裁注解，人及鸟生子曰乳。
2.噎：食物卡塞住咽喉。

再往东二十七里，是堵山。天愚神居住在这里，由此这座山经常刮怪风，下怪雨。

山上生长有一种树木，名叫天楄，方方的茎干，样子像葵菜。人服用了它，吃饭时就不会噎住。

放皋山

原　文

又东五十二里，曰放[1]皋之山。明水出焉，南流注于伊水，其中多苍玉。

有木焉，其叶如槐，黄华而不实，其名曰蒙木，服之不惑。有兽焉，其状如蜂，枝尾[2]而反舌，善呼，其名曰文文。

再往东五十二里，是放皋山。明水从这里发源，然后向南流，注入伊水。水中多产青色的玉石。

山中有一种树木，叶子与槐树的叶子相似，开黄色的花，不结果实，名叫蒙木。服用它，能使人不"惑"。

智者不惑。智者遇到事，能明辨不疑，烛理不昧，不会自乱阵脚。不惑，是指对事理的明晓。《老子》第二十二章："少则得，多则惑。"老子主张"抱一"，专精固守，多做减法，唯其如此，方能不失其道，成为天下的楷式和模范。

但这里的"惑"是一种病。按传统中医学的观点，惑分几类：第一，精神散乱，目有幻见。《黄帝内经·灵枢·大惑论第八十》有言："卒然见非常处，精神魂魄，散不相得，故曰惑也。"惑指向人深层次的精神意识层面。第二，病毒性的"狐惑"。人感染虫毒，湿热不化，以致目赤眦黑，口腔咽喉及前后阴腐蚀溃疡的一种疾患。第三，遇事多疑，犹豫不决，神志不得集中。

清代汪绂认为，服用使人不"惑"的是"今密蒙花也，治目疾"。密蒙花，又名蒙

1.放：或作"效"，又作"牧"。
2.枝尾：歧尾，尾巴分叉。

花、黄饭花、羊耳朵尖等，主产湖北、四川、陕西、河南等地，甘，凉，入肝经，清热养肝，明目退翳。

既然此木之叶如槐，而槐味苦寒，主热，通神明，清代学者郝懿行发问：故服之不惑与？

其实，叶子如槐，并不是槐；且入药的槐，非但有槐叶，还有槐皮、槐角、槐花、槐枝、槐根等等。此种联系，想想即可，还必须要"谨遵医嘱"。

山中有一种野兽，样子像蜜蜂，长着分叉的尾巴和倒转生长的舌头，喜欢呼唤。这种野兽名叫文文。

大苦山

原 文

又东五十七里，曰大苦[1]（kǔ）之山，多琈琈之玉，多麋玉。有草焉，其状叶如榆，方茎而苍伤[2]，其名曰牛伤，其根苍文，服者不厥，可以御兵。

其阳狂水出焉，西南流注于伊水，其中多三足龟，食者无大疾，可以已肿。

再往东五十七里，是大苦山，这里盛产琈琈玉，还有许多麋玉。

麋，按郭璞注解，未明其详。字形相近，或为"麋"，即瑂，赤玉；读音相近，或为"瑂"，一种似玉的美石。

山中有一种草，它的叶子与榆树的叶子相似。

1.苦：或作"苦"。
2.伤：刺。苍伤，即青黑色的棘刺。

榆树，曾是乡居田园生活中的"标配"，常与桑树并称："鸡犬散墟落，桑榆荫远田。"（唐·王维《千塔主人》）古人垒石为城，树榆为塞，榆树乃至榆叶又成为边塞的象征，"关城榆叶早疏黄，日暮云沙古战场"（唐·王昌龄《从军行》之三）。榆树很常见，嫩叶可食，亦可入药。

这种草有方方的茎干，上面长满青黑色的刺，名叫牛伤。

牛伤，犹言牛棘，别名甚多，今天大略称之为野蔷薇。

牛伤的根茎上有青黑色的斑纹，服用它可使人不"厥"，还能抗御兵器的伤害。

厥，传统中医中有此病名，气闭，晕倒，不省人事，手脚僵硬冰冷。不厥，即不会得气闭昏厥之病。

狂水从这座山的南麓发源，向西南流，注入伊水。水中有很多三只脚的龟，食用了这种龟的肉，可使人不生大病，还能消除痈肿。

龟，大自然中常见的皆为四脚，三足之龟可视为畸形或怪异，按郭璞注解，吴兴阳羡县有君山，君山上有池，池中有三足六眼之龟。且三足的龟鳖，还有自己特有的名号——贲。我们的文化精神更能涵摄"三足"之畸之异，郭璞在《图赞》中有言：

　　贲能三足，何异鼋鼍[1]。

三只脚要能爬行走路，又与大鳖鼋、大鳄鼍有什么差异呢？此正所谓的"不怪所可怪，则几于无怪矣"（郭璞《注山海经叙》）。

1.鼍（tuó）：扬子鳄。

半石山

原 文

又东七十里，曰半石之山，其上有草焉，生而秀，其高丈余，赤叶赤华，华而不实，其名曰嘉荣，服之者不畏霆。

来需之水出于其阳，而西流注于伊水，其中多鯩（lún）鱼，黑文，其状如鲋，食者不睡。

合水出于其阴，而北流注于洛，多腾（téng）鱼，状如鳜，居逵，苍文赤尾，食者不痈，可以为瘘[1]。

再往东七十里，是半石山。山上长着一种草，"生而秀"。

生而秀，谓自土地生长出来就抽穗吐花。

这种草可高达一丈多，叶子和花朵都是赤红色的，只是开花却不结果实。这种草名叫嘉荣。

也就是说，嘉荣草，先抽穗，然后着叶，花生在穗间。

这种神草的名字"嘉荣"，亦颇值得品味。华，同"花"，亦用作动词，开花。细分而言，木上开的花叫"花"，草开的花称"荣"。荣，特指草本植物的花。"嘉"字有善、美之义。嘉荣，是在颂美此草所开的花。

服用了嘉荣，能使人不畏惧雷霆霹雳。

"霆"之篆文作霆，从雨，廷声。"廷"之金文作𨖍𨖍，像人挺立土上。霆之本义是雷所发的余响。《说文》如此描绘雷震之用："霆，雷余声也铃铃[2]。所以挺出万物。"春雷震动，万物复苏，自地表挺立而出，正所谓"鼓之以雷霆，润之以风雨"（《周易·系辞上》）。

霆，引申为霹雷、疾雷。不霆，即如郭璞注解所言，不畏雷霆霹雳。

《淮南子·兵略训》："疾雷不及塞耳，疾霆不暇掩目。"嘉荣草给人以力量，让人

1.瘘：痈属，中多有虫；或谓颈肿，即淋巴结核病。
2.铃铃：状雷霆之声。

不再害怕天上的雷公公，对胆小怯弱者而言当然是美善至极。

来需水从山的南麓流出，然后向西流，注入伊水。水中生长着很多鯩鱼，浑身长满黑色的斑纹，样子像鲫鱼。人食用了它的肉，便“不睡”。

不睡，即精神亢奋，不感到瞌睡。不睡，或作“不肿”。肿，痈肿[1]，毒疮，或谓肌体浮胀。不肿，即不患痈肿、浮胀之类的病。两个训释方向，根据前后文，“不肿”似更胜一筹。

合水从山的北麓流出，然后向北流，注入洛水。水中生长着很多螣鱼，样子像鳜鱼。

鳜鱼，体侧扁，青黄色，有黑色斑纹，口大，鳞细，味鲜美，算是食用鱼中的“贵族”，经常出现在诗和远方的意象意境中：“船头一束书，船后一壶酒。新钓紫鳜鱼，旋洗白莲藕。”（宋·陆游《思故山》）

螣鱼有一个特点：“居逵”。

逵，四通八达的道路。据说战国时的思想家杨朱“见逵路而哭之”，逵路，即大道，可以南，可以北，人选择起来，好痛苦！这里的“逵”，当谓水底连通的道路和洞穴，对鱼而言则是逃难避险的好去处，好自在！

螣鱼隐居在水底四通八达的穴道中，浑身长着青色的斑纹，还拖着一条红色的尾巴。人食用了它的肉，可不患痈肿病，还可治疗颈肿病。

1.不溃烂的包块称之为“肿”，溃烂的称之为“痈”。

少室山

原 文

又东五十里，曰少室之山，百草木成囷[1]。

其上有木焉，其名曰帝休，叶状如杨，其枝五衢[2]（qú），黄华黑实，服者不怒。其上多玉，其下多铁。

休水出焉，而北流注于洛，其中多鲐鱼，状如盩蜼[3]而长距，足白而对，食者无蛊疾，可以御兵。

再往东五十里，是少室山，这里各种花草树木丛聚囷积，像圆形的谷仓。

山上有一种树木，名叫帝休，叶子的形状和杨树的叶子很相似，树枝重叠交错，伸向五个方向，开黄色的花，结黑色的果实，服用了可让人心平气和，不再恼怒。

山上多产玉石，山下蕴藏有丰富的铁矿。

据说此山之巅不仅多玉石，而且出产一种白玉膏，服食之，即可得道升仙，只是世人没机会攀登上去。修炼的"咒语"或"秘诀"在山巅，在远处，我们似乎一直都无法抵达触及。有希望，才有修行。

休水从这座山发源，然后向北流，注入洛水。

水中有很多鲐鱼，样子像盩蜼，却长有长长的鸡一般的足爪，白白的足爪是相对生长的。人食用了它的肉，就不会得疑心病，还能抗御锋利的兵刃。

鲐鱼，《北山经》的龙侯山曾有叙及，作为描述"人鱼"时的喻体。

1.囷：圆形谷仓。
2.衢：四通八达的道路，这里谓枝条交错歧出。
3.盩：或当为"鳌"（zhōu）。盩蜼，一种形似猕猴的野兽。

泰室山

原　文

又东三十里，曰泰室[1]之山。其上有木焉，叶状如梨而赤理，其名曰栯（yù）木，服者不妒。有草焉，其状如苶，白华黑实，泽如虆（yīng）奠（yù），其名曰䔄草，服之不昧[2]。

上多美石。

再往东三十里，是泰室山。山上有一种树木，叶子的形状像梨树的叶子，却有赤红色的纹理，名叫栯木。

栯，或作"郁"，据说栯木的花和果实馨香馥郁，由此而名之。此栯木，或即郁李，果实色鲜红，味甘美。

人食用了栯木的果实，就不生嫉妒心。

山中还有一种草，样子像苶草，开白色的花，结黑色的果实，果实的色泽像野葡萄，名叫䔄草。

虆奠，落叶藤本植物，俗称野葡萄。《诗经·豳风·七月》有"六月食郁及奠"，其中的"奠"，指的就是虆奠。虆奠的果实为浆果，紫黑色，似葡萄而味酸，可酿酒，亦可入药做滋补品。

这里的䔄草，与前文姑媱山的"䔄草"同名，其"实"则大不同。

服用了䔄草，可使人的眼睛明亮而不昏花。

不昧，或当作"不眯"。不眯，多次出现在本书的《西山经》和《中山经》中，可成词例。而"眯""昧"字形相近，易讹。不眯，即不做噩梦，不梦魇。

山上还有很多漂亮的石头。

1.泰室：又作"太室"。
2.昧：昏暗，这里谓眼目不明。

据载，夏启之母在太室山化为石而生启，而此山之上又多美石。由此，此山或即中岳嵩山的太室山。

讲山

又北三十里，曰讲山，其上多玉，多柘，多柏。有木焉，名曰帝屋，叶状如椒[1]，反伤[2]赤实，可以御凶。

再往北三十里，是讲山。山上盛产玉石，有很多柘树，还有很多柏树。

这里有一种树木，名叫帝屋，叶子的形状与花椒树的叶子相似，长着倒钩刺，结红色的果实，可以抗御凶邪之气。

婴梁山

又北三十里，曰婴梁之山，上多苍玉，锌于玄石。

再往北三十里，是婴梁山。山上多产青色的玉石，这些青色的玉石大都附着在深黑色的石头上。

今天我们有"共生矿物"和"伴生矿物"的概念。

共生矿物，指有同一成因，可以在相近的时间、共同的空间中有规律地出现的不同种矿物。人类可以利用共生矿物的形成规律，去勘探开发矿产资源。

伴生矿物，指在自然界中出现在一起的不同种矿物。伴生矿物，只是在空间上共同存

1.椒：花椒树。
2.反伤：谓长有倒生下钩的棘刺。

在——做个伴，它们彼此之间是否有内在的联系，不确定。故而，伴生矿物会包含共生矿物，但不一定就是共生矿物。

苍玉和玄石，是暂时做个伴，还是共生的"双胞胎"，值得去探究。

浮戏山

原　文

又东三十里，曰浮戏之山。有木焉，叶状如樗而赤实，名曰亢木，食之[1]不蛊。

汜水出焉，而北流注于河。其东有谷，因名曰蛇谷，上多少辛。

再往东三十里，是浮戏山。

这里生长着一种树木，叶子的形状像臭椿树的叶子，结红色的果实，名叫亢木。人食用了它的果实，可以杀虫辟邪，去除蛊毒。

如此神奇的草木，让我们惊喜赞叹！清代学者郝懿行认为《本草经》中记载的卫矛即亢木：

卫矛一名鬼箭，主除邪杀蛊，叶状如野茶，实赤如冬青[2]，即此也。

像，但不一定是，无妨参照对比一下。

汜水从这座山发源，然后向北流，注入黄河。

山的东面有一道峡谷，因谷中多蛇而取名为蛇谷。峡谷上盛产少辛。

1.食之：或作"食者"。
2.冬青：常绿乔木，核果椭圆形，红色。

少辛，即细辛，一种药草，祛风散寒，通窍止痛，温肺化饮，治风寒感冒、头痛、鼻塞、风湿痹痛等。

少陉山 | 原 文

又东四十里，曰少陉（xíng）之山。有草焉，名曰菌（gāng）草，叶状如葵，而赤茎白华，实如蘡薁，食之不愚。

器难之水出焉，而北流注于役水。

再往东四十里，是少陉山。

这里生长有一种草，名叫菌草，叶子的形状与葵菜的叶子相似，茎干是红色的，开白色的花朵，结的果实很像野葡萄，吃了可增益智慧，使人不愚钝。

《论语》开篇就在言说"学"的重要性。菌草的果实，似能让人"生而知之"。有这样奇特的功效，在我们的族群心理中，肯定首先施用在治学上，而不是其他，比如讲机巧的技术、论货殖的营商等等。[1]奇异的花草，亦是千百年来文化精神的试金石。

器难水从这座山发源，然后向北流，注入役水。

1.郭璞《图赞》："食之益智，忽不自觉。殆齐生知，功奇于学。"

太山

原　文

又东南十里，曰太山。有草焉，名曰梨，其叶状如荻[1]而赤华，可以已疽。太水出于其阳，而东南流注于役水；承水出于其阴，而东北流注于役。

再往东南十里，是太山。

山中有一种草，名叫梨，其叶子的形状像"荻"的叶子，开赤红色的花朵，可以用来治疗痈疽。

太水从这座山的南麓流出，然后向东南流，注入役水；承水从这座山的北麓流出，然后向东北流，注入役水。

末山

原　文

又东二十里，曰末山，上多赤金。末水出焉，北流注于役。

再往东二十里，是末山，山上多产赤金。

末水从这里发源，然后向北流，注入役水。

役山

原　文

又东二十五里，曰役山，上多白金，多铁。役水出焉，北注于河。

再往东二十五里，是役山。山上多产白金，还有丰富的铁矿。

1.荻：或当作"萩"（qiū），蒿之一种。

役水从这里发源，向北流，注入黄河。

敏山 | **原 文**

又东三十五里，曰敏山。上有木焉，其状如荆，白华而赤实，名曰蓟[1]（jì）柏，服者不寒。其阳多琈珸之玉。

再往东三十五里，是敏山。山上生长着一种树木，样子与荆木相似。

荆，亦称"楚"，落叶灌木，枝丛生，开蓝紫色小花，枝条柔韧，可编筐篮等。荆木坚韧，古人多以之做刑杖，由此方有战国时期廉颇的"肉袒负荆"。

这种树木开白色的花，结红色的果实，名叫蓟柏。人吃了它的果实，能耐寒扛冻。

郭璞在《图赞》中有言：

蓟柏白华，
厥子如丹。
实肥变气，
食之忘寒。

因为蓟柏的果实如丹，容易让人联想起丹砂、丹药。人服食丹药，可以改变习性气质。食用了蓟柏果，不畏严寒，不禁让人感慨："物随所染，墨子所叹。"（《图赞》）墨子悲叹洁白的丝："染于苍则苍，染于黄则黄。所入者变，其色亦变。"（《墨子·所染》）人之情性，很多情况下何尝不是如此！

山的南面盛产琈珸玉。

1.蓟：同"蓟"。

大騩山

又东三十里，曰大騩之山，其阴多铁、美玉、青垩。

有草焉，其状如蓍而毛，青华而白实，其名曰蒗[1]，服之不夭，可以为腹病。

再往东三十里，是大騩山。山的北面多产铁、优质的玉石和青色垩土。

这里有一种草，样子像蓍草，却长着绒毛，开青色的花，结白色的果实，名叫蒗。服食了蒗草，可使人不夭折。

"夭"之初文为象形字，甲骨文、金文分别作 ，像人弯曲两臂之形，本义为屈曲。篆文作 ，又突出屈首之形。《说文》："夭，屈也。"常情常理是，太弯太曲，容易折断，故而引申为短折、摧折、摧残、短命等义。

未成年而死，少壮而死，称之为夭。夭和寿往往相对而言，例如《海外南经》中即有"或夭或寿"。夭，有各种缘由，但终归是非正常死亡，令人惋叹。

不夭，与延年益寿无关。郭璞在《图赞》中有言："虽不增龄，可以穷老。"不夭，至多也就是穷尽其天寿，不再增加什么，自然而然地离开这个世界。

患病、夭死、灾疫以及不祥之物，其实一直没有走远，时不时来侵扰伤害人类，而人们一直在与之抗争。法于阴阳，和于术数，遵循时令，食饮有节制，起居有规律，苍生才不会因疫病而夭折早殇。从天地阴阳、岁历法度的大环境来说，必须有一个"和"字，这正是中国文化的大精神：

明时正度，则阴阳调，风雨节，茂气至，民无夭疫。（《史记·历书》）

蒗草还可以医治各种腹部疾病。

腹，在胸部下方，相当于膈[2]与骨盆之间的部分。脐以上部分为大腹，脐以下部分为小腹或少腹。腹病，即腹部疾病。

自古以来，不夭疾，衣食有余，是人们内心深处最执着坚守的愿景。唯愿这棵"蒗"

1.蒗：或当为"蒗"（hěn）。
2.膈：人体内分隔胸腹两腔的膜状肌肉。

草，有此功效。

前文休与山中的"夙条"草，其状亦如蓍草。其实，蓍草，传统中医学认为可抗菌消炎、活血、祛风、定痛、解毒，治肠炎、痢疾、阑尾炎、肾盂肾炎、盆腔炎、胃痛、腹中痞块等。

蒗草、蓍草，两草外形相似，莫非有某种内在的联系？

小结

原　文

> 凡苦山之首，自休与之山至于大騩之山，凡十有九山，千一百八十四里。其十六神者，皆豕身而人面。其祠：毛牷用一羊羞[1]，婴用一藻玉瘗。苦山、少室、太室皆冢也，其祠之：太牢之具，婴以吉玉。其神状皆人面而三首。其余属皆豕身人面也。

总计苦山山系之首尾，自休与山起到大騩山为止，共十九座山，途经一千一百八十四里。

再次核算，实际的经行距离为一千零五十六里。

其中十六座山的山神，形貌都是猪的身子、人的面孔。祭祀这些山神的礼制：在毛物中用一只纯色的羊作为祭品进献，祀神的玉器用一块五彩的藻玉，祭祀后埋入地下。

苦山、少室山和太室山，皆为诸山之宗主。祭祀这三座山的山神的礼制：在毛物中用猪、牛、羊齐全的三牲作为祭品进行祭祀，祀神的玉器用吉玉。这三座山的山神，形貌都是人的面孔，却长有三个脑袋。另外那十六座山的山神，都长着猪的身子，却有一副人的面孔。

1.羞：通"馐"，进献祭品。

｜　中次八经

景山　｜　原　文

中次八经荆山之首，曰景山，其上多金玉，其木多杼（zhù）檀。雎（jū）水出焉，东南流注于江，其中多丹粟，多文鱼。

中央第八列山系，是荆山山系。

楚灵王十一年（前五三〇年），楚国攻伐徐国以威吓东方的吴国。楚国大夫析父追忆了楚国先烈的创业史：

昔我先王熊绎辟在荆山，荜露蓝蒌以处草莽，跋涉山林以事天子，唯是桃弧棘矢以共王事。[1]（《史记·楚世家》）

熊绎，为楚国始祖，以他为首开辟了荆山。开国艰难，熊绎乘坐着柴车，穿着破衣烂衫，处在荒野草莽中，艰难地行走在山林水泽中，尽心尽力地侍奉周天子。楚国的山川林麓，彼时无所出产，只有桃木制成的弓、棘木做成的箭，供应给周王室。
拓荒者们开发的荆山，和此处的荆山一系大致相当。

荆山山系的第一座山，名叫景山。
山上有丰富的金属矿藏和玉石，山中的树木以杼树、檀树为多。

1.荜露：筚路，柴车；蓝蒌：蓝缕，衣敝坏。

杼，栩树，亦即栎树，结球形坚果。《庄子·山木》篇太公任奉劝困于陈国、蔡国交界处的孔子，别要什么功和名了，回归山泽之中，与鸟兽为伍为伴吧！那就要"衣裘褐，食杼栗"：夏天穿葛衣，冬天穿兽皮；放弃肥甘美味，吃杼树、栗树的野果。在先民心中，野果暂且充饥尚可，但绝不能当饭吃。

睢水从这里发源，向东南流，注入江水。水中有很多粟粒大小的丹砂，还生长着许多有彩色斑纹的鱼。

睢水，亦作"沮水"，和长江、汉水、漳水一起，古人视之为"楚之望也"，即楚国疆界内最著名的大河。

江，在先秦时期专指长江，后引申为江河的通称。《山海经》所载的大江大河，方位走向大都不甚明确，且上古与今有别。根据经文的上下文，在特殊情况下，"江"亦泛称江水，以不显突兀。

荆山　　原文

　　东北百里，曰荆山，其阴多铁，其阳多赤金，其中多牦牛，多豹虎，其木多松柏，其草多竹，多橘櫾（yòu）。
　　漳水出焉，而东南流注于睢，其中多黄金，多鲛（jiāo）鱼。其兽多闾麋。

往东北一百里，是荆山。山的北面盛产铁，山的南面则多产赤金。

山中生长着许多黑色的牦牛，还有众多豹子和老虎。这里的树木以松树、柏树居多，花草以丛生的竹子为主，还有许多橘树和柚树。

櫾，同"柚"，果树名，亦指树的果实，似橘而大，皮厚味酸。

南国一方水土是橘树甜美的家，《汉书》载"江陵千树橘"。屈原专门撰有《橘颂》篇，其中有：

> 绿叶素荣，纷其可喜兮。
> 曾枝剡棘，圆果抟兮。
> 青黄杂糅，文章烂兮。
> 精色内白，类任道兮。

绿色的叶子，白色的花朵，缤纷可喜；层叠的枝杈，尖锐的棘刺，圆圆的果实聚拢成团；青色黄色混在一起，色彩纹理灿烂无比；外表鲜丽，内在纯洁，如同肩负大道的君子。

漳水从这座山发源，然后向东南流，注入睢水。水中盛产黄金，还生长着很多鲛鱼。

《说文》："鲛，海鱼，皮可饰刀。"这里的鲛鱼生活在内陆河水中，按郭璞注解，属鲥鱼类，皮有珠文而坚，尾长三四尺，末梢有毒，螫人，皮可装饰刀剑，口骨可治磨成角质材料，"今临海郡[1]亦有之"。

古籍对鲛鱼多有描述，大同而小异，比如有"珠文"或"斑纹"；尾巴有的说长三四尺，有的则是三四丈；等等。鲛鱼，或即今天所言的鲨鱼，或即扬子鳄——古书称之为"鼍"。

山中的野兽以山驴、麋鹿为多。

这里的麋，或即"麈"，似鹿而大，已见于《西山经》的西皇山。

1.临海郡：三国吴分会稽郡置，辖境相当于今浙江象山以南，天台、缙云、丽水、龙泉等以东地区。

骄山

原 文

又东北百五十里，曰骄山，其上多玉，其下多青雘，其木多松柏，多桃枝钩端。

神䟮（tuó）围处之，其状如人面，羊角虎爪，恒游于雎漳之渊[1]，出入有光。

再往东北一百五十里，是骄山。山上多产玉石，山下多产青雘。这里的树木以松树、柏树居多，还有很多桃枝和钩端之类的丛生小竹。

神明䟮围居住在这里，他长着人的面孔，还生有羊的角、虎的爪子，常常在雎水、漳水的深渊里畅游，出入水面时都闪耀着光芒。

这样的"光"，神秘且神圣。但在今天，我们可以用理性来完成"祛魅"的工作：或即大型游鱼或鳄鱼浮出水面时，激起水纹波光，或其眼神或鳞甲反光，在刹那间恰巧被人捕捉到了，然后三人成虎地流传为光芒闪耀。

道理似讲清楚了，洪荒远古的"魅"力却不在了。

女几山

原 文

又东北百二十里，曰女几之山，其上多玉，其下多黄金，其兽多豹虎，多闾麋麖麂（jǐ），其鸟多白鷮（jiāo），多翟，多鸩（zhèn）。

再往东北一百二十里，是女几山。

山上盛产玉石，山下盛产黄金，山中的野兽以豹子和老虎居多，还有许多山驴、麋鹿、麖、麂。

1.渊：按郭璞注解，谓水流深处的幽暗洞府。

麠，即水鹿，亦称马鹿，体形高大，栗棕色，耳大而直立，性机警，善奔跑，尾毛蓬松。麖，按郭璞注解，似獐而略大，偎毛——皮毛细密紧致，足似豹脚。[1]为何有这样一个命名？

> 山中有虎，麖必鸣以告，其声几几然，故曰麖。（《字说》）

由此来看，这种小鹿乃是山林危急时刻的"吹哨人"。文献中，麖皮和象牙、鹿皮经常并列。以麖皮制成的靴，也算是手工制成的鞋中的高档货。《新唐书·隐逸传》中记载了一位自放草野的高士：

> 朱桃椎，益州成都人。澹泊绝俗，被裘曳索，人莫能测其为。长史窦轨见之，遗以衣服、鹿帻、麖靴，逼署乡正。委之地，不肯服。……其为屝，草柔细，环结促密，人争蹑之。[2]

更舒服、更名贵的麖靴不穿，朱桃椎只穿自己编织的草鞋——因品质好，还成了当时人们争抢的紧俏货。

这里的禽鸟以白鹇为多。

《诗经·小雅·车辖（xiá）》：

> 依彼平林，有集维鷮。

平原上的树林很茂盛，有鷮鸟栖息在那里。鷮，即白鷮，亦称"鷮雉"，长尾野鸡，常一边行走一边鸣叫，性勇健，善斗，属于野鸡（雉）中的"战斗机"。白鷮最大的特点就是尾巴长，按古人的记载，尾羽长达六尺，可称壮观。古时天子车舆马头上专门有一个金属饰物——防釳（xì），或称方釳，广数寸，会有三个孔，插上鷮的长尾毛羽，有装饰之用，亦可防止马匹相互冲突。

1.偎毛：或作"猥毛"。按郝懿行之见，"偎（猥）"或当为"獶"，多毛犬；"豹"或当为"狗"。
2.被裘：身穿兽皮；曳索：牵引绳索；帻（zé）：头巾；屝（juē）：草鞋；蹑：追随。

古人说四条腿的美味要数"麃"[1]，两条腿的美味即鹝鸟。可见鹝鸟，其肉甚美。

女几山还有很多翟鸟，也有很多鸩鸟。

翟，亦为长尾野鸡，比鹝鸟略大。

鸩，传说中的一种身体有剧毒的鸟，体形大小如雕鹰，羽毛为紫绿色，长颈——有七八寸，红嘴巴，吞吃有毒的蝮蛇的脑袋。史书多载"鸩杀"之事，即用鸩酒毒杀。

宜诸山　原　文

又东北二百里，曰宜诸之山，其上多金玉，其下多青雘。滫（wéi）水出焉，而南流注于漳，其中多白玉。

再往东北二百里，是宜诸山。山上盛产金属矿物和玉石，山下多产青雘。

滫水从这里发源，然后向南流，注入漳水。水中有很多白色玉石。

按郭璞注解，滫水发源于滫山，后汇入漳水。这样来看，宜诸山或别名"滫山"。

纶山　原　文

又东北二百里[2]，曰纶山，其木多梓楠，多桃枝，多柤（zhā）栗橘櫾，其兽多闾麈麢奐（chuò）。

1.麃（páo）：同"狍"，一种强壮的大鹿。
2.二百里：或作"三百五十里"。

再往东北二百里，是纶山。山中的树木以梓树、楠树为多，又有很多丛生的桃枝竹，还有许多柤树、栗树、橘树和柚树。

柤，果树名，亦指树的果实，按郭璞注解，似梨而酸涩，或为梨中不美善者。栗，树名，亦指其果实，即坚果板栗，俗称"栗子"，可食用。

庄子以柤等树木及其果实为喻，说明"无所可用"即大用的道理：

　　夫柤梨橘柚，果蓏之属，实熟则剥，剥则辱；大枝折，小枝泄。（《庄子·人间世》）

有才干、有才华、有用的，反而会受到折辱，像柤、梨、橘、柚这些树木，树上长的果，地上长的瓜，都是果实成熟了就会被打落，打落果实就会被扭折；大枝被折断，小枝被牵扯。能吃的、好吃的，连孩子们都在想办法弄到手——"通子垂九龄，但觅梨与栗"（陶渊明《责子》），可想而知，它们在果实成熟时会有多遭殃。

这里的野兽以山驴、麈鹿、羚羊和臭居多。

臭，按郭璞注解，形貌似兔子，长着鹿脚，青色。或以为是鼠兔。

臭，或当作"㲋"，篆文作㲋，象形字，是"兔"的变体。《说文》："㲋，兽也。似兔，青色而大。"或以为即"豾"，即貔，类似豹子的猛兽。

陆郇山

原　文

又东二百里，曰陆郇（guǐ）之山，其上多琈瑂之玉，其下多垩，其木多柤檀。

再往东二百里，是陆郇山。山上盛产琈瑂玉，山下多有垩土。这里的树木以柤树、檀树居多。

光山

原文

又东百三十里，曰光山，其上多碧，其下多木[1]。

神计蒙处之，其状人身而龙首，恒游于漳渊，出入必有飘风[2]暴雨。

再往东一百三十里，是光山。山上多产碧玉，山下到处是水流。

神明计蒙居住在这座山里，他长着人的身子、龙的脑袋，常常在漳水的深渊里畅游，出入时一定有旋风疾雨相伴。

岐山

原文

又东百五十里，曰岐山，其阳多赤金，其阴多白珉[3]，其上多金玉，其下多青雘，其木多樗。神涉䰨处之，其状人身而方面三足。

再往东一百五十里，是岐山。山的南面盛产赤金，山的北面多产白色的美石。山上蕴藏着丰富的金属矿物和玉石，山下则多产青雘。这里的树木以臭椿树居多。

神明涉䰨居住在这座山里，他长着人的身子，还有方形的面孔和三只脚。

名为"涉䰨"的神明，三足，行路走动，三点一面，很稳。三足如何交叉换位呢？这属于技术细节问题。

"方面"，揆诸整部《山海经》，独此一处，比"三足"要稀罕得多。本书中有三足的鸟，比如瞿如、酸与；有三足的兽，比如獂；还有三足的龟。脸面，对中国人而言非常重要。要脸，还要面子。如果说一个人不要脸，已属咒骂；自言没面子，必定是受辱了。

1.木：当为"水"。

2.飘风：旋风，暴风。

3.珉：似玉的美石。

既然这里的神有着方方的"面"，那么无妨捋一下"面"的前世今生，看看它在哪里，范围有多大，突出的是什么。

面，一个典型的象形字，甲骨文作 ◈ ◈，从目，外面还有一圈，像面部轮廓之形。的确，面部五官，以双眼最为引人注意。"面"字以局部之眼，代表整体的五官，加以脸部的边缘，以像脸孔的样子。至西周时期的金文 ◈，转化为一个指事字，指示颜面之所在。自此，秦简作 圁，篆文作 圁，"目"讹为"百（首）"，囗更显示脸孔之所在。

《说文》："面，颜前也。从百，象人面形。"颜前，清代学者段玉裁注解说：颜，两眉中间，以两只眼睛为中心；颜前，即自此而前，则为目、鼻、目下、颊之间。总体而言，乃是人首正向我们，我们目力所能见的正面范围，即为"面"。

回过头来，我们再想象这个"方面"的神明涉蠱，最起码可以大致明白，方的，不是指向脑袋，也不仅仅是脸，而是以眼为中心的脑袋正面的轮廓。

铜山　**原　文**

> 又东百三十里，曰铜山，其上多金银铁，其木多榖柞柤栗橘櫾，其兽多犳[1]。

再往东一百三十里，是铜山。山上多产金、银、铁。

铜，古称赤金。这座山，名为铜山，却不涉及铜，好奇怪！

这里的树木以构树、柞树、柤树、栗树、橘树和柚树为多，而野兽则多是长着豹纹的犳。

1.犳：豹纹之兽，或即金猫。犳，或作"豹"。

美山　原　文

又东北一百里，曰美山，其兽多兕牛，多闾麈，多豕鹿，其上多金，其下多青雘。

再往东北一百里，是美山。山中的野兽以兕和野牛为多，又有很多山驴和麈鹿，还有许多野猪和鹿。

山上有丰富的金属矿藏，山下则盛产青雘。

大尧山　原　文

又东北百里，曰大尧之山，其木多松柏，多梓桑，多机，其草多竹，其兽多豹虎麢臭。

再往东北一百里，是大尧山。山中的树木以松树和柏树居多，又有很多梓树和桑树，还有许多机木。

机木，在前文《北山经》的单狐山已有叙及。

此段经文叙及五种树木，都在表达其"多"，而叙述却分出三个拨次：多松、柏，多梓、桑，多机。

五种树木之所以分成三拨，我想结撰者考虑的是五种树木的特点，以及与当时人们生活场景的远近关系。松和柏，岁寒而后凋，天性相近，二者理应放在一起。

《诗经·小雅·小弁》："维桑与梓，必恭敬止。"维，发语词；桑、梓二木，古人常种植在宅院的墙脚下，成为先辈留给子孙的重要"遗产"，可用来养蚕和制器具。因为是父母长辈亲手种下的，见物思人，故而必须尊之敬之。

机木，似榆树，用来焚烧以粪稻田，有利于庄稼苗壮生长。

三"多"，各有其用，层次分明。

这里的花草大多是丛生的小竹子，而野兽则以豹子、老虎、羚羊、臭居多。

灵山 | 原文

又东北三百里，曰灵山，其上多金玉，其下多青臒，其木多桃李梅杏。

再往东北三百里，是灵山。山上有丰富的金属矿藏和玉石，山下盛产青臒。这里的树木大多是桃树、李树、梅树和杏树。

龙山 | 原文

又东北七十里，曰龙山，上多寓木，其上多碧，其下多赤锡，其草多桃枝钩端。

再往东北七十里，是龙山。山上到处是寓木。

寓木，俗称寄生草，寄生在树木上的植物。按郭璞注解，寓木，又名"宛童"，即寄生的茑（niǎo），茎可攀缘缠绕在树上的小灌木。《诗经·小雅·頍（kuǐ）弁（biàn）》："茑与女萝，施于松柏。"茑和女萝都是攀缘植物，附生在松柏之类的大树上，喻兄弟亲戚依赖周王而生存。

山上还盛产碧玉，山下则有丰富的红色锡土。这里的花草大多是桃枝、钩端之类的丛生小竹。

赤锡，未经提炼的金属矿物，大约为铅丹、砂锡之类。

衡山 | 原 文

又东南五十里，曰衡山，上多寓木榖柞，多黄垩白垩。

再往东南五十里，是衡山。山上有许多寄生植物，以及构树、柞树，还盛产黄色垩土和白色垩土。

衡山，与今天的南岳衡山同名，但所指有别。

石山 | 原 文

又东南七十里，曰石山，其上多金，其下多青雘，多寓木。

再往东南七十里，是石山。山上多产金属矿物，山下蕴藏有丰富的青雘，还有许多寄生植物。

若山 | 原 文

又南百二十里，曰若山，其上多璇瑰之玉，多赭，多邽石，多寓木，多柘。

再往南一百二十里，是若山。山上盛产琈瑶玉，又多产赭石，还有很多邽石。

邽石，按郭璞注解，"未详"，不知为何物。邽石，或作"封石"，详见后文。

这里到处生长着寄生植物，还有许多柘树。

巋山 　原 文

又东南一百二十里，曰巋山，多美石，多柘。

再往东南一百二十里，是巋山。这里有很多漂亮的石头，到处生长着柘树。

玉山 　原 文

又东南一百五十里，曰玉山，其上多金玉，其下多碧铁，
其木多柏。

再往东南一百五十里，是玉山。山上有丰富的金属矿物和玉石，山下则多产碧玉、
铁。这里的树木以柏树居多。

柏，一作"楢"（yóu）。楢木，材质坚韧，可制成车轮，古时亦用来取火。

讙山

原文

又东南七十里，曰讙山，其木多檀，多邽石[1]，多白锡。郁水出于其上，潜于其下，其中多砥砺。

再往东南七十里，是讙山。这里的树木大多是檀树。山中还盛产邽石，又盛产白锡。

白锡，即白镴，锡与铅的合金，古时以之制成器皿。

郁水从这座山的山顶发源，然后潜流到山下。水中有很多粗细不一的磨石。

仁举山

原文

又东北百五十里，曰仁举之山，其木多榖柞，其阳多赤金，其阴多赭。

再往东北一百五十里，是仁举山。
这里的树木以构树、柞树居多。山的南面多产赤金，山的北面多产赭石。

师每山

原文

又东五十里，曰师每之山，其阳多砥砺，其阴多青䨼，其木多柏，多檀，多柘，其草多竹。

———————

1.邽石：或作"封石"。

再往东五十里，是师每山。山的南面盛产粗细不一的磨石，山的北面多产青膜。

山中的树木以柏树居多，又有很多檀树，还生长着大量的柘树，而草则多是丛生的小竹子。

琴鼓山

原 文

又东南二百里，曰琴鼓之山，其木多穀柞椒柘，其上多白珉，其下多洗石，其兽多豕鹿，多白犀，其鸟多鸩。

再往东南二百里，是琴鼓山。这里的树木大多是构树、柞树、椒树和柘树。

按郭璞注解，椒树矮小，<u>丛生</u>，下有草木生长，草木若触及它，就会被刺死。与《北山经》的景山叙及的"秦椒"不同。

山上盛产白色的美石，山下多产洗石。

洗石，已见于《西山经》的钱来山。

这里的野兽以野猪、鹿为多，还有许多白色的犀牛。

犀牛，有山犀、水犀、兕犀等，白色的犀牛很稀罕，当属变异品种。

禽鸟则大多是鸩鸟。

最早认识鸩鸟，大概是从成语"饮鸩止渴"开始的。毒鸟之羽有剧毒，以之泡酒可杀人。

小结

原 文

凡荆山之首，自景山至琴鼓之山，凡二十三山，二千八百九十里。其神状皆鸟身而人面。其祠：用一雄鸡祈瘗，用一藻圭，糈用稌。骄山，冢也。其祠：用羞酒少牢祈瘗，婴毛[1]一璧。

总计荆山山系之首尾，自景山起到琴鼓山为止，共二十三座山，途经二千八百九十里。

核算现有经文，实际距离为二千九百三十里。

诸山山神的形貌都是鸟的身子、人的面孔。祭祀山神：在毛物中选用一只公鸡来取血涂抹祭器，然后埋入地下，并以一块有纹彩的玉圭献祭，祀神的精米用稻米。

骄山，为诸山之宗主。祭祀骄山的山神：进献美酒，以猪、羊献祭，然后把涂抹上猪、羊血的祭器埋入地下，祀神的玉器用一块玉璧。

1.婴毛：当作"婴用"。婴，以玉献神。

中次九经

女几山

原 文

中次九经岷山之首，曰女几之山，其上多石涅，其木多杻檀，其草多菊茉。

洛水出焉，东注于江，其中多雄黄，其兽多虎豹。

中央第九列山系，是岷山山系。

岷山，在今天看来，南北逶迤五百多公里，是长江、黄河的分水岭，同时又是岷江、嘉陵江支流白龙江的发源地。

从大处远观，因山已近江水之源，山系之山，连峰接岫，重叠险阻，不分远近，皆称之为岷山；从小处细看，岷山亦在其中。但需要注意的是，此山系具有统领性质的帝山，也就是最重要的山，反而是熊山。

岷山山系的第一座山，名叫女几山，山上盛产石涅。山中的树木以杻树、檀树居多，而花草则以菊、茉为多。

今天常说的菊，指的是菊花。菊花品种繁多，一类可栽种在庭院中供观赏，"秋菊有佳色，裛[1]露掇其英"（陶渊明《饮酒》其七），"遥怜故园菊，应傍战场开"（岑参《行军九日思长安故园》）；一类则是生长在山野，叫野菊或野山菊，别名苦薏，清热解毒，可拿来泡茶喝，苦苦的，用老话说可以"去火"。

这里的"菊"，不是菊花，而是一种多年生草本植物。"菊"之篆文作𦱅，从艸，匊

1.裛（yì）：同"浥"，沾湿。

声。《说文》："菊，大菊，蘧（qú）麦。"蘧麦，亦称"瞿麦"，夏季开花，花淡红色或白色，上部深裂如丝，籽形如麦，故名。

术，或作"术"，山蓟，菊科多年生草本植物，分苍术和白术，秋天开白色或淡红色花，嫩苗可食，根肥大，可入药。

洛水从这里发源，然后向东注入长江。

这里的洛水，通常认为是四川沱江的诸源之一。

水流经过之地多产雄黄，而野兽则以老虎、豹子居多。

岷山

原 文

又东北三百里，曰岷山。江水出焉，东北流注于海，其中多良龟，多鼍。

其上多金玉，其下多白珉，其木多梅棠，其兽多犀象，多夔牛，其鸟多翰鹜。

古人以岷江为长江的正源，故而在《尚书·禹贡》篇中有"岷山导江"之说。

再往东北三百里，是岷山。

长江从这里发源，然后向东北流，注入大海。水中生长着许多美善的大龟，还有许多鼍。

鼍，甲骨文作🐾，金文作🐉，从黽，单声；至篆文🐉，线条整齐化。《说文》："鼍，水虫，似蜥蜴，长，大。"鼍的本义为鼍龙，爬行动物，鳄鱼的一种，背部和尾部有纹鳞，吻短，大的长达两米多，即今天所说的扬子鳄，俗称"猪婆龙"。

鼍，有彩鳞，二月时剥其皮，张覆为鼓面，古时这算是有其大用。

那么，良龟之“良”，又如何说起呢？良，美善，即龟而言，美善的第一要求就是要大。《尚书·禹贡》记载有“九江纳锡大龟”[1]，意谓长江一带要进贡大龟。如何才能称之为“大”呢？一尺二寸。一尺二寸以上的方可称之为“大龟”。古人认为龟长成这样的规格，得上千年的时间。唯有大龟方可用于占卜。

山上有丰富的金属矿藏和玉石，山下盛产白色的美石。
山中的树木以梅树和棠树为多，而野兽以犀牛和大象为多，还有大量的夔牛。

夔牛，传说中又高又大的野牛。按郭璞注解，那时的蜀山中有此大牛，重达数千斤，名为“夔牛”。

晋太兴元年，此牛出上庸郡，人弩射杀得三十八担肉，即《尔雅》所谓魏。

魏，今作“犩”或“犪”。上庸郡，治上庸（今湖北竹山），西晋辖境相当于今天的湖北竹山、竹溪及陕西平利等地。

这里的禽鸟大多是白翰和赤鷩。

崃山

原文

又东北一百四十里，曰崃（lái）山。江水出焉，东流注大江[2]。其阳多黄金，其阴多麋麈，其木多檀柘，其草多䪥韭，多药空夺。

再往东北一百四十里，是崃山。江水从这里发源，然后向东流，注入长江。

1.大龟不常用，须待上峰的锡命，然后再进贡。
2.东流注大江：应作“东流注于大江”。

山的南面盛产黄金，山的北面有很多麋鹿和麈鹿。这里的树木大多是檀树和柘树，而花草则多是野薤菜和野韭菜，还有许多"药"和"空夺"。

药，为白芷的叶。白芷为一种香草，根入药，性温，味辛，可祛风、散寒、燥湿。《西山经》中的号山已有记载，"其草多药"。

空夺，又称蛇蜕，按郭璞注解，谓蛇蜕脱下来的皮。黑眉锦蛇或锦蛇等蛇类蜕下的干燥皮膜，中医认为可祛风定惊，解毒消肿，退翳杀虫。

或以为空夺，即寇脱，俗名通草，茎髓入药，中医认为可清心降火，利尿，通乳。前文《中次五经》的升山已叙及"寇脱"。

从行文而言，本义为白芷叶的"药"和寇脱并列在一起，似更合乎情理。

崌山

原　文

又东一百五十里，曰崌（jū）山。江水出焉，东流注于大江，其中多怪蛇，多蛭（zhì）鱼。

其木多楢杻，多梅梓，其兽多夔牛麢臭犀兕。有鸟焉，状如鸱而赤身白首，其名曰窃脂，可以御火。

再往东一百五十里，是崌山。

江水从这里发源，然后向东流，注入长江。水中生长着许多怪蛇。

怪蛇之"怪"，是有特指的——可以"钩食"人畜。钩，本义为形状弯曲的工具、器物或者兵器，比如鱼钩、挂钩，还有春秋时期吴国人铸造的似剑而曲的利器——吴钩。怪蛇都长长的，藏匿在水下，用分叉的尾巴发动偷袭，钩取岸上的人和牲畜，然后吞食之。

水中还有很多蛭鱼。

此鱼，郭璞注解说，"未闻"，没有听说过，不明其详。今天学者或以为即鰿鱼。此鱼可制成鱼酱。

这里的树木以楢树和枏树居多，还有很多梅树与梓树，而野兽以夒牛、羚羊、奠、犀牛、兕为多。

楢，树名，木质坚韧，可制车轮。《说文》："楢，柔木也。工官以为奂轮[1]。"好木材，自然有大用。楢木还有一个用处：取火。按"粗糙"的想法，烧什么木头都能取火，难道这还要讲究一下吗？《周礼·夏官司马·司爟》有"四时变国火"，东汉的郑玄注有：

> 春取榆柳之火，夏取枣杏之火，季夏取桑柘之火，秋取柞楢之火，冬取槐檀之火。

一年四季，以不同的树木来取火：榆柳青，故春用之；枣杏赤，故夏用之；桑柘黄，故季夏用之；柞楢白，故秋用之；槐檀黑，故冬用之。人为用来取火的树木，当与五行五色相配，达成"举动皆顺"的天人合一模式。春夏秋冬四季分别对应青、赤、白、黑四色，最中间的季夏（农历六月）对应的是中色——黄色。

山中有一种禽鸟，样子像猫头鹰，却有着红色的身子、白色的脑袋，名叫窃脂。畜养它，可以抗御火灾。

古书中还记载有一种名叫"窃脂"的小青雀，即桑扈，嘴弯曲，食肉，好盗脂膏，故名。

这里的"窃脂"，不是经常出现在诗文作品中的可爱的青雀——村南村北，屋前屋后，可闻其声，可见其影，而是一种怪戾灵异之鸟。

先民以最质朴的言辞进行命名——窃脂，勾勒出幽暗中的血色浪漫：色有红——红身子，有白——白脑袋，身形样貌却如鸮，高居树巅，夜色如漆，叫声瘆人。

---

1. 奂（ruǎn）：同"软"，柔韧；奂轮：清代段玉裁注解说，乃安车之轮，即柔韧的车轮。

高梁山　原 文

又东三百里，曰高梁之山，其上多垩，其下多砥砺，其木多桃枝钩端。有草焉，状如葵而赤华，荚实白柎，可以走马。

再往东三百里，是高梁山。山上盛产垩土，山下则多产粗细不一的磨石。这里的草木大多是桃枝、钩端之类的丛生小竹。

桃枝、钩端，皆为竹名，前文已叙及。

山中生长着一种草，样子像葵菜，却开红色的花朵，结带荚的果实，花萼是白色的，马吃了能跑得飞快。

走马，使马疾行。前文《西山经》的天帝山有名为"杜衡"的草，亦有此种功效。

蛇山　原 文

又东四百里，曰蛇山，其上多黄金，其下多垩，其木多栒，多豫章，其草多嘉荣、少辛。
有兽焉，其状如狐，而白尾长耳，名虵狼，见则国内有兵[1]。

再往东四百里，是蛇山。山上盛产黄金，山下多产垩土。这里的树木以栒树居多，还有许多豫章树。

栒树，已见于《北山经》中的绣山。
经文将栒树和豫章树分开表达，指向的是同一个"多"字。行文的内在逻辑当是豫章树内在的独特性：内含长成枕木、樟木的两种可能性，只是七年后方能分别出来。

1.国内有兵：按郭璞注解，一作"国有内乱"。

花草则以嘉荣、细辛为多。

嘉荣，在《中次七经》的半石山中已有叙及；少辛，在《中次七经》的浮戏山中已有
叙及。

山中有一种野兽，模样像一般的狐狸，却长着白色的尾巴和长长的耳朵，名叫狚狼。
它在哪个国家出现，那个国家就会发生战事，动荡不安。

崌山 | 原 文

又东五百里，曰崌山，其阳多金，其阴多白珉。蒲鸘
（hōng）之水出焉，而东流注于江，其中多白玉。
其兽多犀象熊罴，多猨蜼。

再往东五百里，是崌山。山的南面有丰富的金属矿藏，山的北面盛产白色的美石。
蒲鸘水从这里发源，然后向东流，注入长江。水中有很多白色的玉石。
山中的野兽以犀牛、大象、熊、罴居多，还有许多猿、蜼。

《说文》："蜼，如母猴，卬鼻，长尾。"[1]按郭璞注解，这种长尾猴，鼻露上向，
尾巴四五尺长，尾巴尖处分叉，苍黄色，下雨时就自己悬挂在树上，用尾巴或两根指头塞
住朝上的鼻孔。此即今天常说的金丝猴，是中国的特产。

在后世的文学作品中，猿、蜼两者有时会一起登场。例如东汉马融的《长笛赋》有：

是以间介无蹊，人迹罕到。猿蜼昼吟，鼯鼠夜叫……于是放臣逐子，弃妻离

1.母猴：猕猴；卬（áng）：同"昂"，高昂。

友……攒乎下风，收精注耳。[1]

这位大经学家在摹画意境时，笔墨流淌出的文字与古老的山海鸟兽连属在一起，营造出独特的凄凉荒远的氛围。

隅阳山

原　文

又东北三百里，曰隅阳之山，其上多金玉，其下多青䨼，其木多梓桑，其草多茈。徐之水出焉，东流注于江，其中多丹粟。

再往东北三百里，是隅阳山。山上有丰富的金属矿物和玉石，山下则多产青䨼。这里的树木大多是梓树和桑树，而花草则大多是紫草。

徐水从这里发源，然后向东流，注入长江。水中有许多粟粒大小的丹砂。

岐山

原　文

又东二百五十里，曰岐山，其上多白金，其下多铁，其木多梅梓，多楛楢。减[2]水出焉，东南流注于江。

《东次三经》中有"岐山"，《中次八经》中亦有"岐山"。

其实，岐山，有名气更大的，资历更老的，故事更多、更有传奇色彩的，在陕西，山状如柱；周初时山有凤鸣，又名凤凰堆。周族人迁居于其山脚下，《诗经》有诗篇赞

1.间介：言山间隔绝；攒：聚集；精：精魂。
2.减：同"减"。

美过。

　　同为"岐山"，但在历史的进程中，它们的分量可不一样，不论其中有没有什么神仙鬼怪。最关键的还是一座山能否开掘出作育人文、滋养生民的思想资源。

　　再往东二百五十里，是岐山。山上盛产白银，山下则蕴藏有丰富的铁矿。

　　这里的树木以梅树和梓树居多，还有许多杻树和楢树。

　　减水从这里发源，向东南流，注入长江。

勾檷山

原　文

　　又东三百里，曰勾檷（mí）之山，其上多玉，其下多黄金，其木多栎柘，其草多芍药。

　　再往东三百里，是勾檷山。山上多产玉石，山下则盛产黄金。

　　这里的树木以栎树和柘树居多，而花草则大多是香草芍药。

风雨山

原　文

　　又东一百五十里，曰风雨之山，其上多白金，其下多石涅，其木多椒[1]（zōu）椫（shàn），多杨。

　　宣余之水出焉，东流注于江，其中多蛇[2]。其兽多闾麋，多麈豹虎，其鸟多白鹇。

---

1. 椒：树名，不详。
2. 蛇：水蛇。

再往东一百五十里，是风雨山。山上盛产白银，山下则多产石涅。这里的树木以椐树和樗树居多。

樗树，木质坚硬，纹理白色，可做梳子、勺子等器物。

山中还有很多杨树。

杨树，在前文中皆是作为喻体出现的，比如《东山经》中的北号山的树木"状如杨"，东始山的芑木"状如杨"；《中山经》中的少室山的帝休木"叶状如杨"。杨树在北方很常见。当风雨山猛然出现"多杨"二字时，反倒让人觉得不真实了。这里的杨树，当为川白杨、银白杨等品种。

宣余水从这里发源，向东流，注入长江。水中有很多水蛇。
山中的野兽以山驴和麋鹿居多，还有许多麈鹿、豹子和老虎，而禽鸟则大多是白鹬。

玉山

原文

又东二百里，曰玉山，其阳多铜，其阴多赤金，其木多豫章楢杻，其兽多豕鹿麢臭，其鸟多鸩。

再往东二百里，是玉山。
山的南面多产铜，山的北面盛产赤金。这里的树木以豫章树、楢树、杻树为多，而野兽以野猪、鹿、羚羊、臭居多，禽鸟则大多是鸩鸟。

熊山

原　文

又东一百五十里，曰熊山。有穴焉，熊之穴，恒出入神人。夏启而冬闭。是穴也，冬启乃必有兵。

其上多白玉，其下多白金，其木多樗柳，其草多寇脱。

再往东一百五十里，是熊山。

山中有一洞穴，那是熊的巢穴，也是神人时常出入的地方。这个洞穴，夏季时开启，冬季时关闭，若是在冬季开启，就一定会有战事发生。

国之大事，在祀与戎。若可昭示兵戎相见，预测战争发生，真可谓事关重大，必须记录下来。

熊穴，纯属大自然的赐予，它的"特异"功能从何而来，无法说清，更难以证实，但可以用"类比"的方式来论述说明：

今邺西北有鼓山，下有石鼓，象县著山旁，鸣则有军事兴。此穴殊象而同应。（郭璞注）

这里的石鼓无须人去击打，自行出声，出声即意味着战事开启。

东风吹，战鼓擂，张扬的是战争豪情。石鼓、熊穴，记录的则是先民对战争的警觉，甚至是惊恐和畏惧。若山川有"物"能提前告知战事，那该有多好！

山上盛产白色的玉石，山下则多产白银。这里的树木以臭椿树和柳树居多，而花草则以寇脱为多。

騩山

原　文

又东一百四十里，曰騩山，其阳多美玉赤金，其阴多铁，其木多桃枝荆芭。

再往东一百四十里，是騩山。山的南面多产优质的玉石和赤金，山的北面则多产铁。这里的草木以桃枝竹、黄荆、芑居多。

荆、芑（杞）在本书中多次并列出现，按文例推论，芑，或当为"芑"或"杞"。还有一种思路，认为"芑"即芭蕉，最大的特点是叶长而宽，中国是其原产地之一。

葛山　原 文

又东二百里，曰葛山，其上多赤金，其下多瑊（jiān）石，其木多椙栗橘櫾楢杻，其兽多麢臭，其草多嘉荣。

再往东二百里，是葛山。山上多产赤金，山下盛产名为"瑊"的美石。

瑊，一种比玉次一等的美石。经文中的"石"字，或当为衍文。

这里的树木以椙树、栗树、橘树、柚树、楢树、杻树为多，而野兽则以羚羊、臭居多，花草多是嘉荣草。

贾超山　原 文

又东一百七十里，曰贾超之山，其阳多黄垩，其阴多美赭，其木多椙栗橘櫾，其中多龙修。

再往东一百七十里，是贾超山。
山的南面盛产黄色垩土，山的北面盛产优质的赭石。这里的树木大多是椙树、栗树、橘树、柚树。

　　山中还生长着很多龙须草。

　　龙修，即龙须草，按郭璞注解的描述，与莞草相似而细一些，生长在山石的缝隙中，茎倒垂，可用来编织席子。"修""须"两字，声近而相转。

小结　　原　文

　　凡岷山之首，自女几山至于贾超之山，凡十六山，三千五百里。其神状皆马身而龙首。其祠：毛用一雄鸡瘗，糈用稌。
　　文山、勾㭰、风雨、騩之山，是皆冢也，其祠之：羞酒，少牢具，婴毛一吉玉。熊山，席也，其祠：羞酒，太牢具，婴毛一璧。干儛，用兵以禳；祈，璆[1]（qiú）冕舞。

　　总计岷山山系之首尾，自女几山起到贾超山为止，共十六座山，途经三千五百里。

　　核查现有经文，实际距离为三千六百五十里。

　　诸山山神的形貌皆为马的身子、龙的脑袋。祭祀山神：在毛物中用一只公鸡做祭品，献祭后埋入地下，祀神的精米用稻米。
　　文山、勾㭰山、风雨山、騩山，都是诸山的宗主。

　　文山，在本山系中并没有出现。文，或汶，与"岷"古字相通。文山，在古籍中或作"汶山"，即岷山。另，《穆天子传》记载周天子曾游历"文山"，在这里取采石，一种有纹彩的美石。因其有"采石"，而号称文山。经文关于岷山的记载中有"其下多白珉"，而珉，为美石。如此，接上了榫，对上了号，基本可以落实：文山，即岷山。

1.璆：美玉。

祭祀这几座宗主之山的山神：先进献美酒以酹神，用猪、羊做祭品，祀神的玉器用一块吉玉。

熊山，是诸山之统领。

席，按郭璞注解，谓神之倚靠止息的所在。这是就"席"字的义涵进行诠释，以说明熊山在本山系中的重要性。席，或可直接训释为"帝"，义涵似更直接明朗。这依循的是全书行文的成例，似无不可。

祭祀类似"帝山"的山神：先进献美酒以酹神，用猪、牛、羊齐全的三牲做祭品，祀神的玉器用一块玉璧。

祭祀的仪式盛大而隆重。干儛，即兵舞，属武舞。

舞者们手执干戚，列队起舞，以禳除战争带来的灾祸；祈求福祥，则身着冕服，手持美玉，手之舞之，足之蹈之。

冕服，古代大夫以上的礼冠与服饰，这里泛指礼服。

｜ 中次十经

首阳山　

中次十经之首，曰首阳之山，其上多金玉，无草木。

中央第十列山系的第一座山，名叫首阳山。

一见"首阳"二字，便心生敬意。《诗经·唐风·采苓》：

采苓采苓，首阳之巅。

诗里的"首阳"为山之名，又称雷首山，相传是伯夷、叔齐隐居的地方。武王灭殷，天下宗周之时，他们是"逆行者"，心存道义而不食周粟，逃隐于首阳山上，采薇而食。此山对中国政治文化而言，有其大，正如《论语·季氏》篇所言："伯夷、叔齐饿于首阳之下，民到于今称之。"持守名节，以遁居的方式挺立起生命的价值和尊严，及至今天，依然当"长歌怀采薇"（唐·王绩《野望》）。

只是这里的首阳山，并不是伯夷、叔齐的首阳山。抛开文献梳理和学术考证，此山真的是无薇可采，且看：

山上有丰富的金属矿藏和玉石，无花草树木生长。

虎尾山　原文

又西五十里，曰虎尾之山，其木多椒楎，多封石，其阳多赤金，其阴多铁。

再往西五十里，是虎尾山。这里的树木以花椒树、楎树为多，还多产"封石"。

封石，皆出现在《中山经》中，共有六座山叙及。除此处之外，其余的皆在下文的《中次十一经》中，分别为游戏山、婴㑋山、丰山、声匈山和服山。

另外，前文《中次八经》的若山、䍐山中的"邽石"，或亦当作"封石"。清代学者王念孙在《中次八经》的若山的"邽石"处，给出了一个并非定见的"意见"：

下文虎尾之山多封石，邽、封二字必有一误。篇内作邽石者二，作封石者六。

一头多，一头少，但并不能在逻辑和学理上推出数多的为是，少的为非；或少的为是，多的为非。文献呈现出来的数量，或者说事实，就摆在这里，比照一下，却不下定论，更显治学上的从容和淡定：让模糊的模糊，让问题继续留存下去，以便后人继续理性地考究探索。

《神农本草·别录》："封石，味甘，无毒……生常山及少室。"至于说"味甘"之封石，与此处的封石是不是同一物？不能肯定，也不能否定。

这里的"封石"，或即珒石，也就是《中次五经》的葱聋山中的"㡰石"，一种次于玉的石头，据说后世以之做书信凭证的封石，或玉璧系带上的小配石。

山的南面多产赤金，山的北面蕴藏有丰富的铁矿。

繁缋山　原文

又西南五十里，曰繁缋（huì）之山，其木多楢杻，其草多枝勾。

再往西南五十里，是繁缋山。这里的树木大多是楮树和枏树，而花草则多是枝勾。

枝勾，或即冻绿，一种落叶灌木，小枝顶端有刺；或作"枳椇"，一种落叶乔木。郭璞注解说，他那个时代的山中还可以见到此草。

勇石山 　　原文

又西南二十里，曰勇石之山，无草木，多白金，多水。

再往西南二十里，是勇石山。这里无花草树木生长，多产白银，到处是水流。

复州山 　　原文

又西二十里，曰复州之山，其木多檀，其阳多黄金。有鸟焉，其状如鸮，而一足彘尾，其名曰跂踵，见则其国大疫。

再往西二十里，是复州山。这里的树木以檀树居多，山的南面盛产黄金。
这里有一种禽鸟，样子像猫头鹰，却长着一只足爪，还有猪的尾巴，名叫跂踵。

踵，脚后跟。这里的"跂"，通"企"。"企"之甲骨文作 ，从人，从止（像脚趾），突出脚上的脚趾，意在表达抬起脚后跟，重心放在脚的前端。跂踵，直白一点说，就是踮起脚，脚尖着地。后文的《海外北经》中有一个"跂踵国"，按郭璞注解，此国之人在行走时，脚后跟就不着地。
一足的跂踵鸟，不在飞翔的状态时，是脚尖着地，有小尾巴摇摆着以求平衡……这个画面，让人想到了神兽夔。夔在神话中为一足之兽。先民还认为夔是山林木石精怪，和魍魉（山精，效仿人声来迷惑人）算是同事关系。灵异诡秘的神兽精怪，往往无法安顿在阳光下的生产生活中。在礼乐教化之下，夔还是大舜时的乐官，是人，是人名。《尚书·舜典》记载有：

> 帝曰："夔，命汝典乐。"

从甲骨文中的人面一足怪兽（🐾）到典乐官，"夔"的身份自山林到社会，即便只有一只脚，亦可安稳地、欢腾地栖居在大地之上。

> 跂踵在哪个国家出现，那个国家就会发生大瘟疫。

一足的鸟不同于一足的兽、一足的人，它带来的是可怕的瘟疫！郭璞在注解中有一番慨叹：

> 跂踵为鸟，一足似夔。
> 不为乐兴，反以来悲。

楮山

原文

又西三十里，曰楮山，多寓木，多椒椐，多柘，多垩。

再往西三十里，是楮山。
这里生长着很多寄生在树木上的植物，又有很多花椒树、椐树，还有很多柘树，还出产大量的垩土。

山名有"楮"，而不见诸正文。细品此处行文中的前三"多"，我们可以感觉到叙述者对今天看来都是树木的寓木、椒椐和柘树三者是有分别心的。
寓木，是寄生植物，样态特殊，确实当单列出来。

花椒树和椐树，一是枝上有刺的灌木或小乔木，果实是香料，亦可入药；一是有肿节的小树，可制成手杖。两者个头都不大，且有切近的实用性，放在一起，挺般配。

柘木，叶可喂蚕，皮可染色，关键是木质坚实，为制弓的贵重材料，单列单说，或有重视的意味在。

又原山　原 文

又西二十里，曰又原之山，其阳多青䨼，其阴多铁，其鸟多鸜（qú）鹆（yù）。

再往西二十里，是又原山。山的南面多产青䨼，山的北面有丰富的铁矿。这里的禽鸟以鸜鹆为多。

鸜鹆，同"鸲鹆"，即八哥，好群飞，喜食昆虫，善效仿人言。据载，鸜鹆群飞而至，孔子对他的学生子夏说，它们不是"中国之禽"。这里的"中国"，指中原地区。《春秋》记载，鲁昭公二十五年（前五一七年）：

有鸜鹆来巢。

为何要下笔记上这一条？有的说，"记异也"，并非"中国"的禽鸟来鲁国筑巢。按《周礼》之说，鸜鹆鸟是不会飞过济水的，这次显然是"越界"了，并且它们本来是适宜穴居的，现在却开始筑巢了，这真是怪异之事。有的说，"书所无也"，这是过去没有记载过的事情，恐怕将要发生祸难了吧！

试问又原山的鸜鹆鸟，你可知人们会为了你的到来，内心如此纠结，如此波澜起伏？

文化在经年累月的发展中，逐渐把大自然的鸟兽草木都编织到一张大网中，与天地宇宙共同结成感通共振的秩序感。一只鸟儿的"意外"到来——"非分"之举，也就意味着失序，需要史家好好解释解读。

涿山 | 原 文

又西五十里，曰涿山，其木多榖柞柤，其阳多㻬琈之玉。

再往西五十里，是涿山。

涿、濁（浊），声相同；濁、蜀，古字通。涿山，或即蜀山。

这里的树木大多是构树、柞树和柤树，山的南面盛产㻬琈玉。

丙山 | 原 文

又西七十里，曰丙山，其木多梓檀，多㱙（shěn）柤。

再往西七十里，是丙山。这里的树木大多是梓树、檀树，还有很多㱙柤树。

㱙柤，按郭璞注解，义所未详。

按清代学者郝懿行之见，㱙，可当"长"来讲，依据来自《方言》。《方言》解释说："㱙，长也。东齐曰㱙。"郝懿行认为，㱙柤，可解读为长柤。柤树的树干都是弯曲的，而㱙柤的树干长得比较直，不同于一般的柤树，尤其特殊，故而在此特意标明写出。

郭璞大概认为"㱙"是古"矧"（shěn）字。矧，在《说文》中作"㰴"，其一当作虚词，况且；其二从矢，像离弦之箭，表示词意疾直，一往不可止。如此去解组合在一起的"㱙柤"，确实费劲又令人费解。

小结

凡首阳山之首，自首山至于丙山，凡九山，二百六十七里。其神状皆龙身而人面。其祠之：毛用一雄鸡瘗，糈用五种之糈。

堵山，冢也，其祠之：少牢具，羞酒祠，婴毛一璧瘗。騩山，帝也，其祠羞酒，太牢其[1]；合巫祝二人儛，婴一璧。

总计首阳山山系之首尾，自首山即首阳山起到丙山为止，一共九座山，途经二百六十七里。

经核查，实际的距离为三百一十里。

诸山山神的形貌都是龙的身子而人的面孔。祭祀山神：在毛物中用一只公鸡做祭品，献祭后埋入地下，祀神的米用五种粮米——黍、稷、稻、粱、麦。

堵山，亦即楮山，为诸山之宗主。祭祀这座山的山神：用猪、羊二牲作为祭品，进献美酒来祭祀，祀神的玉器用一块玉璧，祭祀之后埋入地下。

騩山，出现在前文的第九列山系中，属于岷山山系的冢山，而在此山系中，则是诸山之首领，是帝山。

祭祀騩山的山神，要进献美酒，用猪、牛、羊齐全的三牲作为祭品；让以歌舞娱神、能通鬼神的两人一起跳舞，在玉器中用一块玉璧来祭祀。

"巫祝"第一次出现在本书中。巫祝，分而言之，则事鬼神者为巫，祭主赞词者为祝。

"巫"之甲骨文作卄，金文作卄，象形字，像与巫事有关的器具，具体不详。大概是二玉交错，巫以玉事神，可备一说。"巫"之古文有作灵的，二手奉玉以祀神之义，字形后演化为巫 亚，本义指以舞降神的巫师。按古人之见，某些女子具备特殊能力，

1.其：当作"具"。

可事奉神祇，凭借自己的歌声和舞蹈使之降临。女曰巫，男曰觋（xí）。后来，男亦可称巫。

"祝"之甲骨文作 𝄇，金文作 𝄇，像人跪在神主前进行祷告，本义为祝祷，可引申为祭祀时主持祭礼之人。

《说文》："巫，祝也。"巫和祝，分属两个职业，但又紧密相连，由此称巫为祝。巫祝手舞足蹈，口中念念有词，看似神神道道，究其实，还是肉身之人。巫祝歌舞的加入，反而让山川祭祀多了一份"人"的味道。

｜ 中次十一经

翼望山

原　文

中次一十一山经荆山之首，曰翼望之山。湍水出焉，东流注于济；贶水出焉，东南流注于汉，其中多蛟。

其上多松柏，其下多漆梓，其阳多赤金，其阴多珉。

中央第十一列山系荆山山系的第一座山，名叫翼望山。湍水从这里发源，向东流，注入济水；贶水也从这里发源，向东南流，注入汉水，水中有很多蛟。

前文《中次八经》已有荆山山系。这里的第十一列山系，亦称为荆山山系，我们可将其视为"荆山山系"下的分岔和别支，整体上更靠北，且在规模上足以与前文的荆山山系分庭抗礼，由此而再单列"荆山山系"。

蛟，按郭璞注解，似蛇，有四脚，小头细颈，颈有白色肉瘤，大者十数围，卵如一二石瓮，能吞人。根据这里的描述，可以认为是大型的中华鳄。

蛟，常称蛟龙。按龙属的传统分类，无角曰螭龙，有角曰虬龙，有翼曰应龙，有鳞曰蛟龙。《南次三经》中的"虎蛟"是鱼身蛇尾，和《中山经》中多次出现的"蛟"有所区别。

山上到处是松树和柏树，山下则生长着茂密的漆树和梓树。山的南面盛产赤金，山的北面多产珉石。

前文《中山经》中多次出现"白珉"，这里是第一次出现"珉"。

珉，从玉，民声，本义为似玉的美石。这里再强调一下，珉是石，属石之美者，在古

人的心目中，它和玉有本质上的差异。例如《荀子·法行》篇即有言："虽有珉之雕雕，不若玉之章章。"雕雕、章章，都在形容石头有纹彩，色泽明亮，但质料有别，品格自然不同。

朝歌山

原 文

又东北一百五十里，曰朝歌之山。沅（wǔ）水出焉，东南流注于荥，其中多人鱼。

其上多梓枏，其兽多麢麇。有草焉，名曰莽草，可以毒鱼。

再往东北一百五十里，是朝歌山。沅水从这里发源，向东南流，注入荥水。水中生长着很多人鱼。

山上生有很多梓树、楠树，野兽则以羚羊、麇鹿居多。

这里有一种草，名叫莽草，是可以用来毒杀鱼的。

莽草，即前文菱山中的"芒草"。

帝囷山

原 文

又东南二百里，曰帝囷之山，其阳多㻁琈之玉，其阴多铁。帝囷之水出于其上，潜于其下，多鸣蛇。

再往东南二百里，是帝囷山。山的南面盛产㻁琈玉，山的北面蕴藏有丰富的铁矿。

帝囷水从这座山的山顶发源，然后潜流到山下，水中有很多鸣蛇。

鸣蛇，已出现在前文《中次二经》的鲜山中。

视山

原 文

又东南五十里，曰视山，其上多韭。有井焉，名曰天井，夏有水，冬竭。其上多桑，多美垩金玉。

再往东南五十里，是视山，山上生长着很多野韭菜。山中有一口井，名叫天井，夏天有水，冬天枯竭。

井，在这里当指天然形成的水泉，当有古时城邑乡村中的水井的大致形制。《中次五经》的超山亦有"井"，只不过与这里的井在时令上刚好相反——冬天有水，夏天枯竭。

山上有很多桑树，还多有优质的垩土、金属矿物和玉石。

前山

原 文

又东南二百里，曰前山，其木多楮[1]（zhū），多柏，其阳多金，其阴多赭。

再往东南二百里，是前山。这里的树木以楮树居多。

楮树，在本书中仅此一见，为常绿乔木，木材坚硬，可制器具。按郭璞注解，果实似

1.楮：或作"储"。

柞子，可食，冬夏生，建房屋时可做梁柱，不易腐烂。

这里还有很多柏树。山的南面有丰富的金属矿藏，山的北面盛产赭石。

丰山

又东南三百里，曰丰山。有兽焉，其状如猨，赤目、赤喙、黄身，名曰雍和，见则国有大恐。

神耕父处之，常游清泠之渊，出入有光，见则其国为败[1]。

有九钟焉，是知霜鸣。其上多金，其下多榖柞杻橿。

再往东南三百里，是丰山。

这里有一种野兽，模样像猿猴，却长着赤红色的眼睛、赤红色的嘴巴、黄色的身子，名叫雍和。它在哪个国家出现，那个国家就会发生令人恐慌的事情。

神明耕父居处在这座山里，他经常在清泠渊中畅游。

耕父，或以为是旱鬼。

清泠渊，亦出现在《庄子·让王》篇中。舜要把天下让给他的好朋友——北方之人无择。但舜的这一举动，在无择看来是对他的一种侮辱和玷污，于是投身到清泠渊中。富贵利禄乃至君王之位，皆当辞去，最可宝贵的是生命自由。无择，他的名字即意味着别无选择，或许唯有渊水能配得上他的高洁。

经文中的清泠渊，有的学者认为在江南，有的则认为在南阳郡西鄂县山上。

耕父出入水面时都闪耀着光芒。他在哪个国家出现，那个国家就会衰败下去。

1.败：衰败。

耕父神出入水面时的光芒，按郭璞注解的描述，水赤，有光耀。据郭璞所述，在东晋时代，还有祭祀此神的屋舍。

山里还有九口钟，它们会随着霜的降临而鸣响。

霜鸣，按郭璞注解，霜降则钟鸣，是说钟能预先感知时令变化，自然而然地相感相应。这些皆非人力之所能为，彰显的还是神异的力量。

从中国传统思想来看，两者能相应是因为有"气"这一媒介。经由"气"的传导，霜降和钟鸣之间触发感应，声音于是兴作起来。当然，这里的"气"又是一个只可意会不可言传的存在。霜降时，乃深秋，秋属金，而钟由金属铜铸成，两者莫非在五行的"金"的名义下获得了一条相应的通道？

清末学者俞樾认为"知霜鸣"之"鸣"，当作"㴬"，读为降，"是'知霜㴬'者，是'知霜降'也"（《读山海经》）。如此释读，文意更简明。

山上蕴藏有丰富的金矿，山下多是构树、柞树、杻树和檀树。

兔床山　原　文

又东北八百里，曰兔床之山，其阳多铁，其木多藷藇，其草多鸡谷，其本如鸡卵，其味酸甘，食者利于人。

再往东北八百里，是兔床山，山的南面多产铁。这里的树木以"藷藇"为多。

《北山经》的景山有"藷藇"，为草，而这里的藷藇为木，不明其详。

这里的花草以鸡谷草为多，它的根茎像鸡蛋，味道酸中带甜，食用它对人的身体有好处。

或以为这里的鸡谷草，即蒲公英，传统中医学认为有清热解毒、消肿散结之功效。

皮山 | **原 文**

> 又东六十里，曰皮山，多垩，多赭，其木多松柏。

再往东六十里，是皮山。

这里有大量的垩土，还盛产赭石。山中的树木多是松树和柏树。

瑶碧山 | **原 文**

> 又东六十里，曰瑶碧之山，其木多梓枏，其阴多青雘，其
> 阳多白金。有鸟焉，其状如雉，恒食蜚，名曰鸩。

再往东六十里，是瑶碧山，这里的树木以梓树和楠树居多。山的北面盛产青雘，山的南面盛产白银。

山中有一种禽鸟，形貌像野鸡，常吃蜚虫，名叫鸩。

蜚，从虫，非声，篆文作𧖟或𧒒，本义为一种小昆虫，又名负盘，或负蠜，形椭圆，食稻花，散发恶臭。《左传·庄公二十九年》：

> 秋，有蜚，为灾也。凡物，不为灾，不书。

庄公二十九年（前六六五年）的秋天，发现有蜚虫大量出现，戕害农作物，最后还成了灾。按《春秋》一书的记载体例，凡不成灾的，即不加记载。《东次四经》的太山亦有

"蜼"，属兽，当与这里的小虫子蜼有别。

前文《中山经》记载有鸩鸟，有剧毒，与这里的"益鸟"鸩，当不是同一类，正如郭璞注所言："此更一种鸟，非食蛇之鸩也。"

攻离山

又东四十里，曰支离[1]之山。济水[2]出焉，南流注于汉。

有鸟焉，其名曰婴勺，其状如鹊，赤目、赤喙、白身，其尾若勺，其鸣自呼。多牸牛，多羬羊。

再往东四十里，是攻离山。济水从这里发源，向南流，注入汉水。

山中有一种禽鸟，名叫婴勺，样子像喜鹊，却长着红色的眼睛、红色的嘴巴和白色的身子，它的尾巴像"勺"的样子。

勺，象形字，战国时期的字形约略为 🔆，本义为舀取酒浆的器具。这个字当横向来看，字形为 🔆，属具体象形。婴勺的尾巴，可以此为参照。郭璞在《图赞》中开玩笑说："维彼有斗，不可以酌。"[3]鸟尾巴虽然有酒勺的形状，却不可真的拿来斟酒。

婴勺发出的鸣叫声就像在呼叫自己的名字。

山中有很多牸牛，还有很多羬羊。

1.支离：当作"攻离"。

2.济水：或应作"淯水"。

3.郭璞的《图赞》，显然化用自《诗经·小雅·大东》："维北有斗，不可以挹酒浆。"

袟筒山 原 文

又东北五十里，曰袟（zhì）筒（diāo）之山，其上多松柏机柏[1]。

再往东北五十里，是袟筒山，山上生有很多松树、柏树、桤树、桓树。

机，即机木，《北山首经》的单狐山"多机木"，即桤树。

桓树，古人称之为"无患子"。按郭璞注解，并综合其他学者之见，此树的叶子像柳叶，树皮为黄色，且不粗糙坼裂；果实似楝，正黑色，着酒中饮之，能辟恶气，又可浣洗衣服，去除污垢；果核坚硬如黑色美石，可做香缨。

董理山 原 文

又西北一百里，曰董理之山，其上多松柏，多美梓，其阴多丹臒，多金，其兽多豹虎。

有鸟焉，其状如鹊，青身白喙，白目白尾，名曰青耕，可以御疫，其鸣自叫。

再往西北一百里，是董理山。山上多松树和柏树，还有很多优质的梓树。山的北面则盛产丹臒，并且有丰富的金属矿藏。这里的野兽以豹子和老虎居多。

山中有一种禽鸟，样子像喜鹊，却长着青色的身子、白色的嘴巴、白色的眼睛、白色的尾巴，名叫青耕。人饲养它，可以抵御时疫。它发出的鸣叫声就像在呼叫自己的名字。

1.机柏：当作"机桓"。

依轱山

原　文

又东南三十里，曰依轱（gū）之山，其上多杻橿，多苴。

有兽焉，其状如犬，虎爪有甲，其名曰獜（lín），善駚（yǎng）䟷[1]（fèn），食者不风。

再往东南三十里，是依轱山。山上多是杻树和橿树，"苴"也不少。

苴，按郭璞注解，"未详"。"苴"字本义谓一种草，但在这里，根据前后文当指一种树。或以为即"柤"字之假借，即柤树。

这里有一种野兽，样貌像普通的狗，却长着老虎的爪子，身上还有鳞甲。这种野兽名叫獜，擅长跳跃。人食用了它的肉，即可"不风"。

不风，按郭璞注解，就是"不畏天风"，即不害怕患风痹之病。《北山经》中的鵸鸟以及本经前文中的荣草，按文本来看是可"已风"。已风，则意谓能治好风痹之病。一字之差，内涵则有不同，一是防，一是治。

即谷山

原　文

又东南三十五里，曰即谷之山，多美玉，多玄豹，多闾麈，多麢臭。

其阳多珉，其阴多青雘。

再往东南三十五里，是即谷山。这里盛产美良的玉石，且有很多玄豹，还有很多山驴和麈鹿，羚羊和臭也很多。

1.駚䟷：迅疾地跳跃，且有气势。

玄，黑色，或黑中带红色。玄豹，也就是黑色的豹子。黑豹，今天通过现代影像技术，已经熟见。按郭璞注解，在他那个时代，荆州山中出产与之相仿的黑虎。

当然，黑虎、黑豹，两者还是有别的。《海内经》的幽都山叙及"玄豹""玄虎"。虎豹毕竟是同类。黑虎，可以用一个字来表达：䝙（shū），或黀。郭璞《尔雅·释兽》注曰：

> 晋永嘉四年，建平秭归县槛得之。状如小虎而黑，毛深者为班。[1]

活生生的白虎，在史册中并不少见。而作为一种"象"，"白虎"与"青龙""朱雀""玄武"一样，都已成习以为常的俗语，而黑虎、黑豹，确实少见，少见自然则以之为"怪"。

山的南面多产珉石，山的北面则盛产青雘。

鸡山 |

原 文

又东南四十里，曰鸡山，其上多美梓，多桑，其草多韭。

再往东南四十里，是鸡山。

这里的鸡山，或即豫鄂边界的鸡公山。

山上到处是品优质美的梓树，还有很多桑树，而花草则以野韭菜为多。

1.槛：用栅栏圈（juān）禁兽类；班：同"斑"。

高前山　原 文

又东南五十里，曰高前之山。其上有水焉，甚寒而清[1]，帝台之浆也，饮之者不心痛。其上有金，其下有赭。

再往东南五十里，是高前山。
山上有一条溪水，甚是寒凉，又特别清澈，是神明帝台之"浆"。

上古时期，无茶饮，而有酸浆。《诗经·小雅·大东》有：

或以其酒，不以其浆。

有人饮用香醇的酒，有人却喝不上浆水。酒、浆两者并列。《说文》："浆，酢[2]浆也。"浆的本义指一种酸酸的饮料。记得老家有特产"浆面条"，所谓"浆"，就是绿豆发酵后的汤水，鼻子凑上去，胃口即可大开。

说是帝台之"浆"，显然是在喻写溪水绝佳，可成饮品；非但如此，还有独特的医疗保健功效。

饮用之人，可不患心痛病。
山上有丰富的金属矿藏，山下则有赭石。

游戏山　原 文

又东南三十里，曰游戏之山，多杻檀榖，多玉，多封石。

再往东南三十里，是游戏山。

---

1. 清：或作"潜"。
2. 酢：酸味液体，用来调味，后写作"醋"。

这里生长着很多柤树、檀树和构树，还有丰富的玉石，封石也很多。

从山 | 原 文

又东南三十五里，曰从山，其上多松柏，其下多竹。从水出于其上，潜于其下，其中多三足鳖，枝[1]尾，食之无蛊疫[2]。

再往东南三十五里，是从山。山上到处是松树和柏树，山下则多是茂密的竹丛。

从水从这座山的山顶发源，潜流到山下。水中有很多三足鳖，长着分叉的尾巴，吃了它的肉，可使人不患焦虑疑心、神经错乱之病。

这种三足鳖，传统上有一个很给力的名字——能。《尔雅·释鱼》："鳖三足，能。"能，此时读nái。

婴硍山 | 原 文

又东南三十里，曰婴硍之山，其上多松柏，其下多梓楤。

再往东南三十里，是婴硍山。山上到处是松树和柏树，山下则多是梓树和楤树。

楤，或作"杶"，即椿树，按郭璞注解，似樗树，材可制作车辕。

1.枝：谓鳖的尾巴是分叉的。
2.蛊疫：当作"蛊疾"。

毕山

原　文

又东南三十里，曰毕山。帝苑之水出焉，东北流注于视[1]，其中多水玉，多蛟。其上多㻬琈之玉。

再往东南三十里，是毕山。帝苑水从这里发源，向东北流，注入瀙水。水中多产水晶石，还有很多蛟。

山上则盛产㻬琈玉。

乐马山

原　文

又东南二十里，曰乐马之山。有兽焉，其状如彙，赤如丹火，其名曰猨（lì），见则其国大疫。

再往东南二十里，是乐马山。这里有一种野兽，状貌像"彙"。

《说文》："彙，彙虫也，似豪猪而小。"即刺猬，浑身长满了毛刺。

这种野兽全身赤红如丹火，名叫猨。它在哪个国家出现，那个国家就会发生大瘟疫。

1.视：当作"瀙"（qìn），两者形近。

葰山 | 原文

又东南二十五里，曰葰（zhēn）山，视水出焉，东南流注于汝水，其中多人鱼，多蛟，多颉。

再往东南二十五里，是葰山。瀙水从这里发源，向东南流，注入汝水。

这里的"视水"，或即前文中的"视"。郭璞注解说，"视"宜作"瀙"。瀙水，即今河南境内的沙河。

水中有很多人鱼，又有很多蛟，还有很多颉。

颉，按郭璞注解，如青狗，皮毛为青色而形态像狗，或许真有可能就是今天所说的水獭，但亦不能完全肯定。

婴山 | 原文

又东四十里，曰婴山，其下多青雘，其上多金玉。

再往东四十里，是婴山。山下有丰富的青雘，山上多产金属矿物和玉石。

注意，叙述者在这里的行文是先"其下"，后"其上"，与一般的先"上"后"下"有别。

虎首山

原 文

又东三十里，曰虎首之山，多苴椆（chóu）椐。

再往东三十里，是虎首山，这里的树木以苴树、椆树和椐树居多。

椆树，古人认为此树"寒而不凋"，不畏寒冬。寒冬腊月，而枝叶常青，这让我们想起了松柏之姿。《论语·子罕》："岁寒，然后知松柏之后凋也。"

婴侯山

原 文

又东二十里，曰婴侯之山，其上多封石，其下多赤锡。

再往东二十里，是婴侯山。山上盛产封石，山下则多产红色锡土。

大孰山

原 文

又东五十里，曰大孰之山。杀水出焉，东北流注于视水，其中多白垩。

再往东五十里，是大孰山。
杀水从这里发源，向东北流，注入瀙水。水流经过之地到处是白色垩土。

卑山 | 原 文

又东四十里，曰卑山，其上多桃李苴梓，多纍（léi）。

再往东四十里，是卑山。山上多是桃树、李树、柤树和梓树，还有很多"纍"。

纍，按郭璞注解，即虎豆、狸豆之类的蔓生植物，一名縢，俗作"藤"。纍，从畾，三田，会堆叠之意。藤为蔓生木本植物，或匍匐，或攀缘，总是缠绕叠加，郁郁葱葱的。李时珍《本草纲目》有细致的描述：

> 古人谓藤为纍，后人讹纍为狸矣……狸豆野生，山人亦有种之者。三月下种生蔓。其叶如豇豆叶，但文理偏斜。六七月开花成簇，紫色，状如扁豆花。一枝结荚十余，长三四寸，大如拇指，有白茸毛。老则黑而露筋，宛如干熊指爪之状。其子大如刀豆子，淡紫色，有斑点如狸文。煮去黑汁，同猪、鸡肉再煮食，味乃佳。

《山海经》结撰而成的时代并没有言说此蔓生植物结出的果实可食与否。看来，吃什么，如何吃，也是需要历史经验来保驾护航的。

倚帝山 | 原 文

又东三十里，曰倚帝之山，其上多玉，其下多金。有兽焉，状如䶃（fèi）鼠，白耳白喙，名曰狙如，见则其国有大兵。

再往东三十里，是倚帝山。山上多产玉石，山下蕴藏有丰富的金属矿物。山中有一种野兽，模样像䶃鼠，长着白色的耳朵和白色的嘴巴，名叫狙如。

《尔雅》一书分列鼠类，多达十三种，䶃鼠在列。此鼠叫声像狗叫，郭璞注解说，具体的形貌不详。今天看来，䶃鼠很有可能就是俗称"地狗"的黑鼬。

《中山经》的甘枣山叙及"獻鼠"，两者在字形上都有一个"犬"字，但不知它们的关联性有多大。

狙如，或即今天说的银鼠，又名伶鼬，夏季褐色，冬季则白色。

狙如在哪个国家出现，那个国家就会发生大的战事。

鲵山　| 原文

又东三十里，曰鲵山，鲵水出于其上，潜于其下，其中多美垩。其上多金，其下多青雘。

再往东三十里，是鲵山。

鲵水从这座山的山顶发源，潜流到山下，水流经过之地多产优质的垩土。山上有丰富的金属矿藏，山下则盛产青雘。

雅山　| 原文

又东三十里，曰雅山。澧水出焉，东流注于视水，其中多大鱼。其上多美桑，其下多苴，多赤金。

再往东三十里，是雅山。

澧水从这里发源，向东流，注入澜水。水中有很多大鱼。

大，字面意思是个头大、体形大，另还蕴含有"大得离奇"之意。

山上有很多优良的桑树，山下多是柤树，还盛产赤金。

宣山

原　文

又东五十五里[1]，曰宣山。沦水出焉，东南流注于视水，其中多蛟。其上有桑焉，大五十尺，其枝四衢，其叶大尺余，赤理黄华青柎，名曰帝女之桑。

再往东五十五里，是宣山。

沦水从这里发源，向东南流，注入瀙水。水中有很多蛟。

山上有一种桑树，树干合抱起来有五十尺粗细，树的枝杈"四衢"。

"衢"之篆文作𧗶，从行，从瞿（瞿，从隹，从䀠，亦表声，指鹰隼之视）。行，最初之形作𣥂，像四通的道路，再加上"瞿"之鹰隼惊视，谓站得高，看得远，分得清，有四面通达的道路。《说文》："四达谓之衢。"四衢，按郭璞注解，形容枝条交错歧出，伸向四方。以世间人为的道路比附说明远山神异之树的枝条，亦可称之为言近而"指"远。善言也。

这种树的叶子有一尺多大，有红色的纹理，开黄色的花朵，花萼是青色的，名叫帝女桑。

帝女桑，名字大气！嗯，今天我们还称呼体形最大的企鹅为帝企鹅。

自古以来，妇女操持养蚕纺织之事，以"女"命名桑树，非但精准，而且突出主、客关系之融洽。再加一个"帝"字，天帝神明之女，写出此桑树真乃神一般的存在：

南方赤帝女学道得仙，居南阳愕山桑树上……赤帝见之悲恸，诱之不得，以火焚

1.五十五里：或作"五十里"。

之，女即升天，因名帝女桑。（《太平御览》卷九百二十一引《广异记》）

赤帝，为南方之神，司火。桑树，有神女居处其上，还经历了神火的焚烧。

郭璞对此树树名的注解阐释，显得很平淡，"妇女主蚕"而已，没有深究"帝"这个字眼，莫非它只是一个名中的字？

衡山 ｜ 原 文

又东四十五里，曰衡山，其上多青雘，多桑，其鸟多鹳鸪。

再往东四十五里，是衡山。

这里的衡山，从空间位置上来看，不是今天的南岳衡山，当在河南南阳附近。

山上盛产青雘，还生有茂密的桑树。这里的禽鸟以鹳鸪居多。

丰山 ｜ 原 文

又东四十里，曰丰山，其上多封石，其木多桑，多羊桃，状如桃而方茎，可以为皮张[1]（zhàng）。

再往东四十里，是丰山，山上多产封石。这里的树木大多是桑树，还有大量的羊桃，样子像一般的桃树，而树的茎干却是方的，可以用来医治"皮张"。

1.张：通"胀"，浮肿。

水溢肌肤为肿，气滞于中为胀。

按明代医学家张介宾《景岳全书》之言："肿胀之病，原有内外之分，盖中满者谓之胀，而肌肤之胀者亦谓之胀。"中满，又分食滞中满和气虚中满。

皮张，即皮胀，肌肤肿胀病。

既然是脾胃运化失常，气机阻滞于内，那就需要疏利气机，消除积滞，用消导理气之法来治疗。

这里所言的"羊桃"，一名"鬼桃"，甘、酸，寒，入胃、肾经，解热，止渴，通淋，可治烦热、食欲不振、消化不良等等。

妪山

原 文

又东七十里，曰妪山，其上多美玉，其下多金，其草多鸡谷。

再往东七十里，是妪山。山上多产美良的玉石，山下有丰富的金属矿藏。这里的花草以鸡谷草为多。

鲜山

原 文

又东三十里，曰鲜山，其木多楢杻苴，其草多薑冬，其阳多金，其阴多铁。

有兽焉，其状如膜大[1]，赤喙、赤目、白尾，见则其邑有火，名曰𤢤（yí）即。

1.大：当作"犬"。

再往东三十里，是鲜山。这里的树木以楢树、杻树、柤树为多，花草则以门冬草居多。山的南面有丰富的金属矿藏，山的北面则多产铁。

山中有一种野兽，模样像膜犬。

膜犬，即西膜之犬，体格高大，皮毛浓密，猛悍多力，像我们今天看到的藏獒之类的大型犬。

这种野兽长着红色的嘴巴、红色的眼睛、白色的尾巴，它在哪个地方出现，那里就会有火灾发生。这种野兽名叫狕即。

有学者认为"狕即"，即"多节（節）"。节，谓走兽皮毛的环状纹路。如此来看，则狕即兽的命名的思路和用字很顺当。

章山

原　文

又东三十里，曰章山，其阳多金，其阴多美石。皋水出焉，东流注于澧水，其中多脆[1]（cuì）石。

再往东三十里，是章山。山的南面有丰富的金属矿藏，山的北面则盛产美石。皋水从这里发源，向东流，注入澧水。水中有许多脆石。

1.脆：俗作"脆"，软而易断。

大支山

原 文

又东二十五里，曰大支之山，其阳多金，其木多榖柞，无草木[1]。

再往东二十五里，是大支山，山的南面有丰富的金属矿藏。这里的树木大多是构树和柞树，但不生长花草。

区吴山

原 文

又东五十里，曰区吴之山，其木多苴。

再往东五十里，是区吴山，这里的树木以枑树为多。

声匈山

原 文

又东五十里，曰声匈之山，其木多榖，多玉，上多封石。

再往东五十里，是声匈山，这里的树木以构树居多。山中多产玉石，山上还盛产封石。

1.无草木："木"字当为衍文。

大騩山 | 原 文

又东五十里，曰大騩之山，其阳多赤金，其阴多砥石。

大騩山，前文已有，或是山之同名现象。没有"大"字的騩山，在前文中亦现身数次。騩，从马，鬼声，本义为浅黑色的马。山名之"騩"，莫非在借用此字表示的马之颜色，传递大山之深青黛色？

再往东五十里，是大騩山。山的南面多产赤金，山的北面多产细磨石。

踵臼山 | 原 文

又东十里，曰踵臼之山，无草木。

再往东十里，是踵臼山，这里无花草树木生长。

历石山 | 原 文

又东北七十里，曰历[1]石之山，其木多荆芑，其阳多黄金，其阴多砥石。有兽焉，其状如狸，而白首虎爪，名曰梁渠，见则其国有大兵。

再往东北七十里，是历石山，这里的树木以黄荆和枸杞为多。山的南面盛产黄金，山的北面则多产细磨石。

1.历：或作"磨"。

山中有一种野兽，模样像野猫，却长着白色的脑袋和老虎的爪子，名叫梁渠。它出现在哪个国家，那个国家就会发生大的战争。

求山

原文

又东南一百里，曰求山。求水出于其上，潜于其下，中有美赭。其木多苴，多镛。其阳多金，其阴多铁。

再往东南一百里，是求山。求水从这座山的山顶发源，然后潜流到山下。这里有很多优质的赭石。

山中的树木大多是柤树，还有很多镛竹。

镛，竹名，筱之类的矮小丛生的细竹，可制作箭。

山的南面多产金属矿物，山的北面则有丰富的铁矿。

丑阳山

原文

又东二百里，曰丑阳之山，其上多椆椐。有鸟焉，其状如乌而赤足，名曰䲹（zhǐ）䳍（tú），可以御火。

再往东二百里，是丑阳山，山上多是椆树和椐树。

这里有一种禽鸟，状貌像一般的乌鸦，却长着红色的爪子，名叫䲹䳍。饲养它，可以抗御火灾。

奥山

原文

又东三百里，曰奥山，其上多柏杻檀，其阳多㻮珸之玉。奥水出焉，东流注于视水。

再往东三百里，是奥山。山上多是柏树、杻树和檀树，山的南面盛产㻮珸玉。奥水从这里发源，向东流，注入瀙水。

服山

原文

又东三十五里，曰服山，其木多苴，其上多封石，其下多赤锡。

再往东三十五里，是服山，这里的树木以苴树为多。山上有大量的封石，山下则盛产红色锡土。

杳山

原文

又东百十里[1]，曰杳山，其上多嘉荣草，多金玉。

再往东一百一十里，是杳山。

山上到处生长着嘉荣草，还蕴藏有丰富的金属矿物和玉石。

嘉荣草，已见于《中次七经》的半石山和《中次九经》的蛇山、葛山。

1.百十里：或作"三百里"。

几山

原　文

又东三百五十里，曰几山，其木多楢檀杻，其草多香。有兽焉，其状如彘，黄身、白头、白尾，名曰闻獜[1]（lín），见则天下大风。

再往东三百五十里，是几山。这里的树木以楢树、檀树、杻树为多，而花草主要是各种香草。

结合上下文，这里说的"其草多香"是说山上有花草，且花草以香草居多。后文《中次十二经》洞庭山中，叙述者则直接列出了香草的"代表"，如菌、蘪芜、芍药、芎䓖之类。

这里有一种野兽，模样像猪，却长着黄色的身子、白色的脑袋、白色的尾巴，名叫闻獜。它一出现，天下就会刮起大风。

能预兆大风的，还有《北山首经》的狱法山的山㺊兽。

小结

原　文

凡荆山之首，自翼望之山至于几山，凡四十八山，三千七百三十二里。其神状皆彘身人首。其祠：毛用一雄鸡祈，瘗用一珪，糈用五种之精。

禾山帝也，其祠：太牢之具，羞瘗，倒毛[2]；用一璧，牛无常。堵山、玉山冢也，皆倒祠[3]，羞毛少牢，婴毛吉玉。

1.獜：一作"㺊"。
2.毛：谓毛物，作为祭品的牲畜。倒毛，指举行完祭礼，将祭牲反倒身子埋掉。
3.倒祠：倒毛。

总计荆山山系之首尾，自翼望山起到几山为止，共四十八座山，途经三千七百三十二里。

核查现有经文，途经的实际距离为四千二百二十五里。

诸山山神的形貌皆为猪的身子、人的脑袋。祭祀山神：在毛物中用一只公鸡取血涂祭；祀神的玉器用一块玉珪，献祭后埋入地下；祀神的米用黍、稷、稻、粱、麦等五种谷物的精米。

禾山，为诸山之统领。

禾山，并没有出现在经文中，即字形而言，推测为帝囷山，或求山；就音读而言，则宣山之"宣"与"禾"相近（俞樾之说），是众山之统领。

祭祀禾山的山神：在毛物中用猪、牛、羊齐全的三牲做祭品，进献后埋入地下，而且要将牲畜倒着埋；在祀神的玉器中用一块玉璧献祭，但不必三牲全备。

堵山、玉山是诸山之宗主，祭祀后将牲畜倒着埋掉，进献的祭品用猪、羊，祀神的玉器用一块吉玉。

堵山、玉山，此两山不见于本山系，山名虽见于本经其他山系，似不相系属。

中次十二经

篇遇山

原文

中次十二经洞庭山之首，曰篇[1]遇之山，无草木，多黄金。

中央第十二列山系为洞庭山山系。

洞庭，今湖南岳阳有洞庭湖，湖中有山；今江苏太湖古亦称洞庭，湖中亦有山，山中有如石室，俗称洞庭。此山系命名的地理参考基点，尚模糊不清，大致自洞庭湖附近至鄱阳湖。

洞庭山山系的第一座山，名叫篇遇山。这里无花草树木生长，却蕴藏有丰富的黄金。

云山

原文

又东南五十里，曰云山，无草木。有桂竹，甚毒，伤[2]人必死。其上多黄金，其下多琈琈之玉。

再往东南五十里，是云山，这里无花草树木生长。山中有一种桂竹，毒性特别大，伤及人则必致人死命。

1.篇：或作"肩"。
2.伤：这里用作动词，有伤及之意。

桂竹，又作"筀（guì）竹"。

"伤人必死"四字并没有交代如何"伤人"的各环节，只说了结果——必死，文辞简洁，有力量。注家们列出了与桂竹相类的竹子，无妨参照一下：

今始兴郡桂阳县出筀竹，大者围二尺，长四丈。又交趾有篥竹，实中劲强，有毒，锐以刺虎，中之则死，亦此类也。（郭璞注）

其别种有棘竹，一名笐竹，芒棘森然，大者围二尺，可御盗贼。（《本草纲目》）

笰竹有毒，夷人以为觚，刺兽中之则必死。（郝懿行疏引）

山上盛产黄金，山下则多产瑿珛玉。

龟山　　原文

又东南一百三十里，曰龟山，其木多榖柞椆椐，其上多黄金，其下多青雄黄，多扶竹。

再往东南一百三十里，是龟山。这里的树木以构树、柞树、椆树、椐树为多。

山上盛产黄金，山下多产青雄黄，还有很多扶竹。

扶竹，按郭璞注解，即邛竹，高节，实中，可制成手杖，又名曰扶老竹。

丙山

原文

又东七十里，曰丙山，多筤[1]竹，多黄金铜铁，无木。

再往东七十里，是丙山。这里有很多筤竹，还盛产黄金、铜和铁，但无树木在这里生长。

风伯山

原文

又东南五十里，曰风伯之山，其上多金玉，其下多瘦（suān）石文石，多铁，其木多柳杻檀楮。

其东有林焉，名曰莽浮之林，多美木鸟兽。

再往东南五十里，是风伯山。山上多产金属矿物和玉石，山下盛产瘦石和色彩斑斓的美石，还多产铁。

瘦石，按郭璞注解，不明其详。瘦，有"痛"义，或此石可祛除病痛，亦未可知。

这里的树木以柳树、杻树、檀树、构树为多。

在风伯山东面有一片树林，名叫莽浮林。这里生长着许多材质优良的树木，还有各种禽鸟野兽。

1.筤：或当为"桂"。

夫夫山

原文

又东一百五十里，曰夫夫之山，其上多黄金，其下多青雄黄，其木多桑楮，其草多竹、鸡鼓。

神于儿居之，其状人身而身[1]操两蛇，常游于江渊，出入有光。

再往东一百五十里，是夫夫山。山上盛产黄金，山下多产青雄黄。这里的树木以桑树、构树为多，而花草以竹子、鸡鼓为多。

《中次十一经》的兔床山、姐山皆多有鸡谷草。这里的"鸡鼓"，或即鸡谷草。鼓、谷二字音同而假借。

神于儿居处在这里，他长着人的身子，手握两条蛇，常游走在长江水的深渊中，出入时都闪耀着光芒。

这里的神明于儿，居处于山，又游走于江河，可谓水陆两栖，山河兼顾。

在《列子·汤问》篇的"愚公移山"叙事中，出现了一个"操蛇之神"。正是他忧心愚公有此不已之心，大山必然变为平地，便把移山的实情禀告给了天帝。或许出于小叙事的自足自洽，列子笔下的操蛇之神关心的只是那一座大山的问题。

1.身：或当为"手"。

洞庭山

原 文

又东南一百二十里，曰洞庭之山，其上多黄金，其下多银铁，其木多柤梨橘櫾，其草多菱蘪芜芍药芎䓖。

帝之二女居之，是常游于江渊。澧沅之风，交潇[1]湘之渊，是在九江[2]之间，出入必以飘风暴雨。是多怪神，状如人而载[3]蛇，左右手操蛇。多怪鸟。

再往东南一百二十里，是洞庭山。

这里的"洞庭之山"，按郭璞注解，指的是位于今湖南岳阳洞庭湖内的山。"洞庭"作为湖名，尤其在诗人们的篇章中多有歌咏，比如"嫋嫋兮秋风，洞庭波兮木叶下"（屈原《九歌·湘夫人》），"驰余车兮玄石，步余马兮洞庭"（刘向《九叹·逢纷》）。[4]

亦有学者认为洞庭山在太湖中，即包山。包山有石穴，石穴洞深，不知其极，如庭院深广，故而有"洞庭"之名。

山上盛产黄金，山下多产银和铁。这里的树木以柤树、梨树、橘树、柚树居多。

櫾，同"柚"，果树名，亦指其果实，前文已多次叙及。按郭璞注解，櫾似橘而大，皮厚味酸。

这里的花草则以兰草、蘪芜、芍药、芎䓖等为多。

蘪芜，同"蘼芜"，草名，芎䓖的苗，叶有香气。前文已有叙及。按此处郭璞的注解，蘪芜，似蛇床而香。蛇床，为一年生草本植物，夏季开花，果实可入药，又称"蛇床子"。

1.潇：水又清又深的样子。
2.九江：这里谓洞庭湖至长江一带的湘江、资江、沅江等八条江水，合长江而言九江。
3.载：通"戴"，这里有缠绕之意。
4.嫋嫋：又作"袅袅"，微风吹拂。玄石：山名，在洞庭湖西，俗称墨山。

天帝的两个女儿居住在这里，她们常在长江水的渊潭中游玩。

按郭璞注解，天帝有二女，居处长江流域而为神。

当把这里的"天帝"解读为尧帝，而尧帝的两个女儿，长曰娥皇，次曰女英，她们两个自然就"附比"为这里的江神。

尧帝把两个女儿嫁给了舜，舜为天子，娥皇为帝王之妻，女英则为妃。舜死于苍梧，娥皇、女英死于长江、湘水间，人们泛称之为"湘君"。具体而言，两人的名分高下有别，例如屈原在《九歌》中以"湘君"称娥皇，以"湘夫人"称女英。在诗作的文学化表述中，二妃不免受江湖风波之苦，让后世的文士骚客为之动容。其实，两位女神的身份，以及舜帝向南巡狩时她们是否从征等问题，还留有很多疑问，甚至成了难解的悬案。

就绎读《山海经》自身而言，既然大山和河流已经早早地在那里了，经文中的"帝之二女"无妨理解为更天然的天帝，更自然的天帝之女，不与后来的那么多史事传闻纠缠在一起，反而更清明。[1]

从澧水和沅水吹来的清风，交汇在幽清的湘水渊潭上。这里正是九条江水汇合的中心地带。她们出入时，都有旋风疾雨相伴随。

居处洞庭之山的女神，经常下山到江水中去，并且能带来飘风暴雨。这样的帝女野性十足，更朴直。

洞庭山中还住着很多怪神，形貌像人而身上缠绕着蛇，左右两只手都握着蛇。
这里还有许多怪鸟。

1.《初学记》卷八引用《山海经》经文，直言："洞庭山，帝女居之。"

暴山

原文

又东南一百八十里，曰暴山，其木多棕枏荆芑竹箭镐箘[1]（jùn），其上多黄金玉，其下多文石铁，其兽多麋鹿麖[2]就[3]。

再往东南一百八十里，是暴山。这里的草木以棕树、楠树、黄荆、枸杞、竹子、箭竹、镐竹和箘竹居多。山上盛产黄金、玉石，山下多产有彩色花纹的美石和铁。这里的野兽以麋、鹿、麖为多，而禽鸟则以大雕居多。

这里的经文把鸟、兽统而论之。猛禽大雕被归入"兽"中来了，如此行文似不妥。"就"字前或当增补"其鸟多"三字，则文意更畅达。

即公山

原文

又东南二百里，曰即公之山，其上多黄金，其下多㻬琈之玉，其木多柳杻檀桑。

有兽焉，其状如龟，而白身赤首，名曰蜼（guǐ），是可以御火。

再往东南二百里，是即公山。山上盛产黄金，山下多产㻬琈玉。这里的树木以柳树、杻树、檀树、桑树居多。

这里有一种野兽，形貌像一般的乌龟，而身子是白色的，脑袋是赤红色的，名叫蜼。饲养它，可以抗御火灾。

1.箘：筱之类的细长而节稀的竹子，可制成箭杆。
2.麖：同"麂"，鹿属。
3.就：同"鹫"，雕，为大型猛禽。

尧山

原　文

又东南一百五十九里，曰尧山，其阴多黄垩，其阳多黄金，其木多荆芑柳檀，其草多藷藇荣。

再往东南一百五十九里，是尧山。

即山名而言，此山或与上古帝王尧有关联。例如，西汉所置含洭县亦有尧山，据说尧帝向南巡狩，曾至此山，立有行台。

其实，称尧山的山，南北皆有，多为传闻。

山的北面盛产黄色垩土，山的南面多产黄金。这里的树木以黄荆、枸杞、柳树、檀树居多，而花草则以山药、苍术或白术为多。

江浮山

原　文

又东南一百里，曰江浮之山，其上多银砥砺，无草木，其兽多豕鹿。

再往东南一百里，是江浮山。山上盛产银以及粗细不一的磨石，无花草树木在这里生长，野兽则以野猪和鹿为多。

真陵山

原　文

又东二百里，曰真陵之山，其上多黄金，其下多玉，其木多榖柞柳杻，其草多荣草。

再往东二百里，是真陵山。山上盛产黄金，山下多产玉石。这里的树木以构树、柞树、柳树、枏树居多，而花草则以荣草为多。

荣草，《中山首经》的鼓镫山中已有叙及。

阳帝山

原文

又东南一百二十里，曰阳帝之山，多美铜，其木多橿枏橚（yǎn）楮，其兽多麢麝。

再往东南一百二十里，是阳帝山。这里多优质的铜矿，树木以橿树、枏树、橚树和楮树居多，而野兽则以羚羊和香獐为多。

橚，树名，山桑，野生桑树，木质坚韧，可制作弓和车辕。

柴桑山

原文

又南九十里，曰柴桑之山，其上多银，其下多碧，多泠石[1]赭，其木多柳芑楮桑，其兽多麋鹿，多白蛇飞蛇。

再往南九十里，是柴桑山。山上盛产银，山下多产碧玉，还多产泠石和赭石。
这里的树木以柳树、枸杞、楮树、桑树居多，而野兽则以麋、鹿居多，还有许多白色的蛇和飞蛇。

1.泠石：当作"泠石"。

飞蛇，按郭璞注解，即螣（téng）蛇，亦作"腾蛇"，传说能够乘雾腾云而飞行的蛇。螣蛇与龙的区别，古人有描述，龙有足爪，而螣蛇则是无足而飞，两者都可腾云驾雾。战国时期的法家人物慎子就说：飞龙乘云，腾蛇游雾。那个时代的人们对此二物的特点有共识。

荣余山　原文

又东二百三十里，曰荣余之山，其上多铜，其下多银，其木多柳芑，其虫多怪蛇怪虫。

再往东二百三十里，是荣余山。山上盛产铜，山下多产银。这里的树木大多是柳树、枸杞，虫类以怪蛇、怪虫居多。

东汉王充的《论衡·商虫》篇，专门论说昆虫之种类繁多：

虫之种类，众多非一。鱼肉腐臭有虫，醯酱不闭有虫，饭温湿有虫，书卷不舒有虫，衣襞不悬有虫，蜗疽、蟓蝼、蠍虾有虫。或白或黑，或长或短，大小鸿杀，不相似类，皆风气所生，并连以死。[1]

这里的虫（蟲），泛指一切动物，而蛇为有鳞之物。"怪虫（蟲）"之"虫（蟲）"，当指与蛇类并列的昆虫。《说文》："蟲，有足谓之蟲，无足谓之豸。"怪蛇，是无足的；而昆虫，则是有足的。两者对称放在这里，或更合适。

1.醯（xī）：醋；襞（bì）：叠衣；鸿杀：粗大强壮和细小微弱。

小结

原 文

　　凡洞庭山之首，自篇遇之山至于荣余之山，凡十五山，二千八百里。其神状皆鸟身而龙首。其祠：毛用一雄鸡、一牝豚刉，糈用稌。

　　凡夫夫之山、即公之山、尧山、阳帝之山皆冢也，其祠：皆肆[1]瘗，祈用酒，毛用少牢，婴毛一吉玉。洞庭、荣余山神也，其祠：皆肆瘗，祈酒太牢祠，婴用圭璧十五，五采惠[2]之。

　　总计洞庭山山系之首尾，自篇遇山起到荣余山为止，共十五座山，途经二千八百里。

　　据经文核算起来，途经距离为一千八百四十九里。

　　诸山山神的形貌都是鸟的身子、龙的脑袋。祭祀山神：在毛物中用一只公鸡、一头母猪取血涂祭，祀神的米用稻米。

　　其中的夫夫山、即公山、尧山、阳帝山，都是诸山的宗主。祭祀这几座山的山神：陈列牲畜、玉器，然后埋入地下；祈福时用美酒，在毛物中用猪、羊二牲做祭品，祀神的玉器用一块吉玉。

　　洞庭山、荣余山，为诸山之“神”。

　　根据下文叙述的祭祀规格，这里的神山“级别”当更高。根据《中山经》的文例——“冢”之上为“帝”，这里的“神”理应当“帝”来理解。

　　祭祀这二位山神，要先陈列牲畜、玉器，然后埋入地下；祈福时用美酒，在毛物中选用猪、牛、羊齐全的三牲献祭，祀神的玉器要用十五块玉圭、十五块玉璧，并用青、黄、赤、白、黑五种色彩装饰它们。

1.肆：陈设。
2.惠：藻绘装饰。

结语 | 原文

右中经之山志，大凡百九十七山，二万一千三百七十一里。

以上是《中山经》所记录的山，总共一百九十七座山，途经二万一千三百七十一里。

根据现有经文核算，距离为二万二千二百六十九里。
以上《中山经》分十二个次经，整体上可视为第五篇。

山经
结语一 | 原文

大凡天下名山[1]五千三百七十，居地，大凡六万四千五十六里。

总计天下的大山，共有五千三百七十座，分布在大地之上，共行经六万四千零五十六里。

1.名山：大山。

禹曰

禹曰：天下名山，经[1]五千三百七十山，六万四千五十六里，居地也。言其五臓（zàng），盖其余小山甚众，不足记云。天地之东西二万八千里，南北二万六千里，出水之山者八千里，受水者八千里，出铜之山四百六十七，出铁之山三千六百九十。此天地之所分壤树谷也，戈矛之所发也，刀铩[2]（shā）之所起也，能者有余，拙者不足。封于太山，禅于梁父，七十二家，得失之数[3]，皆在此内，是谓国用。

以上"禹曰"这一大段文字，从今天的学术视角——主动区分"作者""叙述者""定稿者"等不同细分角色——来看，我们不会有太多纠结，而古人则不然。按传统之见，《山海经》之经文，是大禹所作，怎么又在这里称"禹曰"？既然是古圣王所作，哪怕只是署名，亦有不同寻常的神圣品性，相应的文本内部容不得出现硬性、显性的错乱或抵牾。

今天来看，当是一个不知具体为何人的"叙述者"，以"作者"——被认定为大禹——的口吻，代其立言，明其意旨，而由此书文本的"定稿者"审订好字句，编排于此。其实，类似这样的文字，其他经典亦有。文字，虽不是"作者"大禹亲笔所书，但它的大精神、大命意，我们还当尽可能地去体察，去领会，毕竟这个"古圣王"本来就是由我们这个族群的集体智慧塑造的。

禹曰：

天下名山，共经历了五千三百七十座，距离达六万四千零五十六里，这些山分布在大地的东、西、南、北、中各方。之所以把以上诸山都记载在《五臓山经》中，是因为除此以外的小山太多，不能一一记述。

五臓，即五脏，人的脾、肺、肾、肝、心等五种主要器官。这里喻指《五臓山经》载记的大山，如同人的五脏，是天地山海间的五脏。

1.经：言大禹所经过。
2.铩：铍（pī），古代的一种兵器，大矛。
3.数：运数。

天地广阔，从东到西共二万八千里，从南到北共二万六千里，江河源头所在的山有八千里，江河流经之地有八千里，其中出产铜的山有四百六十七座，出产铁的山有三千六百九十座。这些山是天下划分疆土、种植庄稼的倚凭，是戈矛等兵器能生产出来的基础，也是刀铩能兴起的根源，因而能干之人富足有余，愚拙之人贫困不足。

太山，山名，即泰山。梁父，又作"梁甫"，为泰山下的一座小山。古时帝王在泰山上筑坛祭天，报天之功，这一活动称为"封"；在泰山南的梁父山上辟基祭地，报地之德，这一活动称为"禅"。

在泰山上行祭天之礼，在梁父山上行祭地之礼的帝王，共有七十二家，得失成败的关键，都在这些山川之间，国家的财货用度亦来自于此。

山经
结语二

原　文

右五臧山经五篇，大凡一万五千五百三字。

以上是《五臧山经》五篇，一共一万五千五百零三个字。

今天核算一下，字数为二万一千二百六十五字。
这段文字，今天可以"品"出来，属于后人总结性的文字。旧本所有，一仍其旧。

索引